中国经验与中国经济学

张晓晶

中国社会科学出版社

图书在版编目（CIP）数据

中国经验与中国经济学 / 张晓晶著 . —北京：中国社会科学出版社，2022.4（2022.11 重印）
ISBN 978-7-5227-0133-2

Ⅰ.①中… Ⅱ.①张… Ⅲ.①中国经济—研究 Ⅳ.①F12

中国版本图书馆 CIP 数据核字（2022）第 063573 号

出 版 人	赵剑英
责任编辑	王 衡
责任校对	朱妍洁
责任印制	王 超

出　　版	中国社会科学出版社
社　　址	北京鼓楼西大街甲 158 号
邮　　编	100720
网　　址	http://www.csspw.cn
发 行 部	010-84083685
门 市 部	010-84029450
经　　销	新华书店及其他书店
印　　刷	北京君升印刷有限公司
装　　订	廊坊市广阳区广增装订厂
版　　次	2022 年 4 月第 1 版
印　　次	2022 年 11 月第 3 次印刷
开　　本	710×1000　1/16
印　　张	23.25
插　　页	2
字　　数	236 千字
定　　价	98.00 元

凡购买中国社会科学出版社图书，如有质量问题请与本社营销中心联系调换
电话：010-84083683
版权所有　侵权必究

导　言

回应"熊彼特之问"

从国际比较来看，学界倾向于认为中国文明早熟，这包括政治、文化等多个层面，而经济方面尤为突出。有学者指出，"中国经济是早熟形态，于纪元前，即已完成西欧中世纪以还的经济演变历程"①。但令人困惑的是，为什么中国古代有着"超前"的、丰富的经济实践和政策体系，却未能产生影响深远的经济学理论？

熊彼特在《经济分析史》中写道：

> 在中国，我们确实发现有一套处理当时农业、商业与财政问题的高度发展的公共行政制度。尚存的中国古典文献常论及这些问题……从他们的著作中可以编出一套经济政策的完整体系，而且那里还有一些货币管理与兑换管制的方法，这似乎先得有相当的分析才行。由一再发生的通货膨胀所引起的现象，无疑曾经受到文化修养远比我们高的人的注意和讨论。但是

---

① 侯家驹：《中国经济史》（上、下），新星出版社2008年版，第38页。

没有留传下来对严格的经济课题进行推理的著作，没有可以称得上我们所谓"科学"著作的①。

熊彼特关于中国经济早熟但分析滞后的困惑权且称之为"熊彼特之问"。"熊彼特之问"有两层含义：一是承认中国古代商业特别是货币经济的发达，二是中国先贤（尽管"文化修养高"）未能就丰富的实践经验"进行推理"总结，形成理论化、系统化的经济思想，用他的话说是缺乏"分析"，因此还够不上科学。以此论点来观照当下中国，亦是一语中的：中华人民共和国成立70多年来、改革开放40多年来，中国创造的增长奇迹、减贫奇迹为举世所公认，但关于中国的伟大叙事，还没有在理论上得到总结和升华，中国经济学的话语还非常弱势。回应"熊彼特之问"，将中国经验升华为中国经济学，这是时代的要求，也是当代中国经济学人的责任担当。

本书即是这样一种尝试。全书共十一章，分上下两篇。上篇侧重于改革开放以来的中国经验，下篇侧重于对中国经济学的探索；从中国经验到中国经济学，二者有着非常紧密的内在逻辑关联。

上篇有三个关键词：改革、发展、稳定，概括中国改革开放以来的经验离不开这三点。第一章讲改革，第二章和第三章讲发展，第四章至第六章讲稳定。没有20世纪70年代末改革的启幕，就不会有后面40多年的发展，更

---

① ［美］约瑟夫·熊彼特：《经济分析史》（第一卷），朱泱等译，商务印书馆1996年版，第86页。

不会有社会的长期稳定；而没有稳定的社会环境，也难以推进改革和发展。改革发展稳定的三位一体、三维统一，与"华盛顿共识"以及休克疗法有着根本区别，是中国创造经济快速增长与社会长期稳定"两大奇迹"的法宝，是真正独特和值得借鉴的中国经验。面临世界百年未有之大变局以及国内经济社会转型，只有把握好三者的辩证关系，中国这艘航母才能行稳致远。

第一章通过阐述经济改革的两条主线、改革与开放的"多重均衡"、从增量改革到存量改革以及下一步改革的重点，一方面总结了改革开放的历程和逻辑，另一方面也指出未来改革的方向：如果说40多年前中国改革的起点和重心在市场，那么40多年后中国改革的起点和重心在政府。

第二章通过资产负债表视角来考察中国的发展。这是一个全新的维度，借此可以看到中国发展的成就（如财富积累）、面临的风险（如债务"灰犀牛"），以及资产、负债二者之间的匹配与错配，揭示出中国经济发展中的结构性、体制性问题，并对未来发展的潜力和方向做出评判。这一新维度还进一步揭示出：中国的债务扩张逻辑以及由此带来的风险形成机制完全内嵌于中国赶超发展的大逻辑。

第三章讨论中国未来经济社会发展的战略基点，概括为四个关键词，即创新、开放、分配和法治。创新、开放提升国家核心竞争力，关涉经济基础；分配、法治直接回应新时代人民的关切，关涉上层建筑。推动国家治理现代化，从经济基础与上层建筑两个方面实现新时代的高质量发展，将为中国未来的发展赢得更长的战略机遇期，为迈向全面现代化开好局。

接下来的三章都是从宏观调控的角度谈稳定。第四章强调金融周期理论为创新宏观调控提供了新的维度：运用金融周期方法估算潜在增长率；宏观政策不能"短视"，需要兼顾中长期；全球金融周期制约了开放条件下的政策选择；金融周期理论凸显了金融服务实体经济的重要性。

第五章讨论了中国特色的预期管理。相较于发达经济体，中国预期管理形成了整个时间轴上的预期管理谱系，有着鲜明的特色，即不仅有应对短期宏观稳定的预期管理，也有中长期发展规划，以及百年发展目标。这些都会塑造社会预期，起到锚定预期的作用。此外，通过"底线思维、区间调控、跨周期安排"实现预期管理模式创新，以及强调预期管理要更加重视制度、规则和政府信誉而不仅是沟通技术，都富有中国特色。

第六章是对宏观调控的一个全面总结。基于中国的"结构性调控"，提出"向中国学习宏观调控"，是西方主流经济学界与政策界在危机后的"觉醒"和转向，这恰恰印证了中国宏观调控经验的独特价值。新时代的宏观调控创新，如寓改革于调控之中、统筹发展和安全、跨周期调控、预期管理等，经过我们进一步的完善和总结，将可能成为"向中国学习宏观调控"的新内容。

下篇共五章，内容分两部分：第七章和第八章讨论主流经济学的危机和出路；第九章至第十一章讨论中国经济学的探索。2008年国际金融危机给主流经济学带来前所未有的冲击，形成第三次"范式革命"，这给中国经济学发展带来契机。中国经济学的探索主要体现在三个方向上：新范式宏观经济学、中国版发展经济学以及一般意义上的中国经济学。

第七章探讨了主流宏观经济学面临的四大危机：基本信念危机、方法论危机、"形式化"危机和忽视金融的危机。未来宏观经济学应朝着以下方向发展：改造理性经济人假说，推进宏观经济学的融合，重建危机经济学，回归经济学的初衷"经世济用"。

第八章从现代货币理论（MMT）出发，讨论非主流经济学如何突围。非主流经济学往往是从问题出发，立足现实，而并不刻意追求方法的"先进"、形式的漂亮、理论的完美。由此带给中国经济学如下启示：不追求"看上去很美"，首先要解决好中国自身的发展问题，在此基础上讲好中国故事，再逐步将中国发展经验概念化、理论化、体系化。

第九章讨论了新范式宏观经济学。新范式的核心在于"把金融找回来"。通过金融周期、金融网络与宏观金融关联，在构建宏观经济学的金融支柱方面进行拓展；通过在险增长、跨周期调节和资产负债表方法，促进新范式宏观经济学的实际运用。

第十章讨论中国版发展经济学。中国是当今世界上最大的发展中国家，也是过去近半个世纪以来取得最骄人成就的发展中国家。正因为如此，中国最有资格、最有能力写出自己的发展经济学。本章回顾了第二次世界大战以来发展经济学的演进轨迹，并探讨了新发展阶段中国版发展经济学的特质和灵魂，在构建中国版发展经济学方面做出了初步尝试。

第十一章可以说是全书的大总结，篇幅也较长，重点讨论了中国经验如何构成中国经济学的内核。先是对中国当代发展经验（主要是改革开放以来的经验）的理论概括，包括：实现社会主义和市场经济的有机结合、坚持改革发展和稳定的三维统一、实现三位一体的宏观调控、激励地方竞争，以及把握政府与市场之间的平衡。然后讨论了中华五千年文明如何塑造了"中国特色"，努力探寻中国发展道路的历史基因。最后对中国式现代化进行理论剖析，这将成为中国经济学的新方向。

中国经济学的理论建构，不仅仅是回应"熊彼特之问"，更是要回答时代之问和人民之问。时代是出题人，人民是阅卷人；这个大写的题目就是中国式现代化。

当前，我们已经实现了第一个百年目标，站在新的历史起点上，开启了全面建设社会主义现代化国家新征程。中国式现代化既有各国现代化的共同特征，更有基于国情的中国特色。中国要实现的现代化，是人口规模巨大的现代化，是全体人民共同富裕的现代化，是物质文明和精神文明相协调的现代化，是人与自然和谐共生的现代化，是走和平发展道路的现代化。中国式现代化道路，创造了人类文明新形态，拓展了发展中国家走向现代化的途径，给世界上那些既希望加快发展，又希望保持自身独立性的国家和民族提供了全新选择。

对中国式现代化做出理论回应，就是回答时代之问、人民之问——这也是时代和人民赋予中国经济学的历史使命！

张晓晶
2022 年 1 月

目　录

上篇　改革发展稳定的中国经验

第一章　中国经济改革的大逻辑 …………………（3）
一　经济改革的两条主线 …………………（3）
二　改革与开放的"多重均衡" …………………（8）
三　从增量改革到存量改革 …………………（12）
四　下一步改革：重心在政府 …………………（16）

第二章　资产负债表视角下的中国发展 …………………（30）
一　从未有一国财富如此接近美国 …………………（30）
二　债务积累与资产积累同步 …………………（36）
三　从风险维度审视中国发展 …………………（39）
四　超越发展型政府 …………………（55）

第三章　中国未来发展的着力点 …………………（59）
一　"踢掉梯子"后的创新发展 …………………（60）
二　全方位推动制度型开放 …………………（71）
三　扎实推动共同富裕 …………………（78）
四　市场经济是法治经济 …………………（83）

第四章　金融周期凸显创新宏观调控新维度 ……（94）
  一　金融周期理论溯源 ……………………（94）
  二　金融周期形成的时代背景 ……………（99）
  三　金融周期的特质 ………………………（104）
  四　金融周期对传统宏观政策的挑战 ……（110）
  五　金融周期凸显宏观调控新维度 ………（114）

第五章　中国特色预期管理 …………………（121）
  一　文献综述 ………………………………（122）
  二　预期管理理论与发达经济体的实践 …（129）
  三　中国特色预期管理 ……………………（139）
  四　进一步加强和完善预期管理 …………（144）

第六章　"向中国学习宏观调控" ……………（150）
  一　为什么要"向中国学习宏观调控" …（150）
  二　新时代宏观调控的基本遵循 …………（157）
  三　新时代宏观调控的创新和完善 ………（161）
  四　结语 ……………………………………（170）

下篇　主流经济学危机与中国经济学的探索

第七章　主流宏观经济学：危机与出路 ……（175）
  一　2008年国际金融危机对主流宏观
    经济学的冲击 …………………………（175）
  二　主流宏观经济学的四大危机 …………（178）
  三　主流宏观经济学的出路 ………………（195）

目 录

第八章 MMT与非主流经济学的"突围" ……… (203)
　　一　"非主流"的现代货币理论何以
　　　　大行其道 ………………………………… (203)
　　二　现代货币理论溯源及其三大支柱 ………… (208)
　　三　现代货币理论的"非主流"研究范式……… (218)
　　四　现代货币理论的批评与启示 ……………… (227)
　　五　非主流经济学的突围与中国经济学的
　　　　机遇 ……………………………………… (238)

第九章 新范式宏观经济学 ……………………… (244)
　　一　主流宏观经济学的自我救赎 ……………… (246)
　　二　新范式宏观经济学："把金融找回来" …… (251)
　　三　新范式宏观经济学的运用 ………………… (255)

第十章 中国版发展经济学 ……………………… (266)
　　一　发展经济学的生存空间 …………………… (267)
　　二　中国版发展经济学的特质 ………………… (280)
　　三　中国版发展经济学的灵魂 ………………… (284)
　　四　结语 ………………………………………… (291)

第十一章 中国经验与中国经济学 ……………… (293)
　　一　中国经济学的发展契机 …………………… (293)
　　二　中国经验的独特价值 ……………………… (301)
　　三　中国经验与中国经济学 …………………… (306)
　　四　中华五千年文明与中国特色 ……………… (315)

五　中国式现代化与中国经济学的历史使命 …… （324）
六　结束语 ……………………………………… （335）

参考文献 ……………………………………… （338）

后　记 ………………………………………… （361）

上 篇

改革发展稳定的中国经验

第一章

中国经济改革的大逻辑

在庆祝改革开放40周年大会上,习近平总书记强调:"改革开放是我们党的一次伟大觉醒,正是这个伟大觉醒孕育了我们党从理论到实践的伟大创造。改革开放是中国人民和中华民族发展史上一次伟大革命,正是这个伟大革命推动了中国特色社会主义事业的伟大飞跃!"[①]

如果说党的十一届三中全会拉开了中国改革开放的序幕,那么,党的十八届三中全会则吹响了改革开放再出发的号角。

一 经济改革的两条主线

20世纪70年代,世界经济快速发展,科技进步日新月异,全球化、市场化、稳定化成为世界各国经济转型发展的潮流。与此同时,中国施行的以公有制、计划经济和按劳分配为核心特征的传统计划经济体制则在实践中遭遇

---

① 习近平:《在庆祝改革开放40周年大会上的讲话》,人民出版社2018年版,第4页。

了挑战。

在这套体制当中，国家控制一切经济资源，依靠政治权威、行政体系、合法强制力和全盘计划命令来组织国民经济运行，同时不承认私人产权的合法地位，也没有为私人以及企业订立市场契约留出空间①。传统计划经济体制的弊端集中表现在两个方面：一是对市场机制的排斥导致了资源的错误配置和宏观无效率，二是激励机制的扭曲则导致了经济活动的微观无效率。这两类因素相互震荡叠加，再加上"文化大革命"带来的负面冲击，导致中国生产效率低下，国民经济严重失调，经济社会濒临崩溃，人民温饱都成问题，国家建设百业待兴，人民群众日益增长的物质文化需要同落后的社会生产之间的矛盾未能得到有效解决。根据安格斯·麦迪森的测算，1952—1978年中国GDP年均增长率为4.4%，而同期世界各国的GDP平均增长率为4.6%；1952年中国人均GDP相当于世界平均水平的23.8%，而1978年则降至世界平均水平的22.1%②。

在党和国家面临何去何从的重大历史关头，党的十一届三中全会于1978年12月胜利召开，果断结束"以阶级斗争为纲"，重新确立了解放思想、实事求是的思想路线，把党和国家工作中心转移到经济建设上来，为改革开放奠

---

① 周其仁：《中国经济增长的基础》，《北京大学学报》（哲学社会科学版）2010年第1期。
② [英]安格斯·麦迪森：《中国经济的长期表现——公元960—2030年》，伍晓鹰、马德斌译，上海人民出版社2008年版。

定了理论基础。

1978年以来，中国经济变迁肩负着发展与改革双重使命，既要实现从经济落后的发展中国家向社会主义现代化强国的转变，又要完成从计划经济体制向社会主义市场经济体制的转变。改革与发展同时进行，相互影响。改革的最终目的就是推动经济社会发展；经济社会的发展又为深化改革创造条件。

40多年来，我们以提高社会生产力、综合国力和人民生活水平为目标，充分发挥经济体制改革的牵引作用，降低制度运行成本，推动生产关系与生产力、上层建筑与经济基础相适应，极大调动了亿万人民干事创业的积极性，极大增强了全社会的生机活力，带来了生产力的大解放、大发展。1979—2021年，中国GDP年均增速达9.2%，以GDP衡量的中国经济总量增加了40倍，中国在世界经济总量中的占比从1978年的1.8%跃升至2021年的18%，创造了世所罕见的经济高速增长和社会长期稳定两大奇迹。在中国共产党成立一百周年之际，中国如期全面建成小康社会，历史性地解决了绝对贫困问题，实现了中华民族伟大复兴进程的大跨越。实践证明，改革开放是我们党的一次伟大觉醒，中国大踏步赶上了时代。

面对一个激励不足、生产效率低下和资源配置机制扭曲的经济体制，早期的经济体制改革是在以解决急迫问题为导向的实用主义思路指引下起步的。我们一开始并没有一个清晰的市场化改革目标，而是用"摸着石头过河"的方式绕过障碍，沿着所有制结构调整（发展多元化市场主体）和经济运行机制转变（构建市场体系和政府宏观调控体系）两条主线，循序渐进地推进经济体制改革①。

第一条主线是恢复和发展多元化市场主体。改革开放初期，中国的经济体制改革从消除微观激励机制的扭曲这一环节入手，先不对庞大的国有部门和农村集体经济进行改革，而是着手对促进生产力的自发契约提供合法承认与保护，这既包括促进家庭联产承包责任制改革，也包括恢复和发展个体私营经济、积极引入外资企业，为乡镇企业异军突起创造条件。这些改革举措的实质是逐渐承认并保护普通人自由缔约、创办各类企业、按投资要素分配收入的合法权利，把企业家以及他们的创业精神、市场判断力、组织和协调生产的能力充分调动起来，从而推动非国有经济自下而上地成长起来。所有制结构的调整和改革，重塑了市场经济所必需的独立利益主体，极大地调动了个人和企业的生产积极性，有力地推动了经济增长。

在非公有制经济迅速成长之后，我们又在保持经济平稳较快增长的条件下推进国有经济存量改革，即以建立现代企业制度和推动国有经济布局战略性调整为突破口，深化国有企业改革，增强国有经济竞争力、创新力、控制力，从而形成了多元化的市场主体，形成了公有制为主体、多种所有制经济共同发展的格局，构建起社会经济运行的微观基础。多元化所有制结构的形成，为经济资源配置机制从集权的行政命令方式向市场机制发挥基础性、决定性作用转变创造了前提条件。

---

① 张卓元：《中国经济改革的两条主线》，《中国社会科学》2018年第11期。

第二条主线是建立和完善市场体系和政府宏观调控体系。在非国有经济迅速发展壮大、所有制结构发生深刻变革之后，对市场体系、政府治理等其他领域的经济改革提出了新要求。除了个人与企业的激励机制逐渐形成，市场主体地位的真正确立还需要一系列配套制度的支撑，主要包括真实反映资源稀缺性的价格信号，要素自主流动的市场体系，归属清晰、保护严格的产权制度，以及高效协同的宏观调控体系。

于是，改革重点转向推动资源配置方式变革，促进市场发育，矫正扭曲的价格信号，逐步以市场取代计划在资源配置中起基础性和决定性作用，实现市场决定价格、市场主体自由交易，用市场机制的"无形之手"协调千百万人爆发出来的致富冲动和竞争意识，从而提高资源配置效率。与此同时，重新调整政府职能定位，减少政府对经济活动的直接参与，一方面增强中央政府实施宏观调控和维护市场统一的权威和能力，另一方面为地方政府促进经济发展提供有效的激励和必要的权力，力图更好地发挥政府作用。

综上所述，过去40多年的改革基本上是在中国经济不断扩大开放的大背景下，沿着以上两条主线开展的。从改革的力度和节奏上看，中国的经济体制改革是逐步有序推进并不断深化的，积部分质变为大质变，在保持经济社会稳定的条件下逐步解放生产力、发展生产力，同时避免带来社会不同群体经济利益的剧烈变动和社会的重大震荡，在改革、发展、稳定三者之间寻求有效平衡。改革是从"放开""松绑""搞活"入手，首先"把激励搞对"，激发各类微观主体的活力和创造力，提升生产效率；然后不断解决改革进程中暴露出来的新问题，满足各类市场主体对经济制度的需求，"把价格搞对"，向僵化的计划经济体制中注入市场化因素，提升资源配置效率。

在市场化改革中形成的这种以"放"代替"抓"的思路，推动着市场力量不断壮大，政府的干预之手不断后撤，政府职能从直接配置资源向间接调节经济转型。市场的扩展使得个人和企业的自由选择权不断拓展，为劳动、资本、技术等各类要素在特定时空内的有效组合创造了便利条件，从而激发出中国经济中蕴藏的强劲动能和巨大潜力。

二　改革与开放的"多重均衡"

改革与开放是相辅相成的。改革与开放之间存在"多重均衡"。一种是只有国内改革，没有对外开放，这在前现代社会是可以存在的。但这种完全封闭的、没有开放的改革只是一种近似的改革，实际上传统社会（如古代中国）的很多改革都是以外敌存在为前提的。封闭体系改革的问题在于，难以有外部思想和知识的溢出效应，缺乏与外部世界的学习与互动，从而很难有真正的制度创新；而局限于体制内的小打小闹，修修补补，容易形成一种超稳定的、僵化的制度架构。另一种是没有国内改革，只有对外开放，更确切地说，是没有推进国内改革使之与对外开放相协调、相匹配。这种情况在一些拉美国家比较突出。即开放步伐快于改革步伐，或者在国内很多条件还不成熟

（没有改革到位）的情况下实行对外开放，从而带来外部冲击，出现经济动荡或危机。还有一种是改革与开放的相互匹配和相互促进，这是一种理想的"均衡"。

打开国门、对外开放，本身就是一项重大的改革。中国作为最大的发展中国家，能够实现后发赶超并在制度竞争中赢得比较优势，靠的是改革开放。只有在开放条件下，中国才具备潜在的后发优势。在一个闭关锁国的封闭体系中，不知道天外有天，没有更为发达的外部世界的存在，就不会有先进与落后之分，也不可能有所谓后发优势和后发赶超。因此，后发优势是开放带来的，是在国际比较中产生的。面对开放的竞争环境，只有通过改革，潜在的后发优势才能发挥出来。否则，只会在开放竞争中被排挤、被扼制甚至被"开除球籍"。中国之所以能够发挥后发优势，成为世界第二大经济体，就在于通过实实在在的改革，破除各种偏见和歧视、门槛与障碍，让各种观念相互碰撞、各类资源要素自由流动；在比较中发现落差，以落差促进流动。通过引进、吸收、消化发达国家多年积累起来的先进的知识、技术、管理、制度，以较低的成本，让发达国家的知识存量"外溢"到中国来，缩小与发达国家的差距，最终实现后发赶超。

改革开放相互促进。一方面，随着改革的推进，市场竞争力的增强以及治理水平的提高，可以实行更大范围和幅度的开放；另一方面，是所谓开放倒逼改革，即借助开放所带来的外部力量，推动内部进行制度调整。改革本身是有惰性的。但开放会引入竞争，同时也要求制度、规则方面的"国际接轨"，于是相应的改革"被逼"产生。以中国加入世界贸易组织（WTO）为例。在 2001 年底加入 WTO 后，中国经济开始与 WTO 的规则相衔接，并由此开启了诸多领域的改革，仅法律法规就废止、修改和制订了数千条之多。我们现在提出自贸区、自由港的实验，以及金融服务业方面的更大幅度开放，也是要借助开放所形成的激励、动力甚至压力，来促进国内体制的变革，让那些原本有惰性、求保护的主体紧张起来、活跃起来，从而带动整体竞争水平的提升。改革与开放携手同行，能够创造更多的奇迹。

不过，开放既可以倒逼改革，也可能导致改革扭曲，延迟改革甚至使改革走回头路。这是我们想强调的，也是改革与开放存在的"多重均衡"中最要不得的一种。开放必然带来竞争。而在竞争压力过大的时候，就会产生一种本能的自我防卫。这种防卫不是想办法提升竞争力，而是如何将保护层做得足够坚实。比如 20 世纪 90 年代日本出现大量"僵尸企业"就与开放导致扭曲有一定关系。随着 80 年代末泡沫经济的破灭，日本经济持续萧条。许多企业盈利能力降低，频频向银行举债。相较于向健康企业贷款，日本许多银行很乐意对困境企业持续贷款，甚至为它们提供更为有利的优惠政策。这样的贷款政策主要基于两点考虑：一是困难企业通过贷款偿还短期贷款项目，从而降低银行的不良贷款率；二是银行通过这种方式可以帮助已经出现困境、濒临破产的企业掩饰其真实的状况。而这样做的背后更深层的原因却是为了满足 1988 年《巴塞尔协议》的相关要求。日本政府为了帮助日本银行满足巴塞尔协议风险资本比率

（Basel-mandated risk-based capital ratios）的要求，甚至禁止银行披露关于"僵尸企业"贷款的信息，并允许它们通过一些会计手段掩饰"僵尸企业"借款的状况。这种行为被认为妨碍了无力偿债的"僵尸企业"退出市场，大批"僵尸企业"存活了下来；而企业活力的减退以及大量不良贷款的形成则造成了日本经济的停滞。就当时（20世纪80年代末90年代初）来看，日本银行想要在境外开展国际业务，就必须加入《巴塞尔协议》，而泡沫经济破灭又使得日本银行难以满足《巴塞尔协议》关于风险资本比率的要求，于是就容忍甚至是纵容了"僵尸企业"的存在。开放导致扭曲的逻辑在这里得到了充分的体现。

当前，中美贸易摩擦也给国内带来多重压力。面对美国关于"中国模式"的指责，我们当然无法苟同。但国内学界一直在探讨的问题，如政府强干预带来的扭曲，国有企业改革不到位，金融机构的"所有制偏好"（一般更倾向于给国有企业而不是民营企业放款），以及政府兜底、隐性担保、刚性兑付加上软预算约束等带来的不公平竞争，都是未来改革需要关注的重点。不能因为贸易摩擦就打乱了原先的改革部署，更不能因为贸易摩擦而走回头路。比如说，愈发强化政府干预，更加突出所有制偏好，或容忍"僵尸企业"继续存活，以及通过不同形式的"放水"来稳增长，等等。事实上，越是这个时候，越要坚定改革的信心和方向，重视市场决定性作用的发挥；而政府作用则是要在"更好"上下功夫，既不能缺位，但也不能越位，减少因政府干预导致的资源配置扭曲。总之，改革是要跟着自己的发展节奏，完成好自己的"家庭作业"，做到"不管风吹浪打，胜似闲庭信步"。

三 从增量改革到存量改革

关于中国的改革，一般总结为渐进改革或增量改革（而苏联、东欧国家的改革则称作激进改革或休克疗法）。相较于渐进改革，增量改革的提法更为贴切，因为中国的改革是在体制外"增长"出了一块非国有经济。

中国渐进式改革的基本特征，是在旧体制因阻力较大还"改不动"的时候，先在其旁边或周围发展起新体制或新的经济成分（如市场定价机制，各种形式的非国有经济等），随着这部分经济成分的发展壮大、经济结构的不断变化和体制环境的不断改善，逐步改革旧的体制；而苏联、东欧国家激进式改革的基本特征则在于从一开始就必须（只能）对旧体制进行改革，以此为新体制的成长铺平道路。中国的渐进式改革是在存量"改不动"的时候，先通过增量改革来发展新体制，随着增量改革的积累，逐步改革整个经济的体制结构，为"存量"的最终改革创造条件；而苏联、东欧国家的激进式改革，则是（在增量改革缺乏条件的情况下）直接进行"存量"的改革，并以此来促进新体制增量的成长[①]。

改革之初的增量改革之所以可行，不仅在于中国传统

---

① 樊纲：《渐进与激进：制度变革的若干理论问题》，《经济学动态》1994年第9期。

计划经济还存在一定的"制度缝隙"（不像苏联的计划经济，统得过死），留下了市场经济的一点"火种"，更在于有大量闲置的资源和较为充分的市场机会。但40多年后的今天，这样的条件已经发生了根本改变甚至不复存在。

就资源要素来说，改革开放之初，无论是劳动力，还是土地，都处于未充分利用的状态。劳动力尤为明显。事实上，正是大量农村劳动力向城市、现代部门、非国有经济的转移，才导致了配置效率的提高，从而带来中国经济的高增长。那些在体制外增长起来的非国有经济，也是因为有了大量劳动力资源的供应，才得以快速成长。土地方面，大量开发区的出现，以及在引资方面的土地优惠政策，都使得土地资源的供应是相当充裕的。但这些资源，在今天不仅不是大量闲置，甚至是非常"短缺"。一方面，劳动年龄人口的绝对下降；另一方面，在土地制度改革未能继续向前推进的情况下，土地的供应也"捉襟见肘"。结果就会产生对要素资源的竞争。如果说，在原来资源有所闲置和相对丰裕的条件下，非国有经济的成长对资源的吸纳，不会对国有经济与传统体制带来根本性的威胁和挑战，但在资源相对稀缺的今天，非国有经济的继续成长就面临资源要素瓶颈了。没有存量资源的重新配置，没有国有经济（特别是低效或无效的国有经济，如大量"僵尸企业"）在某种程度上的"退出"，恐怕就没有新的增长源泉了。

就市场机会来说，早期的非公经济（尤其是民营经济）是不能"挑"的，政府给什么，就拿什么。这个所谓的机会，根本上是一个市场准入的问题。改革之初，就是把原来完全由国有经济掌控的机会，拿出一些来给民营经济。经过40多年的发展，民营经济"无孔不入"，基本上完成了布局，处女地已经很少。准入的领域都占据了，尤其是产业链中下游，不但占据，而且都大量过剩了。去产能，去的有很多都是处在中下游的民营经济的过剩产能。这个时候，如果不再有新的机会放出来（扩大准入的领域），特别是上游产业的机会（包括金融服务业、能源、铁路、电信、医疗、教育等），民营经济就没有新的发展空间了。但也不排除一些创新领域（如互联网、金融科技、智能机器人等一些新产业、新模式、新业态）。但这是一片充满不确定性和风险的领域。民营经济需要在准入限制的情况下另辟蹊径，在去产能、去库存、去杠杆的大背景下锐意创新、凤凰涅槃；而守着大把机会和市场垄断的国有经济，则可以坐享其成，缺乏创新动力。

改革之初，我们是以"进入"的方式来推进增量改革。无论是私营经济、乡镇企业的进入，还是外资企业的进入，都是在传统计划经济一统天下的格局中，打开一片新天地。"进入"带来了新鲜的血液，为传统体制注入了新的活力。40多年后的今天，尽管我们仍然需要新鲜力量的进入，但更重要的是以"退出"方式来推进存量改革。资源要素与市场机会的日渐稀缺决定了我们必须从增量改革转向存量改革。退出是存量改革的基本实现方式。这不仅涉及"僵尸企业"的退出，也涉及一些领域政府干预的退出。因此，对于完善退出机制，形成真正公平竞争的市场环境，需要从改革开放40多年这样更长时段、更高站位来看。

第一章 中国经济改革的大逻辑

"退出"这个词比较刺眼，但如果从促进公平竞争角度出发，就比较容易理解了。国有企业退出难，根源在于它所拥有的"结构性优势"与由此带来的不公平竞争。国有企业一直以来承担着很多社会责任，从而享有特别的"结构性优势"。这个责任，就是需要实现社会性目标，既包括承担坚持基本经济制度、社会主义方向这样的宏大任务，也包括稳定宏观经济、实现社会公平、保障经济安全等方面的具体责任。正因为有这样的重大责任，才使得国有企业可以在税收、信贷、市场准入、产业政策等方面享有特别的优惠政策；尤其是国有企业的软预算约束及政府对其的隐性担保（软预算约束与隐性担保或许可以看作一个硬币的两面，二者是相互支持和加强的）。以上这些恰恰是其他市场主体所不能享有的"结构性优势"。值得一提的是，国有企业不仅在市场准入方面得到特殊照顾（如获得优先的垄断地位），在市场退出方面更是享有诸多保护。目前大量国有"僵尸企业"仍然未能退出市场，根本就在于体制惯性让其享受到类似"铁帽子王"的待遇，可以在强制性的市场出清过程中获得"免死金牌"。公平竞争的一个前提就是自由进入和退出。现在有很多的准入门槛，国有企业占据着上游，这本身就不符合公平竞争规律；再加上国有"僵尸企业"还可以不退出，那还有什么公平竞争可言？

要实现低效或无效企业的正常退出，还需要政府干预在特定场合的退出相配合。比如，政府兜底和隐性担保的渐次退出；又比如，政府财税、金融、信贷、土地包括一般性产业政策在所有制歧视方面的退出：从特惠型政策转向普惠型政策，从重视产业政策转向重视竞争政策。

从增量改革到存量改革，意味着不同市场主体在资源要素与市场机会方面要展开公平竞争。保证各种所有制经济依法平等使用生产要素、公开公平公正参与市场竞争；废除对非公有制经济各种形式的不合理规定，消除各种隐性壁垒。

四　下一步改革：重心在政府

如何处理好政府与市场的关系，一直是贯穿中国改革开放40多年的一条红线。无论是过去、现在，还是未来；无论是资源配置，还是国家治理，政府都是必不可少且至关重要的角色。只有对政府的作用和地位有一个清晰的认识和判断，才能更好地推进改革。所谓"功夫在诗外"，展望中国改革的下一步，核心与焦点恰在政府。

（一）变动世界中的政府

20世纪40年代到60年代初，早期结构主义发展经济学已经注意到了后发国家市场发育之不足，希望通过政府这只手来弥补。这包括强制储蓄、大推进理论、产业选择、进口替代等，强调了政府的干预作用。但这么做导致的问题却越来越多，从而为强调市场力量与价格机制的新古典发展经济学所取代。不过，故事到这儿并没有结束。一些东亚经济体（典型的如日本、韩国）的确通过政府主导跨越了中等收入陷阱，但后来的一些模仿者却没有那么幸运，它们纷纷在亚洲金融危机的冲击下跌入了中等收入陷阱（如马来西亚、印度尼西亚等）。再往后，是"华盛顿共识"与"北京共识"之间的较量，特别是它们对于政府与市场力量的不同侧重，以及2008年国际金融危机暴露出不受约束的市场力量的巨大破坏力，使得政府与市场关系需要重新审视。

新结构经济学强调一国发展要顺应比较优势，而政府在其中可以而且必须发挥重要作用[①]。比较优势基于要素禀赋（如资本、劳动力和自然资源）而形成，要素禀赋变化也会带来比较优势的动态变化。要真正发挥比较优势，一方面要有市场，另一方面还要有政府。如果政府决定优先发展的产业不符合要素禀赋的比较优势，也就没有竞争优势，企业在开放竞争的市场中将会没有自生能力，从而这些产业需要得到特别保护，进而导致一系列的扭曲；如果决定发展的产业符合比较优势，企业有自生能力，在国际国内市场上就会有竞争力，从而积累资本获得进一步的发展。林毅夫强调，政府必须在产业升级和技术创新中发挥因势利导的作用以克服外部性和协调的问题。这一理论希望避免早期结构主义发展经济学的"过"（过于强调政府而忽略了市场），以及"华盛顿共识"的"不及"（过于强调私有化、市场化而忽略了政府）。过犹不及，这二者都要不得。

斯蒂格利茨基于不完全信息和不对称信息的假设，从理论角度提出政府干预大有空间。当市场不完备、信息不完全、竞争不完全时，市场机制不会自己达到帕累托最

---

① 林毅夫：《新结构经济学：反思经济发展与政策的理论框架》，苏剑译，北京大学出版社2014年版。

优，这就是所谓的格林沃德—斯蒂格利茨模型。由此定义的市场失灵不再局限于外部性、公共产品等传统范围，而是无处不在，从而为政府干预提供了广阔的舞台。同样强调政府的作用，斯蒂格利茨与新结构主义经济学的逻辑却大不相同。斯蒂格利茨对传统的比较优势理论提出批评，强调学习能力的重要性。他认为，传统的比较优势理论基于知识是可完全公开获得的理念，关注的是要素禀赋（如资本劳动比）。不过，资本是流动的，资本禀赋甚至在理解静态比较优势中都起不到什么作用。决定比较优势的状态变量往往是那些"不动的"（或流动性较弱的）因素，特别是知识、劳动力和制度。最重要的"禀赋"是一个社会的学习能力。市场本身并不足以创建一个充分的学习社会，这是市场失灵的一种体现，因为：第一，学习具有溢出效应，呈现正外部性；第二，市场化的学习在一定时期和一定空间具有垄断性；第三，知识传播是一种产业（行业）公共物品。鉴于在知识的生产和传播过程中市场是无效的，而后发国家最缺的是学习能力，因此，政府可以在提高一个社会学习能力方面发挥积极的作用[1]。

大萧条、第二次世界大战期间的资源动员及战后重建，为政府作用提供了实践舞台，而凯恩斯革命提供了理论武器，从此政府出现了前所未有的扩张。不过，立足于限制政府的思想也一直存在。比较典型的是关于政府的三

---

[1] ［美］约瑟夫·斯蒂格利茨、［美］布鲁斯·格林沃德：《增长的方法：学习型社会与经济增长的新引擎》，陈宇欣译，中信出版社2017年版。

个模型①。第一,"看不见的手"模型。该模型的出发点是,市场运转良好,无须任何政府。政府需要执行一些市场经济赖以运行所必需的基本职能,如提供法律、秩序和国防。除了提供这些有限的公共产品之外,政府的干预越少越好。第二,"扶持之手"模型。该模型认为,不受约束的自由市场会导致诸多弊病,包括垄断定价、外部效应(如污染)、失业、不完善的企业信贷供应以及地区发展的失败等。为了矫正这些市场失灵,政府的扶持之手可以发挥作用,从矫正性税收、管制、总需求管理到价格控制、政府所有制和计划等。第三,"掠夺之手"模型。该模型强调,应从政治经济学的角度看待政府,把政治过程看成是政府行为的决定因素。政治家们的目标并不是社会福利最大化,而是追求自己的私利。与"看不见的手"模型一样,"掠夺之手"模型对政府持怀疑态度,但是,"掠夺之手"模型却更加准确地描述了政府实际上的所作所为,因此在设计改革方案时也更具建设性。一般而言,"掠夺之手"的分析会寻找限制政府作用的方法,反对扩大政府作用的范围。

2008年国际金融危机以来,对政府作用的强调又变得突出,但在立场上变得相对公允和包容。巴德汉(Bardhan)从更广阔的视野探讨了政府角色的复杂性。他指出,由于发展目标的广泛性(尤其是涉及经济的结构性转型)以及政府功能的多维性,再加上解决协调性失败与集体

---

① Shleifer, A., and Vishny, R. W., 1998, *The Grabbing Hand: Government Pathologies and Their Cures*, Harvard University Press.

行动等方面的难题，政府角色需要重新定位。他从历史与逻辑双重角度论证了特定发展阶段政府（及政府干预）的积极作用①。

不仅在模仿赶超阶段，甚至在创新活动当中，政府也能发挥重要的作用。这与传统认识有很大不同。一般认为，产业政策即便有作用，也主要局限在模仿型产业，或赶超型产业。对于创新，政府往往无能为力，政府干预的空间几乎为零。斯蒂格利茨（Stiglitz）就产业政策在创新型产业发展中的积极作用，给出了新的论证②。第一，创新活动（无论是模仿性的，还是自主性的）具有很强的正外部性，以致在某些情况下成为全行业的公共物品，造成企业的行动激励受限；第二，信息搜寻和扩散也具有公共物品的性质，因此单纯依靠市场机制的运作难以实现其充分提供；第三，新兴产业在初期发展阶段存在市场不足甚至市场缺失的情形，这不仅涉及其自身产品的市场，也涉及相关投入品的市场，因此，为推动新兴产业的发展，需要非市场力量在鼓励创新、信息提供和市场发育方面发挥一定的积极作用，而政府干预就是最为重要而又显著的非市场力量。马祖卡托（Mazzucato）则提出，政府具有比修补市场失灵更重要的作用。是产业政策而非自由市场促进了创新。政府作为风险投资家，在生产性投资和创新活动

---

① Bardhan, P., 2016, "State and Development: The Need for a Reappraisal of the Current Literature", *Journal of Economic Literature*, 54 (3), 862–892.

② Stiglitz, J. E., 1999, "Public Policy for a Knowledge Economy", The World Bank.

中作为创新活动不确定性和风险的承担者，弥合了公共投资与私人投资之间的鸿沟；政府不仅仅是修复了市场（弥补市场不足），并且还会积极地创造和塑造市场，引领私人企业的创新浪潮[①]。

在漫漫的历史长河中，特别是在经济发展的过程中，政府扮演的一直是一个忽上忽下、周期沉浮的角色。在大繁荣时，政府要么被完全忽略，要么被看作进一步繁荣的绊脚石（如政府往往会警示泡沫或采取实质行动），而在大萧条或大危机之后，政府又被请上神坛，任其发号施令。在理论中，政府角色从来是毁誉参半；而政府作用的好与坏，往往是由实践而非理论来做出回答。

（二）资源配置中的政府

党的十八届三中全会提出，"经济体制改革是全面深化改革的重点，核心问题是处理好政府和市场的关系，使市场在资源配置中起决定性作用和更好发挥政府作用"[②]。

市场在资源配置中的作用从调节性、辅助性，到基础性，再到决定性，是一次历史性的跨越。只有对市场决定性作用有充分的认识，才会更准确地给政府进行定位。不过，当"市场决定性作用"与"更好发挥政府作用"相提并论的时候，原本清晰的认识似乎一下子又模

[①] Mazzucato, M., 2013, *The Entrepreneurial State: Debunking Public vs. Private Sector Myths*, Anthem Press.

[②] 《中共中央关于全面深化改革若干重大问题的决定》，人民出版社2013年版，第6页。

糊起来。社会各界开始有不同的解读，有的倾向于市场的决定性，有的强调政府的作用。对此，我们最好还是回到政策文本。

其一，对市场决定性作用的理解。为什么要提市场的决定性作用？这里既有40多年来对于政府与市场关系理论与实践探索的因素，更有面对当前问题——如存在不少束缚市场主体活力、阻碍市场和价值规律充分发挥作用的弊端——所做出的理性选择，"贯彻了问题导向"。正因为如此，需要"从广度和深度上推进市场化改革，减少政府对资源的直接配置，减少政府对微观经济活动的直接干预，加快建设统一开放、竞争有序的市场体系，建立公平开放透明的市场规则，把市场机制能有效调节的经济活动交给市场，把政府不该管的事交给市场，让市场在所有能够发挥作用的领域都充分发挥作用，推动资源配置实现效益最大化和效率最优化，让企业和个人有更多活力和更大空间去发展经济、创造财富"[①]。

其二，对更好发挥政府作用的理解。党的十八届三中全会对"更好发挥政府作用"提出了明确要求，强调"科学的宏观调控，有效的政府治理，是发挥社会主义市场经济体制优势的内在要求"[②]。全会对健全宏观调控体系、全面正确履行政府职能、优化政府组织结构进行了

---

① 习近平：《习近平谈治国理政》（第一卷），外文出版社2018年版，第117页。

② 《中共中央关于全面深化改革若干重大问题的决定》，人民出版社2013年版，第16页。

部署，强调"政府的职责和作用主要是保持宏观经济稳定，加强和优化公共服务，保障公平竞争，加强市场监管，维护市场秩序，推动可持续发展，促进共同富裕，弥补市场失灵"①。

尽管两个方面都讲了，不过，"改革的重点是解决市场体系不完善、政府干预过多和监管不到位问题。更好发挥政府作用，不是要更多发挥政府作用，而是要在保证市场发挥决定性作用的前提下，管好那些市场管不了或管不好的事情"②。

政府作用如何做到以市场决定性为前提？即一切以促进市场机制充分发挥作用、实现资源的优化配置为准绳；任何对此的偏离，就是政府作用所带来的扭曲，是要避免的。因此，保证市场决定性为前提，政府的作用有两方面：一是"修补"市场（取"修复补充"之意。包括培育市场、弥补市场失灵甚至创造市场等），实际上是"管好那些市场管不了或管不好的事情"；二是减少扭曲，主要是减少政府干预所带来的扭曲。

其一，"修补"市场。这基本上是奥尔森的强化市场型（market-augmenting）政府③、青木昌彦的市场增进型

---

① 《中共中央关于全面深化改革若干重大问题的决定》，人民出版社2013年版，第6页。
② 《习近平关于社会主义政治建设论述摘编》，中央文献出版社2017年版，第118—119页。
③ Olson, M., 2000, *Power and Prosperity: Outgrowing Communist and Capitalist Dictatorships*, Basic Books.

（market-enhancing）政府[1]，以及马祖卡托的企业家型（entrepreneurial）政府[2]三者的结合。奥尔森认为，一个政府如果有足够的权力去创造和保护个人的财产权利，并且能够强制执行各种契约，与此同时，它还受到约束而无法剥夺侵犯私人权利，那么这个政府便是一个强化市场型政府。强化市场的方式不是由政府代替市场中的主体去创造财富，而是要创建现代市场经济所赖以运行的外部制度条件。青木昌彦等经济学家在研究东亚经济发展过程中政府的作用时，提出了"市场增进论"。其观点是：经济活动中政府协调失灵可能并不比市场协调失灵少。为此，除了依靠市场协调以外，应积极推动不同的民间组织（包括企业组织、贸易联合会、金融中介、劳工和农民组织以及商业协会等）发展起来。这样，政府的基本职能将更多地在于促进这些组织的发展，并与其相互作用形成一种新的协调制度，而较少直接干预资源配置。马祖卡托的企业家型政府是强调政府相当于风险投资家。在创新活动中，政府不仅修复了市场，而且会积极地创造和塑造市场，引领私人企业的创新浪潮。总之，衡量政府干预是否妥当，关键是看这类干预是保障、强化、弥补了市场机制，还是破

---

[1] Aoki, M., Murdock, K., and Okuno-Fujiwara, M., 1998, "Beyond the East Asian Miracle: Introducing the Market Enhancing View", in Aoki, M., Okuno-Fujiwara, M. and Kim, H. (eds.), *The Role of Government in East Asian Economic Development: Comparative Institutional Analysis*, Oxford University Press.

[2] Mazzucato, M., 2013, *The Entrepreneurial State: Debunking Public vs. Private Sector Myths*, Anthem Press.

坏、扭曲甚至取代了市场机制。

其二，减少扭曲。政府干预的初衷往往是好的；并且在特定的发展阶段，由政府干预所带来的"良性扭曲"（指扭曲在一定范围内有积极作用）也是可能的。第一，后发优势。发展中国家的后发优势包括借鉴先进国家的科学技术、商业经验、市场模式等。这种借鉴甚或模仿通常比依赖自主研发创新更为容易、经济且风险较小。政府可通过挑选"赢家"模式，在上述活动中扮演关键角色，而来自微观主体的创新则居于次要地位。但随着经济社会发展迈向更高层次，后发优势的空间逐渐收窄，创新前沿的不确定性也相应提高，政府难以掌握充分信息做出正确决策，"挑选赢家"模式面临诸多挑战，负面作用越来越大。第二，次优原理。由于扭曲的存在，往往需要引入另外的扭曲来制衡，以实现一个更为有效率的、次优的结果。一个典型的例子是，在经济发展和工业化的早期阶段，由于企业家精神与资本都较为匮乏，在市场导向的大原则之下，部分寻租行为可能为投资和学习、创新等行为提供激励。政府管制、体制障碍是扭曲，而寻租行为也是扭曲。以后者应对前者，是以一种扭曲应对另一种扭曲，也可能产生积极的效果。第三，市场失灵。由于各种不完备性的存在，市场在处理非合作型互动（non-cooperative interactions）方面将是无效的，从而需要政府提供指引（并提供选择性的激励或抑制）来激发个体间的合作行为。市场面临的协调失败（或更常用的"市场失灵"）为政府干预提供了重要依据。第四，政治经济学的视角。此前讨论的扭曲都是以新古典经济学的市场最优均衡为参照基准。但事实上，扭曲还可以参照许多非经济因素，如国家安全、地缘政治、意识形态等。政治经济学视角就是超越纯经济分析，加入了其他利益的考量。例如，计划经济时期的"两弹一星"工程为中国的国防、科技做出了巨大贡献，这一点在近年来关于中国经济奇迹、"北京共识"等的国内外学术讨论中也获得广泛赞誉。但是，如果单纯从经济学理论中的比较优势看，"两弹一星"工程恰恰可能是违背这一原则的扭曲性赶超政策。

扭曲与发展之间的关系是非线性的，良性扭曲高度依赖于不同发展阶段的特定语境和历史路径。跨国经验与中国的实证数据均表明，特定条件下促进发展的所谓良性扭曲，到了新的条件下可能会成为发展的障碍。如后发优势、次优原则、协调失败等，都是有理论前提的，即基本上都是针对经济发展水平较为落后、面临起飞赶超转型任务，同时市场体系不发达、结构性问题严重的经济体。随着中国发展水平的提高以及市场体系的逐步完善，这些前提条件会慢慢消失，良性扭曲也就难以存在了。正因为如此，要旗帜鲜明地消除扭曲，切实发挥市场在配置资源中的决定性作用，摒弃对待扭曲问题上的保留和犹豫态度。否则，在赶超的口号下，政府干预引致的扭曲会频频发生，并导致市场化改革的方向发生游移和摇摆[①]。

综上，笔者认为，在资源配置层面上，市场应发挥决定性作用，一切阻碍市场发挥决定性作用的障碍都要清除；同时，更好发挥政府作用要以市场的决定性作用为前

[①] 张晓晶、李成、李育：《扭曲、赶超与可持续增长：对政府与市场关系的重新审视》，《经济研究》2018年第1期。

提，政府只在市场难以发挥作用（管不了）或市场失灵（管不好）的地方"刷存在感"。

（三）国家治理中的政府

全面深化改革的总目标是完善和发展中国特色社会主义制度，推进国家治理体系和治理能力现代化。国家治理成为推进改革的新的关键词。那么，与资源配置中的政府相比，国家治理中的政府又处于一个什么位置呢？

治理本身的含义是指"多元共治"，国家治理就是政府、市场、社会的三元共治。尽管国家治理的主体是多元的，但政府是核心。理解国家治理中的政府角色，需要从三个维度来看，即国家能力（state capacity）、法治政府和责任政府。其中，国家能力是政府作用的基础，而法治政府与责任政府则是对国家能力的某种限制，是对国家能力作用范围和幅度的一种约束。福山近年来对于国家能力的推崇，令"强政府"呼之欲出。他认为，一个国家的繁荣需要国家能力、法治政府与责任政府三者的配合，缺一不可。目前美国是国家能力弱，而法治政府和责任政府强；中国则相反，国家能力强，法治政府与责任政府相对弱[①]。和资源配置相比，国家治理处在更高维度。如果说在资源配置层面，政府是以市场发挥决定性作用为前提，那么，在国家治理层面，国家能力应在法治政府与责任政府的约束下实施。

---

① ［美］弗朗西斯·福山：《政治秩序与政治衰败：从工业革命到民主全球化》，毛俊杰译，广西师范大学出版社2015年版。

由国家管理到国家治理，更为突出了"三元共治"：一是政府的力量，它借助国家权力的强制性来配置社会资源，使之有序运行和发展；二是市场力量，即亚当·斯密所强调的那只"看不见的手"，它通过市场机制（特别是自由竞争与价格信号）促进社会资源的优化配置；三是社会力量，也称为社会自组织力量，它是靠具有强烈公共精神、公共责任的个体或组织，以自我管理、自我服务、自我教育、自我监督的方式，自觉遵循一定的公共行为规范，并承担一定的公共治理职责，由此促进经济社会的发展。在国家治理活动中，政府力量最擅长公共领域的治理，市场力量最擅长经济领域的治理，而社会力量最擅长纠正和弥补政府力量和市场力量的缺陷和不足，社会力量在公共领域和私人领域都能够找到自己最佳的角色定位。

现代化的国家治理模式一定是政府、市场和社会三方力量相对均衡且能够互相支持也相互制约的格局。目前来看，无论是面对市场，还是面对社会，政府都处于强势，这与国家治理强调三方共治还有差距。特别是一些地方政府，对于治理还理解不够，仍然局限于过去的管理、管控思维；在很多方面，对于市场和社会的介入还持有一种反感甚至对立的态度。因此，未来政府改革的重点在于：改变政府"一家独强"局面，使得政府无论是对社会的介入，还是对市场的介入，都是以社会与市场自身发挥有效作用为前提，给予社会与市场更大的发展空间，实现有为政府与有限政府的有机统一，推动发展型政府向服务型政府、责任型政府、法治政府的转型。

如果说40多年前中国改革的起点和重心在市场，那么，40多年后中国改革的起点和重心在政府。过去的市场化推进，只要政府放手便有发展；今天的市场化推进，所遇瓶颈和障碍，归根到底在政府。展望政府改革，就资源配置维度而言，政府应是以市场发挥决定性作用为前提，减少扭曲；就国家治理维度而言，应在法治政府与责任政府的约束下施行国家能力，推进国家治理能力与治理体系的现代化。

第二章

资产负债表视角下的中国发展

考察中国发展可以有很多视角,而资产负债表提供了一个全新的维度——存量视角;借此可以看到中国发展的成就(如财富积累)、面临的风险(如债务"灰犀牛"),以及资产、负债二者之间的匹配与错配,进而揭示出中国经济发展中的结构性、体制性问题,并对未来发展的潜力和方向做出评判。

一 从未有一国财富如此接近美国

习近平总书记在总结党的百年奋斗重大成就时指出,新时代的一个伟大成就,就是"为实现中华民族伟大复兴提供了更为完善的制度保证、更为坚实的物质基础、更为主动的精神力量"[①]。这里"坚实的物质基础",用财富积累来衡量最为贴切。

财富估算作为国家治理之必要构成早已有之。这一

---

① 《中共中央关于党的百年奋斗重大成就和历史经验的决议》,人民出版社 2021 年版,第 61 页。

方面是出于税收的需要，另一方面，则是出于国力比较与国际竞争（甚至战争）的需要。约350年前，英国古典经济学家威廉·配第以"政治算术"敬献国王，其初衷乃基于英国、法国、荷兰的财富比较，为英国争夺海外市场和殖民地树立信心。正如马克思在《政治经济学批判》中指出的："当荷兰作为一个贸易国家还占着优势地位，而法国似乎要变成一个称霸于世的贸易强国的时候，他在《政治算术》的一章中就证明英国负有征服世界市场的使命。"[1]

国际关系理论专家米尔斯海默在《大国政治的悲剧》中强调了财富与权力的关系：财富很重要，因为如果一国没有金钱和技术来准备训练并不断使其战斗部队现代化，它就不可能建立强大的军事力量，而且，发动大国战争的代价非常巨大……美国在1941—1945年抗击轴心国就耗费了约3060亿美元，这一数字是其1940年国民生产总值的三倍。因此，国际体系中的大国总是处在世界最富裕的国家之列[2]。滑铁卢战争后的100年间，法国和德国的相对财富变化很大程度上解释了它们之间军事权力的转移[3]。

长期以来，综合国力比较都是以经济总量［一般由国内生产总值（GDP）来衡量］作为主要依据。但财富相较

---

[1] 马克思：《政治经济学批判》，人民出版社1976年版，第37页。

[2] ［美］约翰·米尔斯海默：《大国政治的悲剧》，王义桅、唐小松译，上海人民出版社2003年版，第85页。

[3] ［美］约翰·米尔斯海默：《大国政治的悲剧》，王义桅、唐小松译，上海人民出版社2003年版，第91—92页。

于 GDP，在衡量一国综合实力方面无疑更具有代表性。越来越多的研究也将国际竞争置于财富比较之上。发表于 2020 年《华盛顿季刊》的美国智库报告直言不讳地指出："中国一直在寻求财富，以增强党和国家的力量。随着中国变得越发自信，中国现在正试图利用自身力量来重塑经济关系，使中国的财富相对于美国进一步扩大，从而继续积累其国家实力。"[1]

经过 21 世纪 20 年的发展，中国 GDP 从 2000 年的 10 万亿元，攀升到 2019 年的近 100 万亿元；而财富存量则由 2000 年的不到 39 万亿元，攀升到 2019 年的 675.5 万亿元。2000—2019 年，中国名义 GDP 的复合年均增速为 12.8%，社会净财富的复合年均增速为 16.2%。财富增速快于名义 GDP 增速，更快于实际 GDP 增速。由于 GDP 是流量指标，财富是存量指标，从这个意义上，中国经济的"流量赶超"已经让位于"存量赶超"！通过中美财富比较，可以加深我们对于中国经济存量赶超的理解：在 21 世纪的第一个 10 年（2000—2009 年），中国的 GDP 占美国比重一直高于中国财富占美国比重；但 2009 年之后，这一情况发生逆转，中国财富占美国比重一直高于中国 GDP 占美国比重。

2000 年中国财富占美国比重仅为 9.6%，2018 年占美国比重达到 80%。第二次世界大战以来，还没有任何一

---

[1] Friedberg, A. L., and Boustany, C. W., 2020, "Partial Disengagement: A New US Strategy for Economic Competition with China", *The Washington Quarterly*, 43 (1), 23–40.

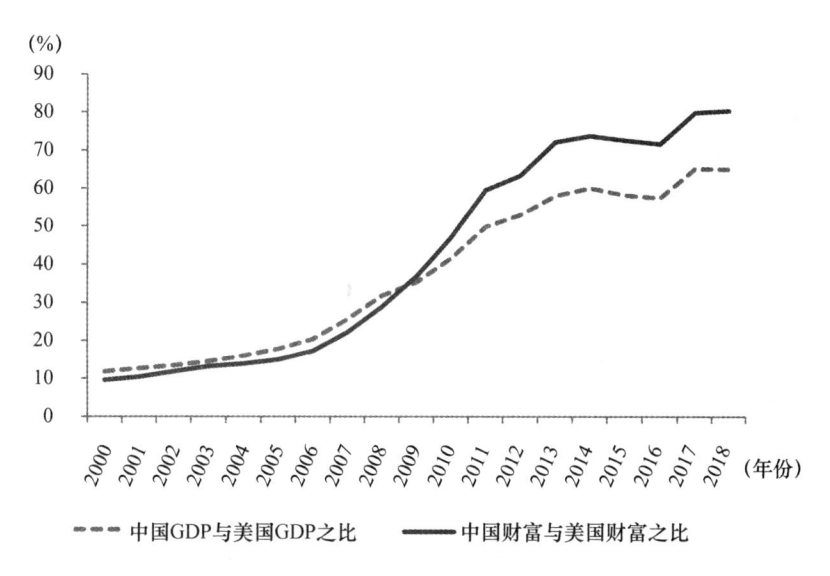

图 2-1 中美 GDP 与财富的比较

资料来源：中国社会科学院国家资产负债表研究中心（CNBS）；美国官方公布的国家资产负债表数据。

个国家的财富存量如此接近于美国。而根据麦肯锡的最新估算，2020年世界整体的净资产达到510万亿美元，增至2000年（160万亿美元）的约3倍。按国家来看，中国达到120万亿美元，增至17倍。而从份额来看，中国排在首位，占比23%，美国排名第二，占比17%（89万亿美元），日本占比7%（35万亿美元）。中国的国家财富2020年达到美国的1.3倍[①]。

中国的财富存量比 GDP 以更快的速度增长，似乎有

---

① Woetzel, J., et al., 2021, "The Rise and Rise of the Global Balance Sheet: How Productively are we Using our Wealth?", McKinsey Global Institute.

违直觉。因为一直以来，对中国经济增长质量的质疑，包括 GDP 中的水分，都会得出中国的财富增长要比 GDP 增长更慢的结论。但事实并非如此。中国财富积累速度如此之快，主要有两大原因：一是资本形成效应，二是估值效应。

第一，中国具有相对更高的储蓄率。中国的总储蓄率（gross saving）长期保持在 40%—50%，2018 年为 44.6%；而美国的总储蓄率不及中国的一半，2018 年仅为 18.6%。其余各主要经济体储蓄率大体处于 30% 以下的水平。储蓄率决定了中国与其他主要经济体之间资本积累速度的差异。近 20 年来，中国的资本形成率年平均约为 40%，也就是说，总产出中有近四成通过投资形成了财富积累，而发达经济体的产出则大多用于消费，新增资本积累的比例较小。因此可以说，中国是以少消费、多积累的代价获得了较快的财富增长。

第二是估值效应。估值效应除了一般的资产价格波动、折旧等，还包括币值的波动。近 20 年来，股市波动以及房价变动，在很大程度上影响到估算效应，但这显然不是解释中美财富增长差异的主因，因为它们同样会影响到美国的财富变化。综合来看，币值因素在中美财富比较中更显重要。2005 年 7 月汇改以来，直到 2015 年 7 月，10 年间人民币相对美元的较大幅度升值（美元兑人民币的汇率从 2005 年 6 月的 8.27，升值到 2015 年 7 月的 6.12），这是造成中国财富占美国比重较快上升的重要因素。币值变化并非完全外生的扰动因素，长期而言，币值变化也是一国实力的反映。因此，人民币相对美元升值本身也体现出中国综合国力的上升。

2018年中国社会净财富占美国的80%（按麦肯锡的说法，已经超过美国）。这是中国国力强盛的重要指针，但也要防止这可能成为"中国威胁论""修昔底德陷阱"的新证据。因此，要审慎看待中美财富比较。

第一，统计口径视角。考虑到美国财富数据中未计入政府土地价值，从可比性角度，我们将国有建设用地价值扣除（2018年为31.5万亿元人民币，约合4.6万亿美元），那么，2018年中国的财富规模将缩减为84万亿美元，占美国财富的比重由原来的80%下降为76%。再考虑到中国人口差不多是美国的4.3倍，从人均角度看，中国财富占美国比重则还不到20%。

第二，财富效率视角。财富存量是产生收入流量的基础。财富收入比越高，单位财富所产生的收入越低，产出效率相对越低。中国财富收入比自2000年的350%一路上升到2018年的613%，折射出财富效率的较快下降。而美国财富收入比，由2000年的462.7%上升到2007年的575.3%，然后回落到2018年的514.2%。比较而言，美国财富效率下降幅度显著低于中国。财富效率下降反映出存量资本的误配置，这也提示了未来中国存量改革的方向。

第三，多维度财富考察。《21世纪资本论》的作者皮凯蒂领衔的团队估算结果表明：中国财富占美国比重在2015年就已经达到76%。世界银行基于自然资本、生成资本与城市用地、无形资本以及国际投资净头寸作为财富构成所做的研究结果显示：2005年中国财富占美国比重为

11.5%，这与中国社会科学院国家资产负债表研究中心的估算结果（15.0%）较为接近，而与皮凯蒂的结果（33.4%）有很大差距。联合国环境规划署（UNEP）等倡导的包容性财富显示：自1990年以来，中国财富占美国比重一直处在60%以上，且上升态势并不十分明显。多维度的财富考察反映出：就全球而言，对于财富的估算还没有统一的标准（相对而言，国家资产负债表方法的规范性与接受度都更高），估算结果相差较大，因而对于某一项结果的解读要慎重。

二 债务积累与资产积累同步

和发达国家相比，中国的经济发展呈现出资产积累与债务积累同步的鲜明特色。

在工业化主导时期，资本积累体现在厂房、机器设备等固定资本的增长上，这个时期，企业部门债务攀升较为明显。在城镇化主导时期，资本积累主要体现在城市基础设施与房地产发展上，而这个时期，居民部门债务（主要是抵押贷款）与政府部门债务（主要是地方政府隐性债务）有了较快增长。尽管将工业化与城镇化区截然分开并分出一个先后阶段可能与事实不符（二者的重叠时间或许会更长），但这么处理只是表明：不同阶段资本积累与债务积累的方式或有所不同，但都体现出二者的同步，即一方面我们看到了债务的增长，另一方面我们也看到了资本的增长。

中国社会科学院国家资产负债表研究中心的数据显

示，中国社会总负债由2000年的54.7万亿元上升到2019年的980.1万亿元，后者是前者的17.9倍。与此同时，中国社会总资产也有了快速的积累，由2000年的93.6万亿元上升到2019年的1655.6万亿元，后者是前者的17.7倍。由此可见，中国债务攀升与资产积累可以说是"同步的"，连步幅也都差不多。也因为如此，中国净财富（社会总资产－社会总负债）的复合年均增速达到16.2%，超过了同期名义GDP复合年均增速12.8%。

值得指出的是，中国的债务与资产同步积累的过程，与主要发达经济体是有较大区别的。这里的关键差异在于：发达经济体的政府负债更多的是用于社保、转移支付、补贴低收入群体，因此未能形成相应的资产，而中国地方政府负债（包括大量融资平台）主要是用于投资、基础设施建设，从而债务增长与资产形成是同步的。这一点与中国快速增长时期的高储蓄、高投资完全契合。正是有了高储蓄——收入中用于消费的部分较少，用于积累的部分较多，才有了高投资——通过资本形成，完成财富积累。

而在发达国家，债务积累与资产积累却不是同步的。它们遇到的是资本形成不足问题，这一点自20世纪70年代以来就受到西方经济学界的关注。OECD的国别统计资料数据显示，随着七八十年代实际利率的上升，发达国家总投资率出现下滑，就10国平均而言，总投资率由1960—1969年的24.5%下降到1993年的19%。解释资本形成不足的原因很多，一个重要的因素就是金融自由化带来金融业大发展以及金融与实体经济的脱离①。此外，人口老龄化导致政府债务负担加重，却不会因此而形成大量资产，这也导致债务与资产积累的不同步。

通过对比，我们能看到债务积累与资产积累在工业化阶段、城镇化阶段保持同步的"中国特色"，但也出现了这样的担心：到人口老龄化阶段，二者可能要出现分离了。概括起来，未来中国债务积累与资产积累不同步的原因主要有四个方面。

第一，信贷密集度上升。也就是说，单位信贷产生的收入在下降，即信贷增长与收入增长出现了喇叭口。这里的原因有很多，一个重要的方面是为现存资产融资导致的信贷扩张对产出增长作用甚微。以现存资产为抵押的信贷业务绝大多数为房地产抵押贷款。这部分信贷虽然也有一些用于新房的购买（从而支持新增房地产投资），但更多的却是对存量房产的购买（这部分支出不计入 GDP，且不形成新的投资）。数据显示，即便发达经济体完全不进行新建房地产投资，银行信贷同样会集中于房地产融资。截至 2010 年，17 个发达经济体房地产信贷接近全部银行信贷的 60%②。由此，当为现存资产（特别是房地产）融资导致信贷扩张时，往往并不伴随着新的投资，因而仅仅是信贷增长，却没有相应的产出增长。

---

① 这于中国而言也有警示作用。毕竟，中国近年来金融业增加值不断上升（这和信贷扩张与债务积累有着密切关联），而制造业份额趋于下降，恰恰也能看到这种隐忧。

② Jordà, Ò, Schularick, M., and Taylor, A. M., 2016, "The Great Mortgaging", *Economic Policy*, 31 (85), 107–152.

第二,大量债务用于还本付息而非扩大投资。由于债务规模庞大,利率相对较高,利息负担很重,导致新增债务主要用于还本付息,不能形成新增投资。

第三,随着中国经济增长由投资驱动模式转向消费驱动模式①,大量债务攀升用于支持消费而不是投资,这和发达经济体曾经走过的路较为一致,必然导致债务积累与财富积累的分离。

第四,人口老龄化以及共同富裕考量带来的影响。随着人口峰值的提前到来加上人口老龄化加速,养老保障缺口不断扩大,形成政府的或有债务;共同富裕考量,使得在政府收入增速下降情况下,更多的发债主要用于支持转移支付、居民消费等方面。这个时候,由债务攀升到资本形成就出现了缺口。

以上几个因素共同作用,使得债务攀升与资产积累产生分离。这意味着,尽管债务积累与资产积累同步是中国经济快速增长时期的鲜明特点,但这个特点也将会随着中国进入新的发展阶段而发生变化。我们需要用动态的眼光来审视中国的发展。

三 从风险维度审视中国发展

讨论中国的发展不能不提到风险。在过去较长一段时间,我们也曾关注到风险问题,如20世纪90年代初的金融治理整顿,90年代末的亚洲金融危机以及中国银行业面

---

① 也概括成投资—出口驱动模式转向消费—技术驱动模式。

临技术性破产等。显然，这些风险问题在经济快速增长阶段往往能够得到顺利化解，相较于发展，风险处在不太重要的位置。但在今天，随着潜在经济增速不断下滑，再加上多方面的外部冲击，风险问题变得比以往任何时候都更加重要，守住不发生系统性风险的底线成为三大攻坚战之一。

如何处理发展中的风险问题体现了经济体发展模式的重要特征。就中国而言，利用政府兜底、隐性担保等方式，主导信贷配置和干预风险定价，是中国创造快速增长奇迹的秘诀；同时，这也是造成当前公共部门债务风险集聚的重要原因。未来，中国的发展型政府需要转型。

（一）中国的债务周期

自20世纪90年代以来，中国经历了债务的不断积累与宏观杠杆率的较快攀升；既有相对平稳阶段，也有去杠杆阶段，但总体上是一个上行态势，这在一定程度上反映了中国经济发展的阶段性特征，也反映了较为鲜明的体制性特征。

1993—2020年，宏观经济杠杆率[①]由107.8%上升至270.1%，27年间上涨了162.3个百分点，年均增幅为6个百分点。根据宏观杠杆率演进的特点以及未来走势，大体上可以将中国债务周期分为以下六个阶段（见图2-2）。

---

① 指包括居民、非金融企业与政府三大部门（不含金融部门）的实体经济杠杆率。杠杆率的算法是债务/GDP。

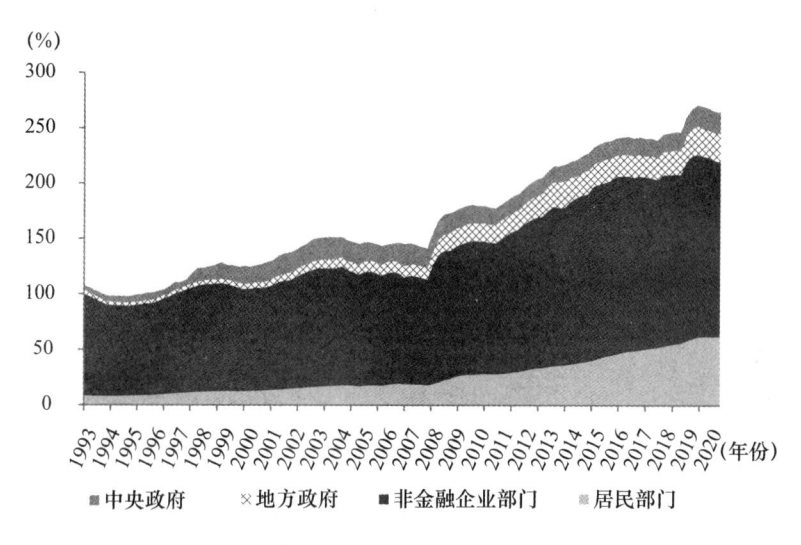

图 2-2 中国宏观杠杆率的演进与债务周期

资料来源：中国社会科学院国家资产负债表研究中心（CNBS）。

1. 平稳加杠杆阶段

1993—2003 年 10 年间杠杆率共增长 41.6 个百分点，平均每年增长 4 个百分点。这段时间债务和广义货币的增速较高，而名义 GDP 增速自 1997 年以来徘徊在 10% 附近，由此导致杠杆率的激增。此外，20 世纪末的亚洲金融危机以及 21 世纪初的互联网泡沫破灭加上 2003 年的"非典"，对于杠杆率的上升都有一定的刺激作用。

2. 自发去杠杆阶段

2003—2008 年 5 年间杠杆率下降了 8.2 个百分点。这段时间名义 GDP 高速增长，增速最低的年份也达到了 16%，增速最高的年份达到 23%；名义 GDP 增速超过了债务和货币增速，实体经济杠杆率下降。这 5 年去杠杆过程的最大特点是债务温和上升伴随经济快速增长，这是全球经济大繁荣与中国经济上升周期相重合的阶段。相比于后来的"强制"去杠杆，2008年之前的5年去杠杆是一个自发的过程，甚至也可以称之为"好的"去杠杆，即并未伴随经济的痛苦收缩。

3. 快速加杠杆阶段

2008—2015年7年时间里杠杆率增长了86.1个百分点，平均每年增长超过12个百分点（是27年间年均增幅6个百分点的两倍）。2009年由于"四万亿"的启动，债务出现了跃升，当年债务增速高达34.0%，而名义GDP增速则回落至9.0%，随后债务增速持续下滑，但名义GDP增速下滑速度更快，2015年名义GDP增速跌到了历史最低点的7.0%。这段时期的主要特点是债务增速在开始两年出现跳升后持续下降，但名义GDP增速以更快的速度下降。分部门来看，非金融企业杠杆率的增速最高，由2008年的95.2%增加到2015年的151.2%，7年急升56个百分点。

4. "强制"去杠杆阶段

2015年10月中央提出降杠杆任务，但2016年实体经济杠杆率仍上升了12.4个百分点，金融部门杠杆率也还在上升，去杠杆未见实效。原因大略有三：一是当时提出去杠杆，虽然在认识层面达成共识，但在实践层面，却还没有找到抓手和着力点，从而2016年呈现出去杠杆较难推进的局面。二是2016年第一季度GDP增长6.7%，创28个季度新低，也让相关政府部门在执行去杠杆任务时产生顾忌，有放水之嫌。三是居民杠杆率出现加速上涨，2016年居民杠杆率上升5.7百分点，而之前每年上升不过2—3个百分点，增幅几近翻番。去杠杆真正略有成效的是

2017年，总杠杆率仅比上年微升2.4个百分点，并出现了局部去杠杆。2018年杠杆率下降了1.9个百分点，是真正的去杠杆。

5. 结构性去杠杆（或稳杠杆）阶段

2017年、2018年扼制住了过去10年杠杆率快速攀升的态势，去杠杆初见成效。但正是在这个时候，中美经贸摩擦加剧导致经济下行压力加大，再加上2018年去杠杆较猛产生了一定的负面效应，中央提出结构性去杠杆和稳杠杆。事实上，结合后来新冠肺炎疫情的爆发，稳杠杆的提法是相当务实与明智的。2019年杠杆率上升了6.1个百分点，回到了27年平均的轨迹水平；2020年在疫情冲击下，杠杆率大幅攀升了23.6个百分点，已经不再能用稳杠杆来概括了。

6. 杠杆率将步入上行周期

2021年的宏观杠杆率从2020年底的270.1%降至263.8%，全年下降了6.3个百分点，实现较大幅度去杠杆；名义GDP增长了12.8%，债务仅增长10%，接近于1991年以来的最低债务增速（2018年最低，为9.6%）。考虑到2020年杠杆率大幅攀升了23.6个百分点，2021年相比2019年仍有17.3个百分点的上升，想恢复到疫情前水平还要假以时日。事实上，考虑到未来经济下行压力较大，宏观杠杆率将步入上行周期。三方面因素导致经济下行：第一，疫情仍为最大的不确定性因素，影响经济复苏；第二，全球格局加速演化，中美竞争加剧，产业链、供应链安全考量等影响，使得外部制约因素凸显；第三，国内面临结构转型、人口老龄化、共同富裕和"双碳"目标，导致潜在增长中枢的下行。基于以上分析，一方面，政策聚焦稳增长，作为分子的债务增速会上升；另一方面，从"十四五"甚至更长一个时期来看，增速换挡仍会持续。分子分母的一增一减，宏观杠杆率将会步入上行周期。

（二）中国的债务风险

截至 2021 年底，中国实体经济债务总量（不含金融部门负债）达到 300 万亿元，宏观杠杆率为 263.8%。从国际比较来看，中国宏观杠杆率与全球平均水平大体一致，比发达经济体低 30 多个百分点，却比新兴经济体高出近 60 个百分点。从杠杆率水平来判断债务风险尽管有了一些实证研究，但观点各异，目前并未达成共识。而唯一的共识恐怕是：高杠杆率是金融脆弱性的总根源，但杠杆率的风险阈值到底是多少，只有等经济危机发生了才会知道；各国对杠杆率风险的承受度并不一致，这取决于经济体系的成熟度、本币的国际地位（如是否为国际储蓄货币）、国家能力以及宏观治理水平等。因此，以下关于中国债务风险的讨论并不纠结于中国的宏观杠杆率水平（如 270% 没出问题，300% 会不会出问题），而侧重于其他维度。

1. 居民债务增长过快

中国居民部门杠杆率最大的特征在于近 20 年来攀升速度较快，从 2000 年的不到 5% 增长至 2021 年的 62.2%，超过了日本和德国。第二次世界大战以来，发达经济体普遍经历了居民杠杆率的快速攀升。美国居民部门杠杆率在 20 世纪 50 年代仅为 20%，到 2008 年国际金融危机前的最高点已接近 100%。其中上升最快的一段时间是 2000—

2007年，仅7年时间便上升了28个百分点，年均增长4个百分点。而中国目前也正处于居民杠杆率增速较快时期，2008—2020年12年间居民杠杆率上升44.3个百分点，年均增长3.7个百分点，接近美国2000—2007年的最快增速。而美英两国自2008年国际金融危机后都有一个显著的居民部门去杠杆过程，随后基本保持稳定；日本和德国的居民杠杆率也是在金融危机后基本保持稳定。

导致中国居民杠杆率上升的主要因素是住房抵押贷款。居民中长期消费贷款（主要是住房抵押贷款），占全部居民贷款的65%，2020年底与GDP之比达到40.1%。目前中国居民持有房地产规模为200多万亿元，居民住房贷款余额为34.5万亿元，整体上看风险水平有限。但从增量上看，居民住房贷款增速在近几年来的大部分时间里都超过了15%。另外，从居民收入和财富差距角度来看，中国家庭债务负担分布极度不均，低收入家庭债务负担过重，这种因收入与财富差距造成的居民杠杆率内部的结构性风险加大。拥有较多负债的家庭缺少相应的金融资产作为覆盖，一旦其收入流出现问题，就会导致违约风险。事实上，有些地方已经出现因断供而要求银行展期的情况了。

2. 债务风险向公共部门集中

从中国债务结构来看，在实体经济总债务中，企业债务占六成；企业债务中，国有企业债务占六七成；国有企业债务中，近一半为融资平台债务[①]。由此，我们对宏观

---

① 2015年《中华人民共和国预算法》施行以后，融资平台债务不再归到政府债务里面，只能归到企业部门。

杠杆率进行重构，得到：2020年公共部门（政府部门+国有企业）杠杆率约为160%，私人部门（居民部门+非国有企业）杠杆率约为110%，前者比后者高出50个百分点。从债务占比来看，公共部门约占到实体经济总债务的六成，因此可以说，债务风险在向公共部门集中。从全球范围来看（见图2-3），情况恰好相反：私人部门杠杆率远高于公共部门杠杆率，二者相差60多个百分点。

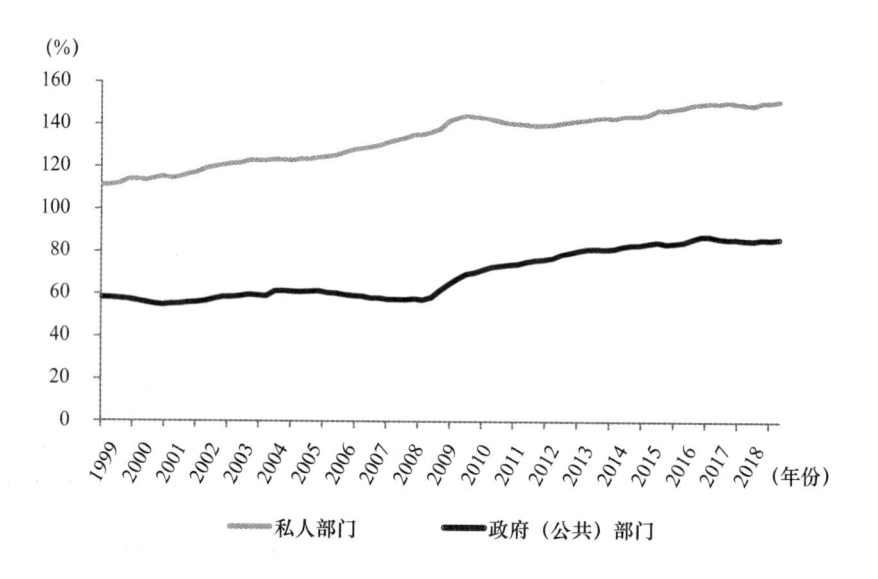

图2-3 全球私人部门与政府（公共）部门杠杆率

资料来源：国际金融协会（IIF）。

3. 债务利息负担不断加重

宏观杠杆率过高，一方面会扭曲市场主体的激励机制，另一方面也会导致利息负担不断加重。从图2-4可以看出，2012年以来，中国每年利息支付持续超过当年的名义GDP增量，2015年接近名义GDP增量的两倍，到2020年接近4

倍。发达经济体债务不断攀升，但利息负担却在不断下降，能够享有利率不断下降带来的好处。相对于此，中国不存在这一现象，地方政府融资平台借债利率、居民抵押贷款利率等都比较高，极大影响利息负担。过重的利息负担不仅扭曲了经济主体的行为，如借新还旧、没有新投资等，也会导致债务违约从而加剧债务风险。

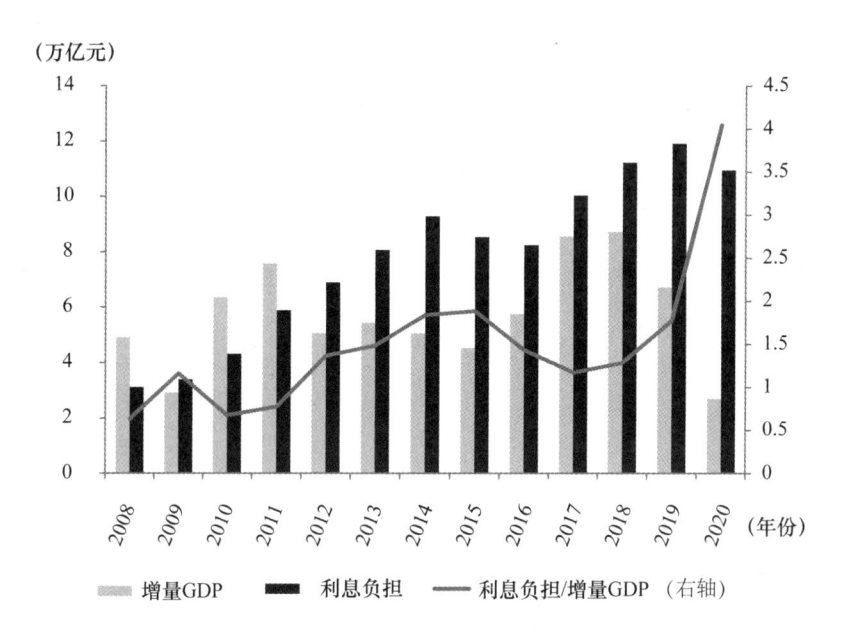

图 2-4 利息支付与名义 GDP 增量

资料来源：中国社会科学院国家资产负债表研究中心（CNBS）；笔者计算。

4. 资产负债多重不匹配

此前我们讨论了债务积累与资产积累大体同步是中国特色，但这并不意味着二者之间是完全匹配的。总量上看，中国资产大于负债，资产净值为正且规模较大。

从这个角度看，债务风险较小。但从结构上看，资产—负债之间的不平衡、不匹配，会使得债务风险凸显。一方面是政府部门内部资产负债的不平衡、不匹配：一是中央与地方之间的不平衡。中央掌握较多的资产，但负债较小；地方掌握较少的资产，但负债较多。二是地方资产—负债不匹配。融资平台有大量负债，但其形成的资产质量较差，现金流无法覆盖平台债务利息，导致很多平台成为"僵尸企业"。另一方面，从公共部门与私人部门角度看，不平衡、不匹配问题也很突出。公共部门集聚了更多的债务风险（约在六成以上），但其资产（包括一些国有"僵尸企业"以及基础设施资产）的收益率相对较低；私人部门的资产收益率相对较高，但总体债务杠杆较低。这体现出杠杆资源配置方面的不平衡不匹配，从动态角度来看，会导致整个经济体的债务风险加大。

（三）中国债务扩张的体制根源

为什么会出现债务扩张或宏观杠杆率的攀升？学界对此有较多的总结，其影响因素归纳起来大体有以下四类。

首先，周期性因素。以明斯基的金融不稳定性假说[1]为代表。由于企业家对未来经济前景的乐观，其总是有借债的冲动，并逐渐由最初的健康投资过渡到最终的庞氏融资（不断的借新还旧），最终造成泡沫破裂，杠杆率周期周而

---

[1] Minsky, H. P., 1986, *Stabilizing an Unstable Economy*, McGraw-Hill Education.

复始。伯南克的金融加速器假说①以及国际清算银行近年来对金融周期的研究②都为这一周期性因素提供了更多的解释和证据。相较于发达经济体,新兴经济体的债务积累具有更强的周期性。Dalio 认为,对于大量依赖通过债务融资去实现固定资产投资、房地产以及基建增长的经济体来说,尤其容易受到大型周期波动的影响,因为这些长期资产的快速增长是不可持续的③。

其次,结构性因素。第一,人口结构。人口结构是影响宏观经济结构的重要变量,从多个方面对债务和杠杆率产生影响。人口结构影响储蓄水平,而高储蓄、高投资也是造成高杠杆的重要因素。纪敏等认为,从宏观上来说,高储蓄率对应着高杠杆率水平④。人口老龄化会增加政府的财政赤字和债务规模⑤。第二,贫富差距。贫

---

① Bernanke, B. S., Gertler, M., and Gilchrist, S., 1999, "The Financial Accelerator in a Quantitative Business Cycle Framework", in Taylor, J. B., and Woodford, M. (eds.), *Handbook of Macroeconomics*, Vol. 1, Elsevier Science B. V.

② Borio, C., 2014, "The Financial Cycle and Macroeconomics: What have we Learnt?", *Journal of Banking & Finance*, 45, 182 – 198.

③ Dalio, R., 2018, *Big Debt Crises: Principles for Navigating*, Bridgewater Press.

④ 纪敏、严宝玉、李宏瑾:《杠杆率结构、水平和金融稳定:理论分析框架和中国经验》,《金融研究》2017 年第 2 期。

⑤ Faruqee, H., and Mühleisen, M., 2003, "Population Aging in Japan: Demographic Shock and Fiscal Sustainability", *Japan and the World Economy*, 15 (2), 185 – 210.

富差距拉大也是信贷形成的重要原因。Bordo 和 Meissner 认为贫富人群之间的边际储蓄倾向不同，因此贫富不均加剧导致居民部门信贷扩张，这甚至是引发 2008 年国际金融危机的重要因素[1]。第三，融资结构。一般认为银行主导的融资结构（体现为债务融资为主）更容易导致高杠杆，而市场主导的融资结构（体现为股权融资为主）则可能会好得多。

再次，制度性因素。这部分体现的是全球经济金融范式转型所形成的当代经济的"信贷依赖症"。如 Robinson 所言，在早期工业化国家，"企业走到哪里，金融跟到哪里"，金融是被动的[2]。但到 20 世纪七八十年代，随着金融自由化以及金融全球化的推进，金融信贷成为主导，依赖于信贷驱动增长的新的经济金融范式逐步建立起来。金融自由化提高了金融服务的可得性，IMF 认为银行向更多的人提供贷款有助于形成更为稳健的金融体系，从而使其可以连续提供更多的信贷供给。Rajan 和 Zingales 认为金融衍生品的发展提高了金融机构的风控能力，使其可承受更高风险，扩大了信贷投放规模[3]。Dudley 和 Hubbard 也认

---

[1] Bordo, M. D., and Meissner, C. M., 2012, "Does Inequality Lead to a Financial Crisis?", *Journal of International Money and Finance*, 31 (8), 2147 – 2161.

[2] Robinson, J., 1979, *The Generalization of the General Theory and Other Essays*, Palgrave Macmillan, pp. 67 – 142.

[3] Rajan, R. G., and Zingales, L., 2004, *Saving Capitalism from the Capitalists: Unleashing the Power of Financial Markets to Create Wealth and Spread Opportunity*, Princeton University Press.

为住房金融革命使居民可以申请到更多的抵押贷款,贷款比例甚至可以超过房款的100%[①]。金融全球化同样也放松了对各国信贷供给的制约,资金更为自由地从盈余国家流入赤字国家,加大了赤字国家的债务水平。

最后,体制性因素。第一,货币政策的独立性。中央银行独立性减弱和财政纪律松弛导致杠杆率上升。Turner认为早在20世纪40年代美国就已经通过发行货币来实现相当部分的财政融资[②],这在当时被称作通过美联储持有财政的无息债务来弥补财政赤字。主流理论认为央行只要将通胀率维持在一个较低且稳定的水平上,银行体系所创造的信贷数量是无关紧要的[③],但金融危机的经验事实驳斥了这种理论。事实上,也正是基于这一理论的货币金融体系抬高了主要发达经济体的杠杆率水平。第二,软预算约束、隐性担保与政府补贴。这部分更多是针对一些后发经济体特别是中国的情况。江曙霞等认为地方政府主导型的投融资体制和预算软约束的竞争激励、信贷集中和扩张异化成"信贷公地悲剧",使得地方政府、企业和银行三

[①] Dudley, W. C., and Hubbard, R. G., 2004, "How Capital Markets Enhance Economic Performance and Facilitate Job Creation", Global Markets Institute, Goldman Sachs.

[②] Turner, A., 2015, *Between Debt and the Devil: Money, Credit, and Fixing Global Finance*, Princeton University Press.

[③] Wicksell, M., 2014, *Interest and Prices: A Study of the Causes Regulating the Value of Money*, Read & Co. Books; Woodford, M., 2003, *Interest and Prices: Foundations of a Theory of Monetary Policy*, Princeton University Press.

方共谋信贷扩张所衍生的银行系统性风险迅速积聚①。中国人民银行营业管理部课题组建立嵌入预算软约束的金融加速器机制，指出价格扭曲和预算软约束在微观层面容易造成信贷投放不合理和金融对部分企业过度支持，影响企业公平竞争、市场正常出清②。中国金融论坛课题组考虑破产情形的 MM 定理修正：预算软约束越严重，杠杆率越高③。纪洋等的研究发现：在政府对国企贷款的隐性担保作用下，经济政策不确定性上升会导致国有企业与非国有企业杠杆率的走势分化。不确定性指数每增加 1 个标准差，国有企业的杠杆率增加 2.05 个百分点，非国有企业则下降 1.35 个百分点④。李建军和张书瑶认为财政补贴会显著提高企业的杠杆率⑤。

就中国而言，可以认为这四类因素共同推动了杠杆率的攀升。但无论是模型分析，还是经验分析，都表明体制

---

① 江曙霞、罗杰、黄君慈：《信贷集中与扩张、软预算约束竞争和银行系统性风险》，《金融研究》2006 年第 4 期。

② 中国人民银行营业管理部课题组、周学东、李宏瑾、李康、苏乃芳：《预算软约束、融资溢价与杠杆率——供给侧结构性改革的微观机理与经济效应研究》，《经济研究》2017 年第 10 期。

③ 中国金融论坛课题组：《杠杆率结构、水平和金融稳定：理论与经验》，中国人民银行工作论文 2017 年第 1 号。

④ 纪洋、王旭、谭语嫣、黄益平：《经济政策不确定性、政府隐性担保与企业杠杆率分化》，《经济学（季刊）》2018 年第 2 期。

⑤ 李建军、张书瑶：《税收负担、财政补贴与企业杠杆率》，《财政研究》2018 年第 5 期。

因素是驱动中国债务扩张的根本原因①。这个体制因素可以用"四位一体"来概括,即国有企业的"结构性优势"、地方政府的发展责任与软预算约束、金融机构的所有制偏好(或歧视),以及中央政府的最后兜底责任。

第一,国有企业的"结构性优势"。作为"共和国长子",国有企业一直以来承担着很多社会责任并因此享有特别的"结构性优势"。这个责任,就是实现社会性目标,既包括承担着坚持基本经济制度、社会主义方向这样的宏大任务,也包括稳定宏观经济、实现社会公平、保障经济安全等方面的具体责任。正因为责任重大,才使得国有企业在税收、信贷、市场准入与退出等方面享有优惠政策;尤其是国有企业的软预算约束及政府对其的隐性担保。这些恰恰是其他市场主体所不能够享有的"结构性优势"。值得一提的是,国有企业不仅在市场准入方面得到优先照顾,在市场退出方面也享有诸多保护。目前大量"僵尸"国企未能退出市场,就是因为受到特殊优待。

第二,地方政府的发展责任与软预算约束。一方面,地方政府肩负着发展地方经济的任务,特别是在基础设施建设和公共服务提供方面,负有不可推卸的责任。另一方面,地方政府又缺乏足够的财政收入和正规渠道资金的支持,于是各种"创新"应运而生。现在看到的很多融资平台债务,以及政府投资基金、PPP项目、政府购买服务等,都成了政府获取资金的渠道,形成地方政府的隐性债

---

① 张晓晶、刘学良、王佳:《债务高企、风险集聚与体制改革——对发展型政府的反思与超越》,《经济研究》2019年第6期。

务。虽然中央三令五申不能违规借债，但出于发展需要的借债又理直气壮，最后还不上钱还要找中央。从这个意义上看，地方政府面临的就是软预算约束。

第三，金融机构的所有制偏好（或歧视）。正是金融机构的体制性偏好或歧视，才使得国有企业与地方政府的"任性"扩张能够顺利实现。这种偏好，本质上源于金融机构的理性行为，因为它们觉得贷款给拥有国资或政府背景的项目，可以获得政府的隐性担保和最后兜底。如果国企不会退出、融资平台不会破产，这种体制性偏好就得不到改变。甚至政府声明不会兜底，金融机构也仍存有这种幻觉。

第四，中央政府的最后兜底责任。其实在任何国家，出现了经济金融危机，最后政府都会出面救助，都要来兜底，不会任其蔓延发展。但问题是兜多少。缺少市场化的风险分担机制，发展型政府将"所有的风险都自己扛"，从而导致风险集聚。如果说，在发展之初，经济的快速增长使得政府兜底有足够的底气，那么，在经济增速与财政收入增速放缓的情况下，全部兜底已是力有不逮。

国有企业的"结构性优势"、地方政府的软预算约束和扩张冲动以及金融机构的所有制性偏好，会在中央政府担保或兜底的加持下"变本加厉"，激励机制与行为方式发生扭曲，导致信贷扩张十分"任性"，从而形成大量的债务积累和风险集聚。不容否认，"四位一体"发展模式曾经是中国经济快速增长的重要法宝；但必须清醒地看到，它同样也是当前债务攀升与风险积累的体制根源。

四 超越发展型政府

中国的债务扩张源于"四位一体"发展模式，恰恰说明了债务扩张逻辑内嵌于中国赶超发展的大逻辑；而发展型政府在其中扮演了至关重要的角色。

发展型政府（developmental state）是指一批超脱于社会力量或利益集团左右的精英，制定发展战略与产业政策，动员有限资源实施后发赶超。发展型政府概念缘于20世纪80年代对日本、韩国和中国台湾地区的研究。事实上，发展型政府早已有之。有研究指出，"积极的国家干预在历史大分流中发挥了关键作用"[1]，这试图为始于18世纪甚至更早期的中西历史大分流提供新的解释。更有学者指出，"没有一个重要的经济体，从一开始就采取自由贸易和放松管制的政策然后还能成功地发展。积极主动的干预始终都是必要条件"[2]。不过，发展型政府向来毁誉参半，东亚经济的兴起催生了发展型政府的概念，但随着日本陷入20世纪80年代末的泡沫经济，韩国遭遇90年代末的亚洲金融危机，加上Krugman对于东亚奇迹的批判[3]，发展型政府受到严峻挑战，转型迫在眉睫。

---

[1] Beckert, S., 2014, *Empire of Cotton: A Global History*, Knopf.

[2] Stuwell, J., 2013, *How Asia Works: Success and Failure in the World's Most Dynamic Region*, Grove Press.

[3] Krugman, P. R., 1994, "The Myth of Asia's Miracle", *Foreign Affairs*, 73 (6), 62-78.

政府主导或干预，所涉范围甚广，但"发展型政府撬动市场的最大杠杆就是其配置信贷的能力"①。Bardhan 也强调政府在动员储蓄、调配信贷方面的作用②。他指出，政府该做的不仅仅是产权保护、合约执行等方面，还需要强化协调功能（特别是针对早期工业化发展阶段的金融市场）……建立公共的开发银行以及长期的工业化融资机构。显然，出于赶超的需要，主导信贷配置成为发展型政府的共性。

在中国，发展初期（计划经济时期）的信贷配置完全是由行政命令（计划）来完成的，而且基本上是财政资金，这对于企业来讲几乎是无风险的。而随着市场化改革的推进，商业银行与其他金融机构的设立，以及真正市场化主体的形成，风险的承担主体开始多元化。但即便如此，政府在信贷及与之相关的风险配置方面仍起到一个主导作用——其方式不再是完全由政府直接来配置信贷，而是由政府提供隐性担保和履行最后兜底责任。这相当于很大程度上承担了"发展的风险"，从而可以让市场化主体（特别是国企）能够"无所顾忌"，勇往直前。这正是中国经济实现赶超的秘诀所在，但也是风险集聚的根源。政府在信贷配置中的主导，包括政府的隐性担保和最后兜

---

① Pang, E., 2000, "The Financial Crisis of 1997—98 and the End of the Asian Developmental State", *Contemporary Southeast Asia*, 22 (3), 570–593.

② Bardhan, P., 2016, "State and Development: The Need for a Reappraisal of the Current Literature", *Journal of Economic Literature*, 54 (3), 862–892.

底，使得金融机构对于拥有国资或政府背景的投融资项目一般就会产生隐性担保和刚性兑付的期待或幻觉，这从根本上干预了风险定价，从而带来信贷配置的扭曲以及债务风险的积累。

因此，应对债务"灰犀牛"，不能只是考虑如何化解存量债务风险（尽管这也很重要），而是要打破过去债务积累的逻辑，形成以市场化风险定价为基准的"可持续"的债务积累模式。这包括：一是硬化国企与地方政府的预算约束，弱化扩张或赶超冲动。二是突出竞争中性，纠正金融机构的所有制偏好，让不同性质企业在获得金融信贷方面享有相对平等的待遇。三是稳步推进企业破产重组，清理"僵尸企业"，让市场清理机制发挥"强制性"作用。四是对债务问题较为严重的地方政府进行债务重整，形成较强的外部压力。五是允许国企（甚至地方政府）债务违约，打破"国企信仰""城投信仰"，破除隐性担保和兜底幻觉，让风险定价真正走向市场化；这样才能使得信贷配置与效率相匹配，将金融支持实体经济落到实处。

正如前述，经济赶超需要发展型政府，赶超逻辑决定了债务扩张逻辑和风险积累方式。如果说，在发展初期，发展型政府在促进增长方面利大于弊，因此政府干预会形成一种"良性扭曲"[①]，那么，随着中国经济进入新的发展阶段，是到了反思和超越发展型政府的时候了。

---

① 张晓晶、李成、李育：《扭曲、赶超与可持续增长：对政府与市场关系的重新审视》，《经济研究》2018年第1期。

未来，政府在发展中的作用仍是重要的，但这种作用不是政府对经济的直接干预，而是体现在提供公共服务、增强市场机制和规范市场行为方面，即"更好地发挥政府作用"。减少和纠正由政府干预形成的扭曲是实现经济可持续增长的关键。

第三章

中国未来发展的着力点

"十四五"时期,中国面临世界百年未有之大变局和国内社会主要矛盾的变化。就国际而言:新工业革命、逆全球化潮流、民粹主义、全球治理困局、中美贸易摩擦持续;特别是美国的蓄意打压,使得过去中美关系这个对外关系的"压舱石"出现问题,外部环境趋于恶化。就国内而言:一方面,社会主要矛盾转化给高质量发展提出新要求;另一方面,新常态下经济增速的趋缓,"三期叠加"与"三重压力"导致问题的积累和暴露,构成了"十四五"时期的主要发展风险。

为回应外部环境恶化、国内风险积累以及人民对美好生活的新诉求,"十四五"时期经济社会发展的战略重点应致力于"创新、开放、分配、法治",一方面提升国家核心竞争力,另一方面推动国家治理现代化,从经济基础与上层建筑两个方面实现新时代的高质量发展,为中国未来发展赢得更长的战略机遇期,为迈向全面现代化开好局。

创新,是提升国家核心竞争力的主要抓手,有利于新常态下增长动力的转换,也有助于应对技术"脱钩"风险;开放,是提升国家核心竞争力的重要支撑,是百年未有之大变局下抓住和用好中国发展重要战略机遇期的内在要求，也是后发赶超走向繁荣的必由之路；分配，是完善基本经济制度的重要内容，既可释放消费潜力，形成强大的国内市场，又可努力避免收入差距过大带来的民粹主义思潮和社会不稳；法治，是新时代人民对美好生活的新诉求，是发挥市场的决定性作用、更好发挥政府作用的制度保障，是国家治理现代化不可或缺的重要方面，亦是把中国制度优势转化为国家治理效能的题中之义。

一 "踢掉梯子"后的创新发展

德国经济学家李斯特曾提出著名的"梯子理论"，即把贸易保护形象地比作登高用的"梯子"，以此来分析先发国家主要是英国贸易政策的转变。他指出："这本来是一个极寻常的巧妙手法，一个人当他已攀上了高峰以后，就会把他逐渐攀高时所使用的那个梯子一脚踢开，免得别人跟着他上来。"[①] 如果将"梯子理论"用于理解当前中美之间的经贸冲突与技术"脱钩"背后的动因，也非常贴切——已经攀上高峰的美国要"踢掉梯子"。

"十四五"时期的创新发展或许面临的就是美国（将要）"踢掉梯子"后的挑战，中国需要更多依靠自己的力量。尽管这些年中国创新发展取得显著进步，但需要清醒地认识到，创新发展还是中国高质量发展的短板，面临诸

---

① ［德］弗里德里希·李斯特：《政治经济学的国民体系》，陈万煦译，商务印书馆1961年版，第307页。

多问题：第一，中国基础科学研究短板依然突出。企业对基础研究重视不够，重大原创性成果缺乏，底层基础技术、基础工艺能力不足。第二，核心技术被"卡脖子"。工业母机、高端芯片、基础软硬件、开发平台、基本算法、基础元器件、基础材料等瓶颈仍然突出，关键核心技术受制于人的局面没有得到根本性改变。这在本轮中美贸易摩擦中体现得最为明显。第三，中国技术研发聚焦产业发展瓶颈和需求不够，以全球视野谋划科技开放合作还不够，科技成果转化能力不强。第四，中国科技管理体制还不能完全适应建设世界科技强国的需要，科技体制改革许多重大决策落实还没有形成合力，科技创新政策与经济、产业政策的统筹衔接还不够，全社会鼓励创新、包容创新的机制和环境有待优化。

基于国内外形势的变化，"十四五"时期中国全面推进创新发展的政策重点应包括以下五个方面相互关联的内容。

（一）避免中美"脱钩"，积极应对潜在技术"脱钩"风险

中国的开放红利或全球化红利，在于作为后发国家，可以向发达国家学习，从而发挥后发优势，实现赶超。图3-1显示，以知识产权和技术服务的付费来衡量技术进出口，则2017年中国技术进口达290亿美元，而出口仅为50亿美元，出口/进口比值为0.2，而同期韩国、德国、日本、美国的技术出口/进口比值则分别达到0.8、1.6、2.0和2.5。这从一个侧面反映了中国技术进口的国际依存度还是非常高的。因此，我们要努力避免中美（技术）

"脱钩"。从理性客观的角度看，中国无意挑战美国，也不想取代美国；但美国不能左右中国，更无法阻止中国的发展。从全球视角和长周期看，中美可以合作、应该合作的领域比历史上任何时候都多。因此，避免"脱钩"的原则，一是相互尊重，求同存异；二是管控分歧，避免对抗；三是拓展利益，聚焦合作。实际操作上，应给予两国在制定产业政策、科技体系和社会标准等方面更大的自由度，允许两国使用精准的政策措施（包括关税和非关税措施）保护本国在产业、技术和社会政策方面的选择，同时避免对贸易伙伴造成不必要或不对称的负担。

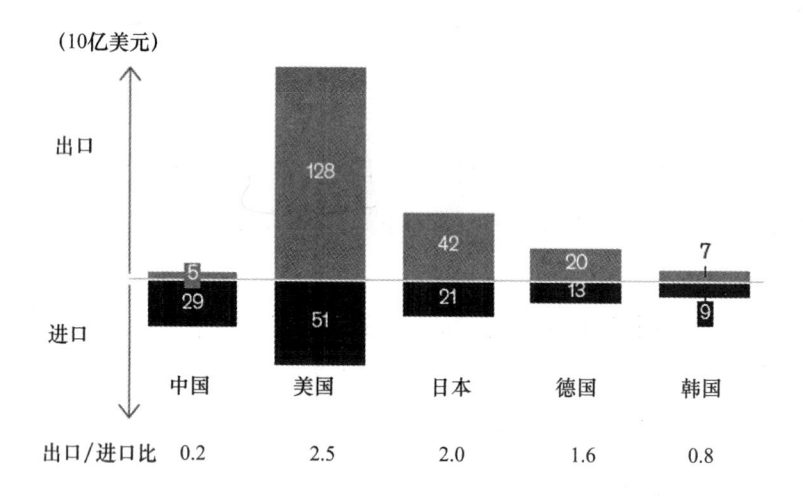

(10亿美元)

	中国	美国	日本	德国	韩国
出口	5	128	42	20	7
进口	29	51	21	13	9
出口/进口比	0.2	2.5	2.0	1.6	0.8

图 3-1　中国技术进出口的国际比较（2017 年）

资料来源：Woetzel, J., et al., 2019, "China and the World: Inside the Dynamics of a Changing Relationship", McKinsey Global Institute.

为应对中美技术"脱钩"的潜在风险，根本上是促进自主创新，保持产业链和价值链的完整，谨防被美国踢出全球价值链。

国际上，应发展区域性价值链。面对美国等西方国家同中国的"脱钩"前景，"十四五"时期应着力通过建设国家创新体系、改进知识产权保护手段、提高科研院校研发激励与灵活性等制度优化，充分发挥创新的引领作用，特别是要提高关键核心技术的自主可控，防止被外方"卡脖子"。同时，利用自身规模优势以及其他国家地区的比较优势与市场（特别如"一带一路"沿线国家），推进产业价值链的延展和升级，打造区域性价值链，最终促成相对独立于美国的市场网络、分工体系，以及技术标准系统。需要指出的是，尽管在全球化的背景下，中美完全"脱钩"的可能性不高，并且显然是双输，甚至是多输之举，但我方必须对此有充足准备，未雨绸缪。从长期看，也只有做足准备，才能根本避免"脱钩"和全球产业价值链的断裂。

就国内而言，国家经济技术开发区的创新重点也应从区域为主转向产业价值链为主。近年来，作为开放创新的主要载体，各地近二百余个国家级经济技术开发区对开放创新、技术创新和制度创新发挥了不可估量的积极作用。然而，一些深层矛盾也逐渐凸显。其中，国家级经开区普遍存在碎片化、低水平重复建设、资源利用效率低下等问题，导致经开区对整个产业价值链的带动提升效果不明显，而往往拘泥于对地方经济的贡献。事实上，近年来决策层也出台了若干政策方案，旨在纠正相关缺陷，并顺应形势变化的需要。其中值得关注的是2019年5月，国务院出台《关于推进国家级经济技术开发区创新提升打造改革开放新高地的意见》，重点强调了将经开区建设置于整体的创新驱动和开放升级之中。基于这一政策思路，在"十四五"时期，经开区发展应继续加强顶层设计和整体协调，打破地方—部门的条块分割，使经开区能够更多面向产业链而非地区。如此才能充分发挥其推进创新发展和产业升级的功能，并能更好地利用广阔的国内市场和完整工业体系的优势，这在经济转型升级、外部竞争加剧的背景下尤为重要。

（二）探索新时代科技创新举国体制新模式

科技创新的举国体制曾经为中国的科技发展和进步做出巨大贡献，典型的如"两弹一星"工程以及后续的航天工程。但在新的国际国内环境下，需要探索科技创新举国体制的新模式。党的十八届三中全会提出"使市场在资源配置中起决定性作用和更好发挥政府作用"的重要论断，为新时代创新发展指明了根本途径。

在社会主义市场经济体制下，传统"举国体制"与当前科技快速发展的需要表现出不适应性，过于强调政府规划和国家意志，往往对市场不够敏感，目标或课题设定后纠偏较难，忽视了科学研究特别是基础研究存在不确定性的特点。对过于强调政府作用而忽略市场等其他创新要素的传统举国体制进行扬弃和超越，从均衡治理视角构建科技创新的新型举国体制，实现从政府主导型到多元参与型举国体制的转变，注重政府规划性与科学自主性的均衡，发挥政府作用与市场力量的均衡，实现有组织创新与自组织创新的均衡，把政府推动、市场驱动与科技界能动作用结合起来①。

其一，政府可以发挥顶层设计、平台建立、机制协调，以及集中资源办大事的优势。构建新型科技创新举国体制需要一系列机制为基础并形成制度框架：建立国家高层次科技宏观决策机制、跨领域横向协调机制、科学家参与决策机制、官产学研联合研究机制；完善合同约束机制、项目责任机制、研发组织机制、加强成本控制机制、绩效评价机制、融资机制、政府采购制度、市场信号政策激励机制、风险防范机制等。在其指引下，面对复杂的国内外形势，一方面，应充分调动市场主体的创新积极性和创新能力，同时在关涉国家安全、重大核心技术、关键基础设施等一般企业难以涉足的创新领域，应充分发挥政府和国有企业整合、配置资源的特殊作用，集中攻关、重点突破；另一方面，还要根据不同对象，充分发挥政府投资基金在创新过程中的引导、带动作用。当然，在政府参与创新的全过程中，应当高度重视事前的科学民主决策，以及事中事后的监督问责，切实保证"集中力量办好事"。在此需要指出的是，只有政府和市场、军方与民间、公有制经济和其他所有制经济的密切配合、通力协作，甚至相互间的良性竞争，才能构成完整的科技创新举国体制。

其二，突出政府与市场的结合。风险资本是技术创新的开拓者。但风险资本并非孤军奋战，而是离不开政

---

① 黄涛、郭恺茗：《科技创新举国体制的反思与重建》，《长沙理工大学学报》（社会科学版）2018年第4期。

府的支持，风险资本经常是在政府投资并承担创新的不确定性和高风险之后才进入的。Mazzucato 提出，发达经济体的政府在创新中应该而且能够发挥非常积极的作用，是产业政策而非自由市场促进了创新[①]。政府作为风险投资家，弥合了公共投资与私人投资之间的鸿沟；政府不仅仅是修复了市场（弥补市场不足），并且还会积极地创造和塑造市场。这实际上颠覆了新古典经济学的一些教条。对美国 IT 革命、生物技术产业和纳米技术的研究说明，大多数私人风险资本集中在风险投资的中间阶段，而在早期阶段则是由美国"小企业创新研究计划"提供融资的。造成这种状况的主要原因是：激进创新的早期阶段在风险投资上具有资本密集、收益预期较低和需要长期坚守的特点，而私人风险资本对此却不感兴趣，从而使政府不得不担负起这种风险承担者的职责。如果说，风险资本进入不确定性领域的"第一推动力"可以由政府完成，那么后续的创新过程则主要由市场驱动。在创新全生命周期的不同阶段，都需要政府与市场不同形式的协调配合。

（三）充分发挥企业的创新主导作用

创新本质上是一个市场现象，市场竞争是甄别创新价值的试金石。如果说在模仿和赶超阶段，政府支持下的流

---

① Mazzucato, M., 2013, *The Entrepreneurial State: Debunking Public vs. Private Sector Myths*, Anthem Press.

程创新可能有效的话；那么在一个接近技术前沿阶段，自主创新充满着不确定性，这时候，就需要依靠市场机制来探索，由市场来分散风险，企业家也要通过市场机制来获取垄断利润。因此，发挥市场机制的作用是企业家创新得以实现的制度前提。

要通过改革建立真正"面向市场、依靠市场"的创新要素配置机制。鼓励包括资金、人才、技术在内的一切创新要素自由流动与灵活组合，破除种种不合理的体制机制障碍，如金融管制、（产业）准入限制、户籍制度、人事档案等。最大限度地减少政府对竞争性领域的干预，取消种种不合理的行政审批与许可，降低创业成本，增强对企业家创业失败的宽容度，充分释放微观经济主体的竞争活力。

而在企业创新中，应给予民营企业更多的支持。数据显示（见图3-2），从不同所有制（以及不同规模）企业每亿元研发投资所产生的专利数来看，外资企业处于最高水平，私营企业次之，国有企业最后。垄断行业的国有企业创新动力往往不足，可以考虑通过放开市场准入，允许民间资本进入这些行业与之开展公平竞争，一方面给民企更大的发展空间，另一方面倒逼国有企业推动创新。还有，中国现在面临的更多是前沿性技术而非模仿性技术的挑战，需要更多的企业勇于尝试、敢于失败。在这点上，民营企业要大大强于国有企业，因为民企更能承担失败的风险。

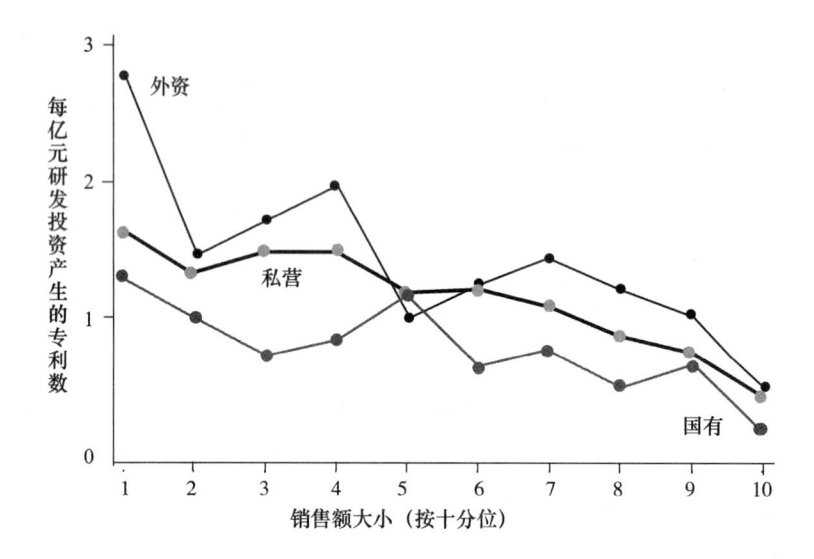

图 3-2 不同所有制（及规模）企业研发投资的效率

资料来源：Wei, S., Xie, Z., and Zhang, X., 2017, "From 'Made in China' to 'Innovated in China': Necessity, Prospect, and Challenges", *The Journal of Economic Perspectives*, 31 (1), 49-70。

（四）将军民融合发展作为促进科技创新的新动力

1994 年 9 月，美国国会技术评估局在《军民一体化潜力评估》报告中率先使用了"军民融合"概念，并将其定义为：融合国防工业基础与民用科技工业基础，形成统一的美国国家科技和工业基础的过程[1]。长期以来，中国的军用与民用科技之间存在严格的体制界限，既造成了资源浪费，也影响了军事科研人员的积极性和创造性；同时，

---

[1] U. S. Congress, Office of Technology Assessment, 1994, *Assessing the Potential for Civil-military Integration: Technologies, Processes, and Practices*, Government Printing Office.

还制约着军民两用科技的相互转化和国家整体科技创新能力。

因此,实施军民融合发展促进科技创新,关键在于推进以下变革:第一,打破军事(国防)科技工业和民用科技工业之间的体制界限。第二,建立新的军队订货采购机制,建立新体制下的保密制度,进一步确定知识产权归属,建立军用技术进入市场的机制。第三,加强军地科技规划计划的统筹衔接。一是加强国家军民融合整体规划与科技领域专业规划的有效衔接,推动建立"经济建设和国防建设融合发展规划"对"科技军民融合专项规划"的指导关系。二是加强国防科技发展规划与国家科技创新规划的衔接,从基础研究和前沿技术研究入手,推动实现军地各类科技计划资源的统筹配置、统筹管理。第四,加大军民科技协同创新的攻关力度。以国家科技重大专项和重大工程为抓手,聚焦经济建设和国防建设重大战略产品和重大产业化目标,军地联合启动新一轮国家科技重大专项论证,共同推进智能无人系统、高密度能量控制技术、空天飞行器等一批事关国家安全和国防安全的重大工程。统筹布局一批面向新型军事能力、产业带动能力强的军民两用性战略高技术,力争在重大关键领域取得实质性突破,实现跨军民、跨部门、跨行业、跨区域的研发布局和协同创新,有效提升军事能力和产业化水平。

(五)在扩大开放中促进创新发展,保证"学习渠道"畅通

尽管面对上述的"脱钩"可能及后危机时代的全球化

逆风，但坚定不移地扩大开放，打造开放经济新体制的方向不应改变。同时必须指出，在较长时期内，中国作为发展中国家的地位尚不会改变，在诸多科技、商业领域还同先发国家有较大差距且会持续一定时间。有鉴于此，中国必须充分、主动、灵活地借鉴利用先发国家的知识外溢和人力资本。

一是更加主动地融入全球创新网络。一方面，要坚持把自己的事情办好，持续提升科技原始创新能力，在一些优势领域打造"长板"，夯实国际合作基础。另一方面，要以更加开放的思维推进国际科技交流合作。在当前形势下，要务实推进全球疫情防控和公共卫生领域特别是药物、疫苗、检测等领域的国际科技合作；聚焦气候变化、人类健康等共性问题，加强同各国科研人员的联合研发；逐步放开在中国境内设立国际科技组织、外籍科学家在中国科技学术组织任职，使中国成为全球科技开放合作的广阔舞台。

二是有效吸纳海外人才。从国际经验看，国家或地区的人才吸引力与发展水平直接相关，不同国家在不同发展阶段会采用不同的人才政策。日本、韩国、以色列等国家在崛起的过程中都曾经出现过海外人才大规模回流的现象，中国目前的人均GDP已经超过1万美元，完全具备了进一步吸引海外人才回流的基础条件。应实行更加开放的国际人才引进政策，出台关于国外智力资源供给、评价方式、引进共享等问题的指导意见和实施办法，吸引部分产业外籍高层次人才和紧缺型人才来华。完善外籍高端人才和专业人才来华工作、科研、交流的停居留政策，完善外国人在华永久居留制度，探索建立技术移民制度和特殊人才双重国籍制度。

二 全方位推动制度型开放

在全球化出现退潮、国际产业链深度重组、国际关系深刻变革、全球治理体系亟待改革的时代大背景下，坚定不移地继续推进高水平对外开放，建设更高水平的开放型经济体；特别是要着力推动制度型开放，形成国内改革与对外开放之间的高水平联动机制，并通过对内深化改革、对外扩大开放，实现高水平、可持续的国内循环和国际循环相互促进、良性互动的新发展格局。对于暂时性、局部性的波折、困难，既要高度重视、谨慎应对，又要防止反应过度，特别是动摇对外开放、参与推动全球化及其治理改革以及积极构建人类命运共同体等既定的发展战略与实践方向。

（一）世界面临百年未有之大变局

百年未有之大变局塑造了"十四五"时期中国对外开放的基本语境。百年未有之大变局的基本要义在于正在发生的"东升西降"的趋势以及由此带来的"东西"之间的角力与冲突。这里的"东"是以中国为代表的东方，主要是发展中经济体；"西"是以美国为代表的西方，主要是发达经济体。百年未有之大变局悄然发生于改革开放以来中国综合国力的不断攀升，凸显于本轮中美贸易摩擦，并将在"十四五"及今后较长一个时期进一步演化和深化。

百年未有之大变局蕴含着诸多变化。一是国际格局加速演变。制度竞争是国家间最根本的竞争。国际上两种趋势、两种力量进入全面较量的关键阶段，中美从合作与竞争逐步走向战略僵持阶段，两国将在经济发展、国家能力、科技、网络安全以及全球治理等领域展开全方位博弈。二是新工业革命背景下全球产业发展和分工格局出现重大变革。以美国为首的发达经济体对全球产业链和创新链的重构，将严重影响中国产业转型升级的进程和方向；自动化与智能机器人对于传统劳动力比较优势的削弱，以及越南等新兴经济体在劳动密集型产业方面的竞争，直接动摇中国在国际经贸大循环中连接发达经济体与发展中经济体的枢纽地位。三是世界经济发展的不确定性加大。关于全球长期停滞（secular stagnation）的悲观论调不绝于耳。全球保护主义逆风叠加劳动力要素供给下降和生产技术水平停滞，导致各国潜在增长率不断下降；国际贸易增速前景堪忧，国际直接投资稳定性严重不足；全球债务水平持续攀高，特别是新兴经济体金融市场风险日益集聚；各个经济体增长周期出现分化，主要发达经济体货币政策负外溢性凸显。

"十四五"时期是中国进入世界舞台中央的关键期，也是中国参与塑造全球新格局的战略机遇期。面对复杂的外部环境，我们必须加快发展更高层次的开放型经济，主动参与国际经贸规则制定，推动经济全球化朝着更加开放、包容、普惠、平衡、共赢的方向发展，为推动建设开放型世界经济体系贡献中国的智慧和力量。这既是顺应大势拓展中国自身发展空间的需要，也是主动作为，彰显中国大国担当、为全球经济治理做出贡献的需要。

（二）中国融入世界经济还有相当大的空间

40多年的改革开放，中国已经深度融入了世界经济体系。全球化红利的分享助推了中国发展；中国的强劲增长也贡献了全球GDP增量的1/3以上。从经济体量上看，中国已跻身全球大国之列；但从融入世界经济的角度看，仍有进一步整合的空间。这就是为什么"十四五"时期，我们需要实施更大范围、更宽领域、更深层次的全面开放。

中国进一步融入全球化的空间主要体现在以下几个方面：一是服务贸易发展严重滞后。中国在服务贸易领域的全球份额尚不及商品贸易。2017年中国在全球服务贸易总量中的占比为6.4%，约为商品贸易占比的一半（见图3-3）；而从全球来看，服务贸易比商品贸易的增速快60%。二是企业"走出去"还处于起步阶段。中国企业在境外的营收有所增长，但即使是其中的一些全球性企业，其海外营收的比例仍不足20%。相比之下，标普500企业的平均海外营收比例则高达44%。另外，2018年度全球最具价值品牌100强中仅有一家中国企业。三是金融体系全球化还有相当长的路要走。2018年，外资在中国银行系统中的占比仅约为2%，在债券市场中约为2%，在股票市场中约为6%。另外，中国2017年的资本流动输入和输出总额（包括外商直接投资、贷款、债券、股权和准备金）仅相当于美国的30%左右[1]。四

---

[1] Woetzel, J., et al., 2019, "China and the World: Inside the Dynamics of a Changing Relationship", McKinsey Global Institute.

是全球治理中中国话语权还缺乏分量。在重要的国际组织如联合国、世界贸易组织、世界银行、国际货币基金组织，以及亚太经济合作组织、二十国集团等，中国的影响力近年来不断上升，但总体上，这些国际组织与多边组织，还主要处在欧美等发达经济体的主导之下，中国的融入度和话语权都还明显不足。正因为如此，通过扩大开放提高中国与世界经济的融入度，是"十四五"时期的重要任务。不过，在这个深度整合过程中，如何把握整合的节奏、结构性选择以及由此带来的风险，是需要密切关注的，这包括过度依赖全球价值链、创新链可能带来的"卡脖子"问题，海外投资的安全性保障，因合规要求带来的结构性改革压力，以及健全外商投资国家安全审查、反垄断审查、国家技术安全清单管理、不可靠实体清单等制度等方面。

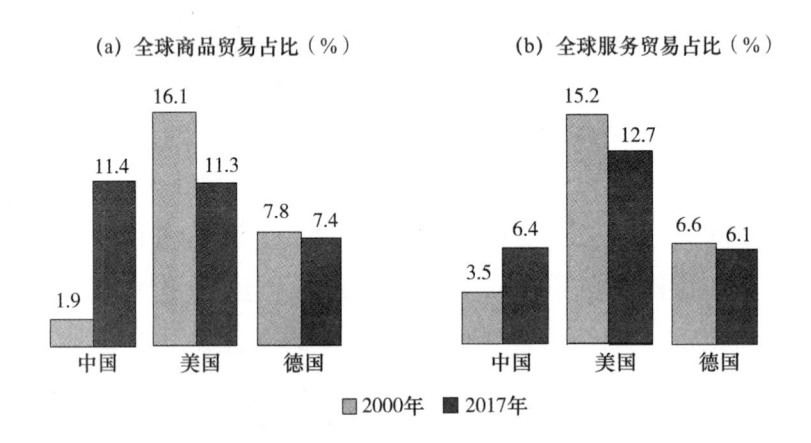

图 3-3 中国服务贸易还有很大发展空间

资料来源：Woetzel, J., et al., 2019, "China and the World: Inside the Dynamics of a Changing Relationship", McKinsey Global Institute。

(三) 全方位推动制度型开放

改革开放 40 多年来，中国开放不断向更大范围、更宽领域、更深层次的全面开放转变，从货物、资金、技术、人才各方面持续展开。过去很长一段时间，中国的对外贸易、吸引外资和对外投资、引进技术和管理要素取得了长足发展。然而，一些领域开放可能仍然存在相关制度配套未到位，导致出现形式上开放，而实际上难以落地的未开放；还有一些领域的开放政策出现反复，导致对开放的预期不稳定。立足当下，我们面临的世界已经不是当初加入世界贸易组织（WTO）时的世界，而是有着更高要求的世界，因此也需要对接实现更高层次的开放。开放存在的以上问题和新时代变化对开放提出的新要求，都是新时代的开放需要进一步解决的问题。

百年未有之大变局，给当前的开放带来了新要求、新挑战。一方面，如何从更长远利益出发，坚持进一步扩大开放和制度型开放，以获得新一轮的开放红利；另一方面，如何统筹开放和安全，更好维护国家利益。

1. 健全高水平开放政策保障机制

加快形成有力的开放政策保障机制，是推动规则、规制、管理、标准等制度型开放的重要前提。一要完善外商投资准入前国民待遇加负面清单管理制度，有序扩大服务业对外开放，依法保护外资企业合法权益，健全促进和保障境外投资的法律、政策和服务体系，坚定维护中国企业海外合法权益，实现高质量引进来和高水平"走出去"。二要通过完善产权保护、优化营商环境、减少准入限制、消除超国民待遇、健全负面清单制度、放松外资企业相关外汇管制等多种举措，而非直接的减税、让利、批地等，为来华投资提供切实的制度保障和激励。三要通过资本项目有序开放、人民币国际化、金融机构的"走出去"与"请进来"等举措，持续推进金融开放，并以此提高金融服务国内实体经济的能力。同时，还应通过双向开放，提升中国在国际货币、金融体系中的话语权与影响力，使之与中国经济、贸易实力相匹配。

2. 推动"一带一路"走向规则、体制机制和制度纵深

依托"一带一路"，加大对发展中国家支持力度，促进缩小南北发展差距。推动"一带一路"产能合作与服务贸易相融合。通过更加市场化、制度化方式来保证和提高中国在"一带一路"沿线国家的投资安全与投资收益率。在"一带一路"建设中更多地使用人民币来计价与结算，依托"一带一路"推动人民币的区域化、国际化发展。推动共建"一带一路"高质量发展，加强与相关国家发展战略以及市场、产业、项目有效对接，打造全方位互联互通新格局，聚焦重点国家和重点项目深耕细作。依托共建"一带一路"倡议及联合国、上海合作组织、金砖国家、二十国集团、亚太经济合作组织等多边和区域次区域合作机制，积极参与全球经济治理和公共产品供给，加强与相关国家、国际组织的经济发展倡议、规划和标准的对接和合作机制建设。通过市场化、国际化、法治化的方式来保证和提高中国企业在"一带一路"沿线国家的投资安全。总之，在实施"一带一路"倡议中遵循共商共建共享原则，努力实现政策沟通、设施联通、贸易畅通、资金融

通、民心相通，打造国际合作新平台，形成陆海内外联动、东西双向互济的开放新局面，重塑全球经贸与地缘政治格局。

3. 推动构建面向全球的高标准自由贸易区网络

高标准加快自由贸易试验区、自由贸易港网络建设。深化自由贸易试验区改革，在更大范围加快复制推广改革成果。赋予自贸区更大的自主发展、自主改革和自主创新管理权限。加快推进贸易、投资规则自由化便利化。一是在货物贸易领域，推动自贸区供应链贸易实行零关税。二是在服务贸易领域，推动各自贸区根据需要明确进一步开放领域，重点突破生产性服务业，为产业链和供应链提供高质量的服务。三是在国际投资领域，实行以产业为导向的投资开放模式。四是在海南自由贸易港试点推进跨境数据流动制度。五是开展自贸区海关特殊监管区制度创新。

4. 积极参与全球经济治理体系变革

一是推动WTO的争端解决机制改革。与支持多边贸易体制国家共同推动完善WTO争端解决机制；做好相应预案，一旦WTO上诉机制陷入停滞，尽快提出一个各方均可接受的替代方案。二是以提高公平性与代表性为导向推进国际货币基金组织、世界银行决策机制改革。适应国际经济格局变化趋势，以推动投票份额动态调整机制建设为重点，增加发展中国家投票份额，提升发展中国家在国际机构决策中的话语权，防止部分国家滥用"一票否决"导致国际治理机构停摆，进而诱发全球系统性风险。三是以推动二十国集团（G20）机制化为重点，推动正式国际机制与G20相结合，尽快形成新的治理框架。比如，加快推动G20与世界银行、国际货币基金组织、世界贸易组织、国际劳工组织、经济合作与发展组织、上海合作组织等国际机制有机结合，让更多的国际机制参与G20治理，充分发挥正式国际机制在执行力方面的优势，探索新的全球治理架构。四是以服务贸易为重点加快构建高标准双边、多边自贸区网络。采取灵活方式推进中日韩自贸区谈判。以服务贸易为重点构建中欧一体化大市场。以《区域全面经济伙伴关系协定》（RCEP）为基础推进亚太自贸区建设。

三 扎实推动共同富裕

无论是美国"中产阶级消失"导致的占领华尔街运动，拉美民粹主义盛行导致的经济社会动荡，还是《21世纪资本论》在全球范围内引起的高度关注，都充分反映了收入分配作为"世纪性问题"，关系到国家的长治久安。中国的收入分配状况尽管好于拉美国家，但与同样取得快速增长佳绩的其他东亚经济体相比，还有差距。从国民收入分配格局看，居民可支配收入与人均GDP差距过大，劳动者报酬呈下降态势。与此同时，居民收入差距、财富差距仍然较大，且这些年并未有较大改观，一些研究表明收入分配状况甚至出现了恶化。这既形成了扩大内需特别是消费的障碍，也带来民粹兴起、"仇富"和社会不安定因素。由此，收入分配成为"十四五"时期绕不开的紧迫任务和完善中国基本经济制度的重要内容。

需要强调的是，改善收入分配、促进共同富裕，会触及各方利益，涉及全面的制度调整，不是仅仅靠税收、转移支付等手段就能够解决的。

（一）提高劳动者报酬比重

劳动力市场的初次分配效应在递减。随着农业剩余劳动力转移速度减慢，城乡就业扩大和资源重新配置都不再像以往那样以急风暴雨式的节奏进行，劳动密集型制造业的比较优势也加速减弱，国际贸易以发达国家为主要对象的特点也趋于淡化。相应地，劳动力市场机制的初次分配功能既不再能够单独解决收入分配问题，也不足以解决民生领域面临的其他问题。需要从以下几个方面入手，努力提高劳动者报酬比重。第一，继续实现居民收入增速与经济发展速度同步、劳动报酬增长与劳动生产率提高同步；同时，在平衡资本与劳动的分配关系上做文章，即完善要素市场环境和机制，破除市场的垄断和价格扭曲，消除市场分割和身份歧视，增加公平机会和竞争。第二，改革城乡分割的户籍制度。推动超大、特大城市调整完善积分落户政策，探索推动在长三角、珠三角等城市群率先实现户籍准入年限同城化累计互认。放开放宽除个别超大城市外的城市落户限制，试行以经常居住地登记户口制度。第三，建设城乡统一的劳动力市场，促进农民向工业部门和城市的合理流动，根据效率原则配置劳动力资源。第四，深化工资制度改革，健全最低工资标准调整、工资集体协商和企业薪酬调查制度，促进中低收入职工工资合理增长。

（二）加大再分配调节力度

国际比较发现，中国的收入再分配力度要小于 OECD

国家。剔除 OECD 国家中收入差距较大的智利和墨西哥，这些国家较为合理的收入分配状况实际上是在再分配之后才形成的。例如，经过税收和转移支付，这些国家的基尼系数从平均 0.473 下降到 0.306，降低幅度高达 35.3%。而中国再分配政策使得收入差距的基尼系数仅缩小 10% 左右①。因此，"十四五"时期必须进一步加大收入再分配调节力度。健全以税收、社会保障、转移支付等为主要手段的再分配调节机制，强化税收调节，完善直接税制度并逐步提高其比重；将保障性住房纳入公共财政范畴，开征房地产税；稳步提高社会保障统筹层次和水平，建立健全更加公平、更可持续的社会保障制度；完善相关制度和政策，合理调节城乡、区域、不同群体间分配关系。

（三）纠正金融抑制对居民财产性收入的侵蚀

尽管随着近些年金融的大发展，中国居民财产性收入有所上升，但总体上占比还偏低，群体间的差距也偏大。居民财产性收入与一国的金融市场和制度安排有着直接关系。中国长期以来由发展型政府主导的金融抑制政策，其初衷是加速动员资源、促进经济更快发展，但由此也带来对居民财产性收入的侵蚀。金融抑制不仅表现在官方利率长期远远低于市场利率，而且表现在国有银行的垄断地位和门槛准入方面。对存款利率上限的管制，虽然一定程度上降低了国企的投资成本，也使得中国银行业的不良贷款

---

① 蔡昉：《创造与保护：为什么需要更多的再分配》，《世界经济与政治》2020 年第 1 期。

率恢复至正常水平。但扭曲的资本价格除了误导投资外，也对居民收入产生了负面影响，使得居民储蓄存款收益大幅下降。金融抑制政策形成了一种居民补贴企业和地方政府的财富分配机制，居民财产性收入受到侵蚀，企业和地方融资平台却得到"补贴"，银行业长期扮演着"劫贫济富"的角色。为纠正金融抑制对居民财产性收入的侵蚀，需要减少政府对金融资源定价和分配的干预，进一步推进存款利率市场化，逐步放宽金融市场准入条件，深化以银行为主的金融体系改革，加快发展多层次资本市场，鼓励金融产品创新，开发适宜投资需求的金融产品，拓宽居民利息、股息、红利、租金、保险等财产性增收渠道。

（四）提高国有资本及其收益对公共财政的贡献

国有资本收益上缴是国际惯例。中国的国有资本或国有企业还享有"结构性优势"，即一方面在税收、信贷、产业政策方面享受特别的优惠政策，另一方面在市场准入和政府隐性担保方面具有社会资本所不可比拟的特权。不少国有资本收益特别是一些垄断国企的利润在某种意义上相当于"权力租"，即其收益来自于垄断牌照和政府赋予的特权。国有资本性质是全民所有，国有资本收益不能归于某个企业或某个群体，而应归于全社会。因此，一方面要提高国有资本收益上缴公共财政的比例，另一方面划转部分国有资本充实社保账户。

2014年底，财政部提出要完善国有资本经营预算制度，提高国有资本收益上缴公共财政的比例，在2020年提高到30%，更多用于保障和改善民生。2017年进一步提出划转部分国有资本充实社保基金。2019年全面推开将中央和地方国有及国有控股大中型企业和金融机构10%国有股权,划转至社保基金会和地方相关承接主体,并作为财务投资者,依照规定享有收益权等权利。截至2019年底,中央层面已经完成四批81家中央企业和中央金融机构国有资本划转社保基金的工作,划转的国有资本是1.3万亿元,地方层面划转的工作也正在积极地推进。提高国有资本收益上缴比例以及划转部分国有资本充实社保账户,绝非救急的权宜之策,而是实践社会分红理论、增进民生福祉、促进社会公平的长期性、机制性的制度安排。

(五) 落实农民土地财产权利

缩小城乡收入差距是改善收入分配的重要方面。在过去的工业化与城镇化进程中,农民(农村)做出了巨大的贡献和牺牲;在迈向现代化新征程中,不能再走牺牲农民的老路。农民走出农村到城镇就业,固然是提高收入的一条途径,但更重要的是在现代化进程中,对农民土地财产权利(益)的保护。党的十八届三中全会对农村"三块地"即集体经营性建设用地、农民承包地和宅基地的依法有序流转做了系统性的顶层设计,试图开辟增加农民财产性收入的渠道。农村集体土地的产权比较模糊,所有权、承包权、经营权"三权分置"。有专家解释说,农民土地的承包权在一定程度上相当于所有权,但这只能说是"相当于",毕竟不是最终所有权。这种情况下,就存在着土地收益如何分配的难题。土地制度改革的核心在于如何保护好农民的利益。这恐怕是农民改变自己命运的最后一次机会。如果土地都市场化了,但是土地增值收益却跟农民没有关系或少有关系,这将是巨大的失误;农民就再难翻身了,我们也失去了消除城乡收入差距的重要机会窗口。因此,《中华人民共和国土地管理法》的修订,以及在推进土地要素市场化配制体制机制改革过程中,要深化农村土地制度改革,推进宅基地流转、置换方式创新,让农村居民合理分享土地升值收益,真正将农民的土地财产权利落实到位。

四 市场经济是法治经济

法治,是治国理政的基本方式,是国家治理体系和治理能力的重要依托。国家治理要达成现代化的转向,依法治理是不可或缺的一个重要方面,这也是把中国制度优势转化为国家治理效能的题中之义。40多年来市场化取向的改革取得了卓越的成就,中国特色社会主义市场经济体制在逐步发展和完善。但市场化的推进特别是市场经济"野蛮生长"也带来不少问题,而这些问题很多是法治缺失和制度不健全造成的。"十四五"时期围绕高质量发展的战略目标,势必要求市场经济的法治化建设有实质性的进展。这里法治化的重点在于正确处理好政府—市场关系,特别是通过法治化的方式,将发挥市场的决定性作用、更好发挥政府作用从制度上固定下来。市场经济是法治经济,市场经济法治化的核心在法治政府。

（一）从"野蛮生长的市场经济"到法治经济

就市场经济几百年的发展史而言，"野蛮生长"是一个必经的阶段。美国"镀金时代"（约从19世纪70年代至19世纪末20世纪初）的野蛮生长，一方面带来经济的突飞猛进，成为美国经济赶超英国的关键时期；另一方面也催生出一大批具有国际影响力的垄断企业和带来社会腐败。因此，有学者指出，"在经济集中和社会失范、大企业的出现和小企业没落之间不可避免的冲突，贯穿了19世纪晚期大多数主要的监管和法律变化"[①]。

法治是现代市场经济有效运作的制度保障，一般通过两个作用渠道。法治的第一个作用渠道是对公权力的约束，即约束政府，约束的是政府对经济活动的任意干预。法治的第二个作用渠道是对私权力的约束，即规范经济人行为，其中包括产权界定和保护，合同和法律的执行，公平裁判，维护市场竞争。这通常要靠政府在不直接干预经济的前提下以经济交易中第三方的角色来操作，起到其支持和促进市场的作用。如果没有法治的这两个作用渠道为制度保障，产权从根本上说是不安全的，企业不可能真正独立自主，市场不可能形成竞争环境并高效率运作，经济的发展也不会是可持续的[②]。

---

① ［美］普莱斯·费希拜克等：《美国经济史新论：政府与经济》，张燕等译，中信出版社2013年版，第236页。
② 钱颖一：《市场与法治》，《经济社会体制比较》2000年第3期。

党的十八届四中全会通过的《中共中央关于全面推进依法治国若干重大问题的决定》强调，"社会主义市场经济本质上是法治经济。使市场在资源配置中起决定性作用和更好发挥政府作用，必须以保护产权、维护契约、统一市场、平等交换、公平竞争、有效监管为基本导向"，并要求全社会"强化规则意识，倡导契约精神"[①]。

区分好的市场经济与坏的市场经济的一个重要标准是有没有法治保障。缺乏产权保护、垄断盛行，腐败猖獗，操纵市场，虚假广告，产品质量问题，食品安全问题，违规排污问题，等等，这些既是市场经济野蛮成长时期的弊病，也是坏的市场经济的重要表现。这些问题，说到底都与市场规制与法治化不健全密切相关。针对有些问题，中国政府部门专门出台了相关文件和政策，但还没有落实到法律文本和制度保障；有些方面尽管有法律条文，但在执行过程中往往存在偏差，如对非公财产的保护方面。法治不健全体现的是政府在（作为公共品的）法治供给方面的不足。图3-4显示，中国的法治指数自1996年以来总体呈上升趋势，从33.67上升到2018年的48.08（指数越高，表明法治状况越好）。特别是2012年以来，法治指数一直保持着上升趋势。但这样的指数在全球排名却仍然靠后[②]，中国法治建设还有很长的路要走。

---

① 《中共中央关于全面推进依法治国若干重大问题的决定》，人民出版社2014年版，第18、27页。

② 世界治理指数（WGI）存在争议，因此法治指数也未必完全可比。

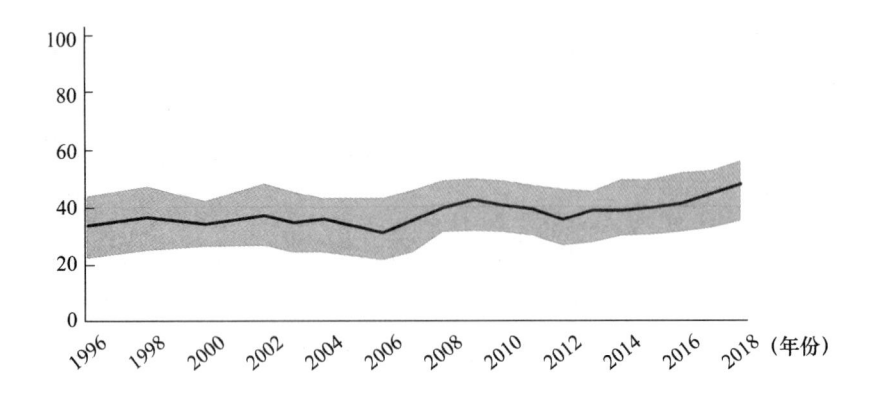

图 3-4 中国的法治指数排名变化（1996—2018年）

注：实线表示中国法治指数，灰色阴影表示误差程度。

资料来源：世界银行 Worldwide Governance Indicators（WGI）数据库中的法治分项，http://info.worldbank.org/governance/wgi/。

（二）现代化市场经济体系离不开法治保障

构建现代化市场经济体系，充分发挥市场在资源配置中的决定性作用，是从"野蛮"市场经济到现代市场经济的必然要求。现代化市场经济体系建设离不开法治保障，其中至关重要的是产权界定保护以及促进公平竞争。

1. 依法保护产权

加强产权保护，根本之策是全面推进依法治国。产权制度是社会主义市场经济的基石，保护产权是坚持社会主义基本经济制度的必然要求。有恒产者有恒心，经济主体财产权的有效保障和实现是经济社会持续健康发展的基础。改革开放以来，通过大力推进产权制度改革，中国基本形成了归属清晰、权责明确、保护严格、流转顺畅的现代产权制度和产权保护法律框架，全社会产权保护意识不断增强，保护力度不断加大。但产权保护方面也还存在不少问题：国有产权由于所有者和代理人关系不够清晰，存在内部人控制、关联交易等导致国有资产流失的问题；利用公权力侵害私有产权、违法查封扣押冻结民营企业财产等现象时有发生；知识产权保护不力，侵权易发多发。解决这些问题，必须加快完善产权保护制度，依法有效保护各种所有制经济组织和公民财产权。这里要强调的是推进完善平等保护产权的法律制度。认真贯彻实施《中华人民共和国民法典》，清理有违公平的法律法规条款，将平等保护作为规范财产关系的基本原则。健全以企业组织形式和出资人承担责任方式为主的市场主体法律制度，统筹研究清理、废止按照所有制不同类型制定的市场主体法律和行政法规，开展部门规章和规范性文件专项清理，平等保护各类市场主体。加大对非公有财产的刑法保护力度。增强人民群众财产财富安全感，增强社会信心，形成良好预期，增强各类经济主体创业创新动力，维护社会公平正义，保持经济社会持续健康发展和国家长治久安。

加大知识产权保护。高质量发展的一个重要特征是创新驱动，因此，如何通过保护知识产权，呵护和激励创新的积极性尤为关键。一是要进一步完善知识产权保护相关法律法规，合理降低入罪门槛，逐步确立对知识产权侵权的惩罚性赔偿机制，以对潜在的侵权行为造成威慑与遏制，完善侵权后的强制补救措施，包括侵权强制令、损害赔偿、销毁货物等制度；二是要加大保护知识产权的执法力度，相关执法部门应着力建立更加透明的工作程序和工作规范，细化规则，严格防范执法的随意性和选择性。三要尽可能减少政府出于推动技术创新的好意而对专利等进行简单化的干预或将其与特定的产业政策或人才政策挂钩，应逐步完善对其的市场化激励，使得市场力量成为专利数量及质量提升的主要推动力。四要研究体制内科技人员的人力资本产权界定和保护问题，从有利于创新发展和国家竞争力提升角度制定出适宜的相关法律制度，释放科研人员的创新活力。

2. 维护公平竞争

公平竞争是市场经济的核心。强化竞争政策在国家政策体系中的基础性地位，需要健全竞争政策体系，完善竞争法律制度，明确竞争优先目标，建立政策协调机制，倡导竞争文化，推动竞争政策有效实施。

第一，强化《中华人民共和国反垄断法》（以下简称《反垄断法》）实施来落实竞争政策。针对中国反垄断实践中的问题，应着力从两个方面完善反垄断法规范体系：一是对《反垄断法》本身的规范进行完善，如《反垄断法》实施中争议较大的纵向垄断协议、豁免、经营者集中应报未报处罚力度等内容予以完善；二是将实践中业已取得良好反响的竞争政策转化为《反垄断法》相关内容，将其基础性地位在《反垄断法》中予以巩固、强化，并尽快将公平竞争审查制度法制化为《反垄断法》的有机组成部分，以增强其实用性和规范性。

第二，整合执法职责，优化《反垄断法》实施。2018年3月出台的《国务院机构改革方案》整合了原国家工商行政管理总局、国家发展和改革委员会和商务部三部委所享有的反垄断执法权，并组建国家市场监督管理总局，由其统一行使反垄断执法权。从形式上看，中国反垄断执法实现了机构统一，但机构统一并不意味着执法就能够有效整合，实现执法统一，即规范理解和适用的一致性、相同行为定性统一等内在制度要求。这实际上仍有很长的路要走，其中最为典型的是，《反垄断法》配套制度因此前多机构执法而出现同一法条不同机构出台规章细化，因而难免出现不一致的情形，客观上需要尽快改进，但显然不可一蹴而就。因此，应尽快厘清、优化国家市场监督管理总局内部的反垄断执法职责分工，统筹、加强《反垄断法》的配套规章、指南的起草工作，并依此不断完善《反垄断法》实施机制[①]。

第三，实施公平竞争审查制度。公平竞争审查制度旨在解决政府干预过多、干预不合理而损害竞争的问题，保障各类市场主体平等地使用生产要素、公平参与市场竞争。它是由反垄断执法机构或其他机构通过分析、评价拟订中或现行公共政策可能或已经产生的竞争影响，提出不妨碍政策目标实现而对竞争损害最小替代方案的制度。从欧盟等成熟市场经济体的实践来看，大多确立了"竞争政策优先于其他政策"的基本原则，并在此基础上构建了对立法和有关政策进行竞争审查的制度，如审查对象有损公平竞争，应予以调整或废止。中国通过多年的实践，该项制度取得了良好效果。该制度可以对尚未出台的法律、行政法规和地方性法规、部门规章等进行审查，可以对包含产业政策在内的各项经济政策可

---

① 黄勇：《论中国竞争政策基础性地位的法治保障》，《经贸法律评论》2018年第1期。

能产生的排除、限制竞争效果进行评估并调整，最大限度防止其对竞争带来的不利影响，消除区域贸易壁垒，从而推动全面深化改革。

第四，根据数字化时代平台经济新特点，修订《反垄断法》，维护公平竞争。一方面，平台经济具有虚拟性。数字经济的特殊性在于以海量多样化实时动态数据为基础，以数据生产要素为核心，通过各类算法的设计与操作，创造多元化动态的市场价值，这使数字经济活动具有隐蔽性。另一方面，平台经济具有外溢性。互联网、大数据、人工智能的迅速发展及与实体经济的深度融合使相关企业的合并、扩张具有很大外溢性，导致企业影响力远超传统企业，而传统的相关市场界定规则等难以有效应用。由此，对数字平台经济的治理已经较难在传统的反垄断框架下进行。中国《反垄断法》处在修订之中，有望于2022年出台。

（三）市场经济法治化的核心在法治政府

"更好发挥政府作用"是完善国家治理的重要方面，需要国家能力与法治政府的共同支撑。缺乏国家能力，难以推进国家治理；国家能力不受约束，则会形成对市场和社会的侵蚀。因此，要用法治政府来对国家能力进行约束和制衡，推进国家治理现代化，提升国家治理效能。

1. 法治政府是"有限政府"与"有为政府"的有机统一

一方面，政府要在法定范围内履行职能与行使权力，不得越权。其中最重要的是明确政府的权力边界。这是

"有限政府"的要求。"有限政府"表明政府不是全能的政府，不能无事不管、无孔不入、无所不能，政府的活动范围要有边界，需要科学划分政府与市场、政府与社会、政府与公民的界限，并依法确定下来；政府的权力来自法律的授予，即权自法出、职权法定；政府的活动要限定在法律的范围内，受到法律制约，不能超出法定的范围、不能不受法律的限制，否则就会损害公共利益或侵害公民的合法权益，就可能破坏市场公平竞争的秩序。另一方面，政府要积极履行职责，不得失职。这是"有为政府"的要求。"有为政府"是指政府对其职能范围内的事项，应该管住和管好，积极作为，提高效能，提供优质高效的服务，更好地满足社会公众的需求。这包括提供社会公平、正义、安全等公共品，保持宏观经济稳定，加强和优化公共服务，保障公平竞争，加强市场监管，维护市场秩序，推动可持续发展，促进共同富裕，弥补市场失灵。这些既是政府积极履职的范围，也是政府不得失职的所在。

2. 法治政府建设与转变政府职能相辅相成

政府职能是政府行政活动的灵魂，有限政府与有为政府的有机统一对转变政府职能提出了要求。"把权力关进制度的笼子，让政府在法治轨道上运行"要从政府职能转变抓起，促使政府依法做正确的事和正确做事。改革开放以来的历次机构改革中，政府职能转变都是重点。虽然取得了一定成效，但总体上看，"重微观、轻宏观""重审批、轻监管""重管理、轻服务"的问题尚未真正解决，政府与市场、政府与社会的关系还未完全理顺，"越位、缺位、错位"现象仍然存在，改革的系统集成、协同高效还需增强……总之，政府职能转变还任重而道远。因此，"政府职能转变到哪一步，法治建设就要跟进到哪一步。要发挥法治对转变政府职能的引导和规范作用，既要重视通过制定新的法律法规来固定转变政府职能已经取得的成果，引导和推动转变政府职能的下一步工作，又要重视通过修改或废止不合适的现行法律法规为转变政府职能扫除障碍"①。

3. 规范重大行政决策程序是法治政府建设的重要抓手

习近平总书记在中央全面依法治国委员会第一次会议上强调，要加强法治政府建设，健全依法决策机制②。在推进国家治理体系和治理能力现代化进程中，将行政机关的重大决策纳入规范化、法治化轨道运行，将有力加快法治政府建设进程，让全社会享受到科学民主依法决策带来的高质量社会治理和发展成果。第一，规范重大行政决策程序是加快建设法治政府的迫切需要。行政决策是行政权力运行的起点，规范行政决策行为是建设法治政府的前端，是规范行政权力的重点。第二，规范重大行政决策程序是推进科学民主依法决策的必然要求。推进行政机关科学民主依法决策，迫切需要规范重大行政决策程序，明确重大行政决策事项、主体、权限、程序和责任，着力推动重大行政决策的法治化，以科学、刚性的决策制度约束规范决策行为，努力控制决策风险，及时纠正违法不当决

---

① 《习近平关于社会主义政治建设论述摘编》，中央文献出版社2017年版，第113页。

② 《法治政府建设与责任落实督察工作规定》，人民出版社2019年版，第20页。

策，切实提高决策质量。第三，规范重大行政决策程序是维护人民群众合法权益、促进社会公平正义的重要保障。重大行政决策往往对经济社会发展有重大影响，涉及重大公共利益或者社会公众切身利益，事关改革发展稳定大局，这就要求决策机关在决策中要妥善处理各方利益诉求，坚决把维护人民群众合法权益和促进社会公平正义摆在更加重要的位置，确保决策能够得到人民群众的广泛认同和支持，确保改革发展成果能够公平惠及人民群众。

第四章

金融周期凸显创新
宏观调控新维度

创新宏观调控是一项系统工程，它要求整个宏观管理框架与新的经济范式（paradigm）相适应，并能发挥主动引领的作用。这就需要从多个视角、多个层面进行考量。本章仅从金融周期角度，探讨它对宏观调控提出的挑战，并由此出发，讨论创新宏观调控的新维度。

一　金融周期理论溯源

关于经济周期的讨论由来已久。对于金融周期或者说考虑到金融因素起作用的周期，自 20 世纪 30 年代大萧条开始引起关注。但到 20 世纪 70 年代实际经济周期（RBC）理论盛行以后，关于金融周期的讨论又逐渐式微。2008 年国际金融危机成为金融周期理论兴起的最重要的现实背景。不过，此前的日本泡沫经济、亚洲金融危机、20 世纪 90 年代末发达经济体的股票市场繁荣以及 2000 年的 IT 泡沫破灭等，似乎一下子"被记起"，也成为讨论金融周期的触发点。

第四章 金融周期凸显创新宏观调控新维度

直接以金融周期作为主题词进行研究的文献近年来开始大量出现。其中，有不少来自诸如国际清算银行、国际货币基金组织等国际机构。它们对此问题的关注凸显了金融周期理论对于理解现实经济运行的重要性。

金融周期理论溯源，较早的文献可以追溯到费雪（Fisher）在大萧条时期提出的债务—通缩理论[1]。该理论认为，过多的债务和通货紧缩会相互作用，并导致彼此螺旋式上升，从而引起经济衰退。其中，过多债务形成是由于繁荣时企业风险偏好上升以及容易举债造成信贷过度扩张。而债务清偿可能会导致通缩，通缩又致实际债务数额上升。实际债务数额上升其实是另一种形式的债务增加。过多债务和通缩就会恶性循环下去。因此，费雪认为，债务增加和资产价格下降不仅是经济衰退的结果，也是经济衰退的起因。费雪理论实际上接近了金融周期理论的核心。

但凯恩斯主义革命从总需求角度进行的分析，又将关注的重点转移到政府开支、投资者信心等问题上。在经典的 IS – LM 模型中，金融部门的复杂作用实际上是被忽略的。正如伯南克写道：RBC 与 IS – LM 模型有许多方面完全不同，但有一个共同假设，即金融市场和信用市场的各种变化不影响真实经济活动[2]。当金融市场摩擦很小时，这个假设无伤大雅。还有另一套思路，就是费雪—凯恩斯

---

[1] Fisher, I., 1933, "The Ddebt-deflation Theory of Great Depressions", *Econometrica*, 1 (4), 337–357.

[2] ［美］本·伯南克：《行动的勇气：金融风暴及其余波回忆录》，蒋宗强译，中信出版社 2016 年版。

模型，它将信用市场变动置于中心地位。信用市场条件恶化（资不抵债和破产企业急剧增加，真实债务负担加重，资产价格崩溃，银行体系危机），并不仅仅是真实经济活动下滑的简单反映，它们本身就是导致经济衰退和萧条的主要力量。

20世纪70年代"滞胀现象"的出现，凯恩斯主义备受质疑，理性预期理论兴起，以卢卡斯（Robert E. Lucas）等人为代表的实际经济周期理论成为宏观经济理论的主流。实际经济周期理论和凯恩斯理论的最大区别就是对货币是否中性的争议。实际上，在滞胀之后，几乎所有货币非中性的理论都被经济学界归纳为非主流理论。正统经济学的发展都是建立在货币中性理论的前提之下。实际经济周期理论从根本上否定了金融周期的存在。

自20世纪70年代至2008年国际金融危机之前，新古典主义几乎一统天下。具有微观基础的DSGE模型成为流行的分析工具。不过这种微观基础很难与信贷周期和金融误配置相一致。很多模型中没有金融资产，是因为考虑到：第一，在强有效市场假说下，金融资产价格反映了所有的可获得信息；第二，不存在协调失败的问题，因为具有前瞻性的理性经济人的行为与总体经济的模型是一致的；第三，由于跨期预算约束总是成立，也就不存在无力偿还的情况。缺少对金融变量的考虑恰好满足了这些模型的线性或线性化的性质，当遇到实际的或货币的冲击时，这些模型就会产生形式良好的、最终趋向于单一均衡的经济周期。所有的模型都那么精巧，但它们对于理解金融危机何以会出现以及如何演进没有任何作用。总的来说，一个成熟的金融部门很难在可用的宏观模型中找到。因为，尽管如《就业、利息和货币通论》所揭示的，金融在整个经济世界中扮演着重要角色，但宏观经济学的重点仍是劳动力与产品市场的黏性，以及在一个金融变量不存在或无关紧要的环境中政策的作用。忽视金融也和过去 20 多年宏观环境的影响有关。尽管地区性的金融危机与货币危机频发，但与金融市场相关的问题却变得没那么重要，原因在于出现了所谓的"大稳定"（great moderation）。这个前所未有的高增长、低通胀的情况，导致经济环境的改善，产出、通胀甚至资产价格的波动性下降。正如有人借用福山所提的"历史的终结"，认为经济不稳定的终结标志着（经济）历史的终结。

不过，在 RBC 及新古典经济学一统天下的格局下，仍有多方的努力，审视金融的重要作用。这里以明斯基与伯南克为代表，按照西方正统的说法，前者是非主流，后者是主流。

明斯基认为，商业银行等信用创造机构的内在特征使得其经历周期性的危机和破产浪潮，也就是说，金融繁荣时期的信贷扩张导致了其后的金融危机[1]。金融周期的三个阶段正可以用企业借款的三种形式表示：抵补性的借款、投机性的借款和庞氏借款。对于金融脆弱性，明斯基给出两种解释。一是代际遗忘，指贷款人由于距离上次经济危机已有一段时间，当前经济繁荣对贷款人的心理冲击

---

[1] Minsky, H. P., 2016, *Can "It" Happen Again?: Essays on Instability and Finance*, Routledge.

超过了其对危机的恐惧。二是贷款人由于受到竞争压力致其在借款时不够审慎。明斯基在一定程度上结合了凯恩斯和费雪的理论,他对金融不稳定性的见解类似于费雪的债务—通缩理论,而提出的政策建议与凯恩斯类似,都认为政府应当在周期中采取逆周期的政策[1]。

明斯基的理论在 2008 年国际金融危机发生之后,才被世人所关注,因为其理论很好地预见并解释了此次金融危机。但实际上,明斯基的理论与现在经济学家普遍对金融周期的认识还是有所区别。虽然他们都认为金融部门在经济周期中传播了经济波动,但明斯基认为金融因素不仅传播经济波动,并且产生经济波动。

伯南克则从主流阵营提出对金融作用的新认识。伯南克与其合作者在 20 世纪 90 年代提出的金融加速器理论实际上揭开了金融周期理论的序幕。尤其是他将金融加速器机制加入到了宏观经济学的动态一般均衡模型中,提出了 BGG 模型[2]。这一模型认为,信息不对称导致金融摩擦,金融摩擦产生金融加速器,而金融加速器影响实际产出。现在金融周期经济学家普遍认为,金融加速器是金融周期理论的核心。

金融加速器的传导机制同时作用于银行和贷款者。从

---

[1] Minsky, H. P., 1986, *Stabilizing an Unstable Economy*, McGraw-Hill Education.

[2] Bernanke, B. S., Gertler, M., and Gilchrist, S., 1999, "The Financial Accelerator in a Quantitative Business Cycle Framework", in Taylor, J. B., and Woodford, M. (eds.), *Handbook of Macroeconomics*, Elsevier Science B. V.

贷方角度看，银行在经济衰退期间会遭受更大的贷款损失，从而在放贷时变得谨慎；从借方角度看，当家庭和企业收入、财富减少之际，可抵押物价值减少，它们的信誉度就会降低。更加谨慎的银行和信誉度降低的借方意味着信贷流量更少，从而阻碍家庭采购计划和企业投资计划的实施，进而加剧衰退。在经济上行之际，金融加速器以相反的方式发挥作用。

不过，现在所谓金融周期理论主要还是基于金融对实体经济产生影响的分析。我们认为，这离形成真正成熟的金融周期理论还有距离。也就是说，还需要对金融周期（不同于一般商业周期）的很多特性进行总结并给出合理的解释，且有较好的预测性。此外，目前从经验实证角度讨论金融周期的较多（除去国外的文献，还包括国内的文献如彭文生[1]、陈雨露等[2]、伊楠和张斌[3]等），而对于金融周期的运行与作用机制还没有建立起有说服力的模型。从这些角度分析，金融周期研究还是一个新的学术增长点。

二 金融周期形成的时代背景

指出金融周期是较晚近的现象，并不意味着此前并不

---

[1] 彭文生：《从金融周期看经济走势》，《新金融》2015年第3期。

[2] 陈雨露、马勇、阮卓阳：《金融周期和金融波动如何影响经济增长与金融稳定?》，《金融研究》2016年第2期。

[3] 伊楠、张斌：《度量中国金融周期》，《国际金融研究》2016年第6期。

存在金融周期。而是说，只是自20世纪80年代金融自由化、金融全球化大发展以来，金融周期的特征才更为明显。此前是经济周期（或商业周期）占主导，而此后，则是金融周期特征似乎更强于一般商业周期。对政策当局而言，应对金融周期的挑战甚于一般商业周期。值得提出的是，金融周期还具有全球化的特征，即所谓全球金融周期：全球金融市场的关联度在提高，溢出效应在上升，从而出现全球金融市场的"联动"或"共振"。

为什么到了晚近才有金融周期？或者才"发现"金融周期，有以下四个原因。

（一）国际货币体系缺乏固定的锚，以致全球流动性难以有效控制

1944年，在美国的主导下，新的国际货币体系——布雷顿森林体系建立，各个主要国家的货币都与美元挂钩，而美元与黄金挂钩。这等于是找到了一个稳定国际货币体系与国际金融的锚。1971年，美国宣布美元与黄金脱钩，并在第二年否认了美元在国际货币体系中锚的作用。锚实现的是稳定物价的功能，进而稳定汇率和限制各国的货币政策。自布雷顿森林体系崩溃，国际货币体系进入了动荡时期。之后虽然各国均认为全球需要一个稳定国际货币体系的锚，但标的物的选择却一直未达成共识。很长时间内，全球使用的是"无体系的体系"，即牙买加体系，也就是延续美元作为储备货币的体系。但这一体系仍具有内在的"广义特里芬两难"的缺陷，即美元的不断输出可能引起债权国美国债务的不可持续，在崩溃之前，是长期的

国际账户失衡。IMF 设立的全球货币 SDR 可能在未来成为国际货币体系的锚,但现在看来还影响有限。

由于美元已经彻底与黄金"脱钩",美元的发行不再有约束,美联储可以自行决定。但货币政策的溢出效应,使得美联储宽松的货币政策不一定导致美国本身通胀率的上升,很难保证美联储不通过过度发行美元来换取低失业率等目标的达成,以美元为锚的国际货币体系自然就更倾向于宽松。

美元为锚的国际货币体系可能在两种情况下崩溃,一是其他债权国不再相信美元的内在价值,而大规模减持美元资产;二是全球流动性回流美国进而加剧美国资产泡沫并导致金融危机的发生。而 2008 年国际金融危机就证明了第二种可能性随时会成为现实。危机也进一步冲击了牙买加体系。美联储为了向经济注入流动性而实行的大规模量化宽松政策,实际上就是再次抛弃美元作为国际货币体系锚的责任,从而也导致全球流动性难以得到有效控制。全球流动性的扩张收缩成为全球金融周期的重要根源。

(二) 金融自由化的推进导致全球经济"金融化"的发展

20 世纪 80 年代以来金融自由化与金融全球化的推进,使得经济"金融化"的趋势凸显,也导致金融周期特征更强于一般商业周期特征。

一是经济全球化和金融自由化的影响下金融活动跨越国界,在全球范围内形成统一的金融市场体系。随着金融创新和金融业务的不断拓展，世界各国的经济联系日益表现为金融联系。

二是国际竞争中，金融成为重要的制高点。这是发达经济体在全球范围内重要的优势，也使得后发国家在赶超中往往要"主动"瞄准金融发展。与此同时，服务贸易推进也使得后发国家"被迫"加快金融开放。

三是大宗商品等出现类金融化的特征。比如，石油等大宗商品越来越具有金融产品的特点；一些艺人或超级巨星，其未来的收入也可以实现证券化。

从经验实证角度来看，金融及其衍生工具的发展，使得虚拟经济规模远超过实体经济规模。金融与实体经济的"脱钩"（decoupling），可以说是金融化发展的重要动向。

（三）对通胀的有效控制，致利率处在低位，从而推高资产价格

自从《新西兰储备银行法》于1990年生效并将通胀率定为货币政策目标以来，世界上主要央行都陆续将通胀率设为最重要的宏观政策目标。保持物价水平的稳定也就是保持低通胀率无疑具有透明、目标明确和稳定的优点。但同时，也可能导致失业的增加，并容易带来货币政策工具的过度波动。经济本身的波动和货币政策时滞性的存在，使得央行不得不频繁使用宏观政策来保证通胀目标的实现。政策的不确定性使得金融成本上升，可能降低潜在生产率水平。同时，这一政策要求央行具有高度独立性。随着全球化的发展，全球经济的通胀压力大大减小，因为低成本国家融入了全球经济，国际分

工减少了成本，提高了效率。在全球化中采用浮动汇率制度的央行尤其是小国央行对利率的影响仅存在于短期，长期利率很大程度上是由国际主流利率决定。在这一前提下，通胀目标制很容易导致央行采取宽松的货币政策，产生资产价格泡沫，比如新西兰就出现了住房价格的快速上升。更重要的是，过去的宏观经济理论强调实现了通胀目标，也就相当于实现了产出目标，从而将金融资产价格排除在货币政策需要考量的维度内，也是导致金融资产价格大幅攀升的原因。

（四）供给面的正向冲击使货币政策趋于宽松

金融周期因为货币信贷的宽松得以强化。而货币政策趋于宽松则与全球供给面的正向冲击相关。

一方面，从客观条件上来看，现代经济技术的发展也会促成金融周期。计算机和信息技术的发展极大降低了全球金融交易的成本和时间。全球化不仅体现在贸易上，更体现在世界各地金融中心的同步性上。无论交易标的所在地币种有何不同，巨额的交易瞬间就可以完成。交易更加便捷导致金融危机的传播速度加快，金融系统本身的波动加大进而影响全球经济，并使经济的波动也变大。

另一方面，实体经济全球化的进展，如全球的国际分工使得部分国家可以专注于其优势进行生产，而同时消费其他国家的优势产品，提高了全球的潜在生产率。信贷和资产价格的增长空间进一步提升。这同时也加大了通胀率的下行压力，使得货币政策进一步趋于宽松。

三 金融周期的特质

认识金融周期，需要把握它不同于一般商业周期的主要特征。以下是对金融周期特质的简要概括。

（一）金融周期的长度和波幅都大于经济周期

经济学家对于经济周期的研究比较深入，有大量文献讨论经济周期问题。当前主流经济学对经济周期的研究方法一般是动态随机一般均衡（DSGE）模型，即在一个一般均衡模型中加入外生冲击因素，以形成经济在短期内的波动，从而产生经济周期现象。而现实中的经济产出是由经济增长和经济周期两个因素共同构成的：经济产出有一个趋势性的潜在增长率，再加上短期内的周期性波动因素。这也是实证研究经济周期的主要思路。

从实际经济产出中找出经济周期主要有两种方法。一种是滤波方法，即采用滤波技术，将实际经济增长分离成趋势因素和周期因素。另一种是以通货膨胀率和失业率作为主要指标来直接衡量经济周期。这一方法的思路在于：经济学家一般认为，当经济处于潜在长期增速水平时，通胀率和失业率都会达到一个均衡的自然水平。所以，衡量通胀率和失业率与自然水平之间的差距就可以相应地衡量经济产出与潜在产出之间的缺口，也就是经济周期所处的阶段。在实证检验中，这两种方法所描绘出的经济周期图形是类似的。

金融周期的测量与经济周期的第一种方法类似。衡量经济周期用到的指标是产出，而衡量金融周期的指标则主要是信贷与资产价格。Drehmann 等的研究显示，用信贷与 GDP 之比以及房地产价格这两个指标来描绘金融周期最为贴切[①]。他们的研究发现，经济周期的跨度一般是 1—8 年，而金融周期则平均会跨越 16 年。自 20 世纪 70 年代初至 2011 年，美国共经历了 3 轮完整的金融周期，而经济周期则超过 6 轮。并且，金融周期的波幅要明显超过经济周期（见图 4-1）。

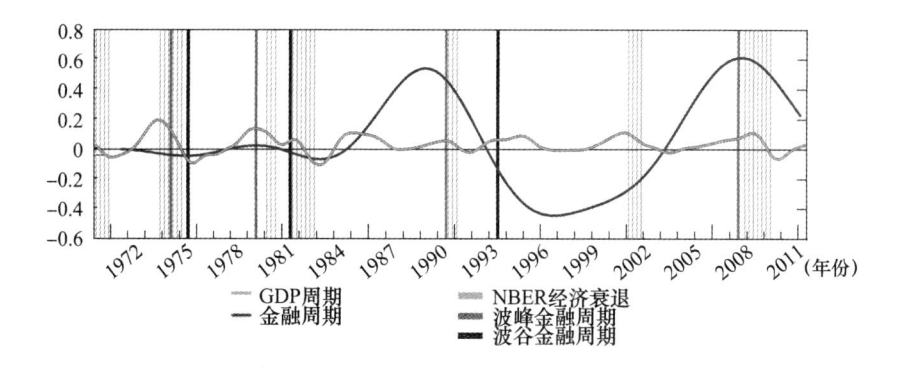

图 4-1 美国的金融周期和商业周期

资料来源：Drehmann, M., Borio, C., and Tsatsaronis, K., 2012, "Characterising the Financial Cycle: Don't Lose Sight of the Medium Term!", BIS Working Paper, No. 380。

（二）金融周期的波峰一般都会伴随金融危机

金融周期的波峰一般都会伴随金融危机（如系统性银行危机）。从美国与英国的经验可以看出，20 世纪 70 年代

[①] Drehmann, M., Borio, C., and Tsatsaronis, K., 2012, "Characterising the Financial Cycle: Don't Lose Sight of the Medium Term!", BIS Working Paper, No. 380.

以来的五次危机（美国两次、英国三次）发生时间非常靠近金融周期波峰[1]。金融周期从波峰下行的过程，就是金融收缩的过程。根据描述金融周期的两个主要变量，收缩阶段表示着信贷与 GDP 之比下降，同时房地产价格也下降。这实际上也伴随着金融部门的去杠杆过程。

与金融周期收缩阶段重合的衰退特别严重，这进一步阐明了金融周期与金融危机的相伴随。大量研究显示，在金融周期收缩阶段，如果发生经济衰退，则衰退的幅度会更大[2]。金融系统存在明显的顺周期性[3]。伴随金融收缩的衰退比没有发生金融收缩的衰退，GDP 会多下降 50%[4]。

---

[1] Drehmann, M., Borio, C., and Tsatsaronis, K., 2012, "Characterising the Financial Cycle: Don't Lose Sight of the Medium Term!", BIS Working Paper, No. 380.

[2] Drehmann, M., Borio, C., and Tsatsaronis, K. 2012, "Characterising the Financial Cycle: Don't Lose Sight of the Medium Term!", BIS Working Paper, No. 380; Borio, C., and Drehmann, M., 2009, "Assessing the Risk of Banking Crises—Revisited", BIS Quarterly Review, March; Jordà, O., Schularick, M., and Taglor, A. M., 2011, "When Credit Bites Back: Leverage, Business Cycles, and Crises", Federal Reserve Bank of San Francisco Working Paper Series 2011 - 27.

[3] Adrian, T., and Shin, H. S., 2010, "Liquidity and Leverage", *Journal of Financial Intermediation*, 19 (3), 418 - 437.

[4] Drehmann, M., Borio, C., and Tsatsaronis, K., 2012, "Characterising the Financial Cycle: Don't Lose Sight of the Medium Term!", BIS Working Paper, No. 380.

(三) 金融周期的长度、波幅与政策体制高度相关

一般认为，经济周期有其自身较为固定的周期长度和波幅，并且这些因素在长期的经济发展中保持相对稳定。而金融周期则不同，其长度和波幅并非恒定。金融体制、货币体制和实际经济体制都会影响到金融周期的性状[①]。例如，金融自由化过程降低了经济中的融资约束，会增加企业和银行的风险偏好；只盯住通货膨胀率的货币政策会忽视在金融繁荣过程中不平衡因素的积累，从而助推金融繁荣，加大金融周期的波幅；经济全球化会增加潜在经济产出、拉低通货膨胀率，从而助推信贷和资产泡沫并限制货币政策。

20世纪80年代中期是金融自由化的开始。经验研究恰好说明：在金融自由化之前，金融周期与经济周期更为同步，且波幅较小；而在金融自由化之后金融周期的长度和波幅都被拉大了。金融周期的全部样本平均长度是16年；但是对于1998年以后触顶的周期，平均长度接近20年，而1998年之前的周期，平均长度则是11年[②]。

(四) 金融周期致资源错配加剧

金融的周期性变化，不简单是实体经济周期的直接反映。金融的相对独立性，使得金融的高涨衰退，引起资源

[①] Borio, C., and Drehmann, M., 2009, "Assessing the Risk of Banking Crises—Revisited", BIS Quarterly Review, March.

[②] Drehmann, M., Borio, C., and Tsatsaronis, K., 2012, "Characterising the Financial Cycle: Don't Lose Sight of the Medium Term!", BIS Working Paper, No. 380.

配置的巨大波动，不可避免地出现资源错配，这反过来对实体经济产生负面冲击。

金融繁荣期，一般会出现信贷扩张、杠杆率上升，这是金融约束弱化的直接体现。乐观情绪加上金融约束弱化，使得大量资源配置（包括资本和劳动力）到表面繁荣但实际上却是效率低下的部门，这就形成资源错配，并在无形中拖累了生产率增速。看似强劲的经济掩盖了资源错配。当繁荣转向崩溃时，资产价格和现金流下降，债务变成主导变量，同时经济中的个体为了修复其资产负债表而削减支出。金融繁荣周期中出现的资源错配更难以扭转，太多资本集中在过度增长部门会阻碍复苏[1]。

陈雨露等通过对全球 68 个主要经济体 1981—2012 年的面板数据进行实证分析，系统考察了金融周期和金融波动对经济增长与金融稳定的影响[2]。实证结果表明，在金融高涨期和衰退期，经济增长率较低，同时容易爆发金融危机；相比之下，金融正常期的经济增长率更高，同时金融体系的稳定性也更强。

（五）全球金融周期变"三元悖论"为"二元悖论"

在全球化背景下，国际宏观经济学普遍认同所谓"不可能三角"或"三元悖论"，即资本自由流动、浮动汇率

---

[1] BIS, 2016, *86th Annual Report*, Basel.
[2] 陈雨露、马勇、阮卓阳：《金融周期和金融波动如何影响经济增长与金融稳定?》，《金融研究》2016 年第 2 期。

第四章 金融周期凸显创新宏观调控新维度

和独立的货币政策只能同时实现其中的两个。这个"三元悖论"无论是在理论中，还是实践中，均产生了根深蒂固的影响。比如，对于发展中国家，要想有独立的货币政策，同时不想汇率完全浮动，就只有进行资本管制。

不过，金融周期的出现，特别是全球金融周期的影响，使得"三元悖论"转变为两难选择，即无论是否采取浮动汇率制度，都只有在资本账户管制的情况下，才能实现独立的货币政策[①]。这里的一个重要原因是引入了全球避险情绪的一致性波动。

在金融全球化背景下，各国金融市场联系愈加紧密，各类信息在全球市场上迅速传播。主要经济体金融市场（特别是美国等发达国家）的波动或恐慌有可能瞬间传遍全球市场，引起全球性避险情绪的一致性波动。全球避险情绪[②]会影响金融资产的风险溢价，从而有可能改变资本跨境流动的方向。正是由于全球避险情绪导致全球风险溢价的同步变化，阻碍了利差对汇率的调节作用，从而影响浮动汇率国家货币政策的独立性。特别是，当避险情绪较强时，货币政策甚至可能完全失效，即不论采用何种汇率制度，资本自由流动和货币政策独立性都不可兼得，这时就表现出了"二元悖论"的规律特征。

[①] Rey, H., 2015, "Dilemma not Trilemma: The Global Financial Cycle and Monetary Policy Independence", NBER Working Paper, No. 21162.

[②] 一般用 VIX 指数（CBOT Volatility Index）来测度。该指数由芝加哥期权交易所于 1993 年推出，根据标准普尔 500 指数期权隐含波动率加权平均后计算得到。

从"三元悖论"转变为"二元悖论"反映出金融周期的巨大影响。在资本自由流动的前提下，即使采用浮动汇率制度的国家仍然受到全球金融周期的影响，中心国家（如美国）的货币环境、国际金融体系内的资本流动和杠杆率等都影响着全球金融周期。资本的流动遵循全球金融周期的规律，采取浮动的货币政策也不能使该经济体从全球金融周期中抽离并使货币政策有效。

这也导致一个新结论的出现：就是在全球资本流动情况下，无论是固定汇率，还是浮动汇率，最终都会受到中心国家（如美国）的货币政策的影响，使得全球经济金融出现共振。

四　金融周期对传统宏观政策的挑战

由于金融周期与经济周期相互重叠、相互作用，而传统宏观调控政策更多关注的是经济增长、通货膨胀等实际经济指标，对于资产价格和信贷水平等金融因素考虑较少，从而，金融周期不可避免地对传统宏观政策带来挑战。

（一）金融繁荣期的宏观政策

在金融繁荣时期，如果忽视金融周期，只盯住通胀和经济增长，则很容易在金融周期的扩张期采用宽松的政策推波助澜。如果通胀水平保持在低位，即使信贷和资产价格上升，政策制定者也很难就此紧缩。而持续宽松的政策会让之后的金融崩溃更为猛烈。

在货币政策方面，由于传统货币政策过于看重通胀率，容易造成更为宽松的货币环境,因此央行应该采取"精细化选择"(lean option),即在传统产出缺口估算的基础上再根据金融周期做出调整,将政策利率提高到传统泰勒规则所要求的水平之上。这要求货币政策的时间维度增加,并更加重视未来经济展望中的风险平衡,将金融扩张期正在积累的金融脆弱性全盘纳入考虑范围。现实中已经有一些中央银行开始采用这种"精细化选择"的货币政策,如加拿大银行[1]。

在财政政策方面,随着信贷和资产价格的上升,经济增速被抬高,相应的财政收入也被抬高[2]。由此,政府的财政账户被高估,政府债务与GDP的比例也不高,财政还可能会出现盈余[3]。但这些表面现象掩盖了实际中积累的金融脆弱性,当金融繁荣转向金融崩溃时,被掩盖的政府债务问题就会浮出水面,出现主权债务危机。2011年出现的欧洲国家主权债务危机就是这一过程的体现。

(二)金融衰退期的宏观政策

在金融衰退时期,也存在类似的问题。由于在资产负

---

[1] Borio, C., 2011, "Central Banking Post-crisis: What Compass for Uncharted Waters?", BIS Working Paper, No. 353.

[2] Bénétrix, A., and Lane, P. R., 2017, "Financial Cycles and Fiscal Cycles", in Ódor, L. (ed.), *Rethinking Fiscal Policy after the Crisis*, Cambridge University Press.

[3] Price, R., and Dang, T., 2011, "Adjusting Fiscal Balances for Asset Price Cycles", OECD Economic Department Working Papers, No. 868.

债表衰退的过程中企业会主动去杠杆，宽松的财政政策和货币政策并不会拉升企业投资，政策效果也就会受到影响。Bech 等检验了 1960 年以来发达国家所发生的 73 次经济衰退，发现在金融危机发生时，宽松的货币政策与危机之后经济复苏的关系并不显著，而这一关系在没有发生金融危机时是显著的[①]。

在货币政策方面，传统宽松的货币政策意在通过利率水平刺激企业融资，从而达到刺激整体经济的目的。但如果是在发生资产负债表衰退的时期，个人和企业都旨在债务最小化目标，已经负债累累的经济体很难再对利率高低抱有兴趣。再低的利率也无法产生对总需求的刺激，而利率本身又面临着零利率下限的约束。这种情况类似于凯恩斯所谓的"流动性陷阱"，即当利率处于较低水平的时候，降息很难再刺激总产出。这时利率政策和央行资产负债表政策（如 QE 和欧洲的 LTRO）都很难再起作用。并且长期超宽松的货币政策还会对经济带来负面影响，如掩盖资产负债表的脆弱性、延缓金融部门去杠杆的速度、降低金融中介机构的盈利能力，以及扰乱市场本身的信号传导机制等。但衰退时期本身的应对手段也很有限，以修复企业和金融机构资产负债表为目标才能解决问题[②]。

在财政政策方面，传统财政政策理论认为政府减税和

---

① Bech, M. L., Gambacorta, L., and Kharroubi, E., 2012, "Monetary Policy in a Downturn: Are Financial Crises Special?", BIS Working Papers, No. 388.

② Koo, R. C., 2008, *The Holy Grail of Macroeconomics: Lessons from Japan's Great Recession*, John Wiley & Sons.

增加支出会向经济中直接注入需求，而这部分需求又构成另一部分人的收入，通过一个边际收入系数再次注入需求，这个过程循环下去形成了财政政策乘数。一些传统经济学家认为，企业的边际支出倾向很高[①]，这是财政政策起作用的必要条件。但在一个资产负债表收缩的环境中，所有经济体的边际支出倾向都很小。如果企业和个人处于过度负债的状态，他们获得收入后最优先的选择是偿还负债，而不是额外增加支出，甚至可能会出现边际消费倾向为零的极端情况。一些实证研究也说明，在金融衰退过程中，财政政策的效果比正常经济衰退中的表现要差[②]。

一个可行的解决思路是对资产负债表进行快速修复，这需要确认坏账损失、资产重组，以及临时的国有化。通过向坏账部门注入公共资金，可以修复和加强私人部门的资产负债表，使经济走出资产负债表衰退的过程[③]。北欧国家在20世纪90年代陷入金融衰退时已经采用了与之类似的财政解决方案，并取得了良好效果；与之相对应的日本同样是在90年代陷入金融衰退，因缺乏资产负债表修复的解决方案，长期未走出低迷。

[①] Eggertsson, G. B., and Krugman, P., 2012, "Debt, Deleveraging, and the Liquidity Trap: A Fisher-Minsky-Koo Approach", *The Quarterly Journal of Economics*, 127 (3), 1469–1513.

[②] IMF, 2010, "Navigating the Fiscal Challenges Ahead", FMOEA 2010001.

[③] Leigh, D., et al., 2012, "Dealing with Household Debt", IMF World Economic Outlook.

(三) 宏观审慎政策

建立宏观审慎体系实际上就是建立一个逆周期系统。需要在繁荣时期采取逆周期的政策来建立缓冲，以便在衰退期，也就是金融系统面临压力的时候，可以利用准备好的缓冲提高金融的抵抗能力。可以利用的工具有：资本和流动性标准、准备金、担保和保证金。如果一个国家没能成功建立宏观审慎体系，没能在繁荣期建立缓冲，那么就要面对可能出现的金融机构的"资产负债表衰退"。事实上，在2008年国际金融危机之前，对于宏观审慎政策还未引起足够重视，这也可以看作是传统宏观经济政策的一个重要缺失。

综上，金融周期对宏观政策的挑战可以概括为：在繁荣时，宏观政策忽视了资产价格，导致泡沫放大，金融崩溃更猛烈；而在衰退时，宽松政策又起不了多大作用（鉴于金融加速器的反向作用，以及资产负债表衰退等）。为防止金融繁荣与衰退带来的巨大冲击，需要宏观审慎政策来建立逆周期的缓冲，但这一点至少在2008年国际金融危机前是受到忽视的。

五　金融周期凸显宏观调控新维度

比起经济周期（或商业周期），我们对金融周期的认识还需要不断深化。这里有几个方面值得注意：第一，从时间跨度上来看，金融周期的研究样本基本上是从20世纪70年代初至今，时间长度也不过40多年，因此所经历的金融周期也屈指可数。这一点与一般经济周期的研究还不可比。

第二，周期，本质上是一种人为建构。从什么时点、依据什么样的指标来界定周期存在一定的主观性，特别是囿于当时所处的情境（比如正处在金融危机之中）。如果经历较长的时段，并且走出了金融危机，可能对于金融周期的认识会更加客观，也会更加深刻。第三，谈金融周期，当然是要把金融作为最重要的影响因子。但实际上，周期的影响因素非常复杂，如科技、环境生态等，也是影响周期的重要因素，从大量文献来看，这些因素至少也可以与金融因素等量齐观。也就是说，如果我们并不把金融视为影响周期的唯一重要因子，或将有利于对金融周期获得更加全面的认识。第四，目前对于金融周期的研究以经验实证为主，还没有很好的理论建模出现。

尽管如此，金融周期还是为认识现实经济运行与政策反应框架打开了一扇新窗户，使我们得以重新审视传统宏观政策的不足，并为创新宏观调控提供了新的维度。

（一）运用金融周期方法衡量潜在增长率

金融周期理论对估算潜在产出提供了新思路。原来的潜在产出，基本上是指非通胀性产出（non-inflationary output）[1]，典型的就是由不同版本的菲利普斯曲线所确定的潜在产出。不过，事实证明，由于金融失衡的积累和它们掩盖的实体经济扭曲，结果是通胀仍保持稳定，而产出却不可持续，如出现金融动荡或危机。这表明，将非通胀性

---

[1] Okun, A., 1962, "Potential GNP, Its Measurement and Significance", Cowles Foundation, Yale University.

产出作为潜在产出是有问题的，应该代之以可持续性的产出。这个可持续性主要是就金融角度而言。因此，可以有一个经金融周期调整的产出，作为新的参考。目前估算潜在产出主要两种方法，一种是 HP 滤波法，另一种是生产函数法。这里将提出第三种方法，即金融周期方法，就是经信贷与房地产价格调整的 HP 滤波法。Borio 等研究发现，在 21 世纪头十年，经信贷调整后的产出缺口所反映的产出显著高于另外两种方法估算的潜在产出[①]。相比之下，20 世纪 80 年代中期以前，对美国潜在产出的不同估计结果非常接近，这是和当时温和得多的金融周期是一致的。这表明，如果考虑到金融周期的影响，能够发现 21 世纪头十年的美国经济实际上是过热了，从而难以持续，需要通过宏观政策来进行调整。

对潜在产出的衡量由非通胀性产出代之以金融周期方法估算的可持续性产出，是政策当局对宏观调控目标认识的深化。尽管还很难将后者——经金融周期调整的可持续性产出——作为政策决策的通行基准（就如很难用绿色 GDP 替代一般 GDP 那样），但作为一个参考性指标纳入政策当局的视野，显然是非常有必要的。

（二）宏观政策不能"短视"，而应着眼于中长期

宏观政策在凯恩斯经济学那里基本上是熨平短期波动

---

① Borio, C., Disyatat, P., and Juselius, M., 2013, "Rethinking Potential Output: Embedding Information from the Financial Cycle", BIS Working Papers, No. 404.

的稳定化工具。因此，宏观政策只关注短期似乎是天经地义的。但由于金融周期普遍长于经济周期，如果只关注经济周期，而不关注金融周期的话，政策制定者可能会变得非常"短视"，把中期问题看成短期问题，从而造成严重的金融危机。

金融周期放缓了经济时间，拉长了相关经济现象发展的时间。金融脆弱性的形成要用很长时间，它们在经济组织中产生的伤害也要用很长时间才能愈合。但是政策制定者的眼光似乎还没有相应调整。如果有什么调整，它也消弭于应对市场频繁发生的异常行为之中。这一状况可能是经济动荡的主要来源。市场参与者和政策制定者的短视对金融危机难辞其咎。

股票市场往往是宏观经济管理者的一个重要观察变量。但金融周期理论揭示出，股票价格更多的是由相对高频的波动因素所构成，或者说受短期因素的影响较大。因此，盯住股市的宏观经济政策会产生偏差。如果经济衰退伴随着股市崩盘，政策制定者很容易出台一些宽松性的宏观调控政策。但股市崩盘并不意味着金融危机以及伴随其后的金融收缩，金融周期（如以信贷和房地产来衡量）很有可能继续处在扩张过程之中。而此时宽松的货币和财政政策无疑会让金融扩张过程火上浇油，使其后发生的金融崩溃更加严重。

以美国为例，它在 1987 年和 2001 年都发生过股市的见顶下跌。如果从金融周期的视角来看，这两个时间都不是金融周期的波峰。房地产价格直到 1989 年和 2006 年才见顶下跌，信贷与 GDP 之比则要晚到 1991 年和

2009年才见顶下跌。但美联储可能过多受到股市崩盘的影响，在金融周期还处于扩张的阶段，即开始了宽松的货币政策，由此造成金融与经济更大的脱节。而这两次情况的不同之处在于：由于1987—1990年美国正在经历较高的通货膨胀时期，货币政策的宽松幅度相对较小，因此并没有造成太大麻烦；而2001年之后，美国的通胀率处于较低水平，货币政策的宽松力度更强，从而首先拉长了金融扩张期的时间，也造成了更为严重的国际金融危机。

这就意味着，宏观政策要看得长远一些，不要急于控制短期衰退①，继续吹大泡沫（如信贷与房地产），从而导致更大的衰退，如2008年国际金融危机。

（三）全球金融周期制约了开放条件下的政策选择

金融周期理论强调，原来流行的"三元悖论"会因为全球避险情绪的一致性波动而可能变为"二元悖论"：即无论是固定汇率，还是浮动汇率，在资本自由流动的情况下，货币政策的独立性都是难以实现的。事实上，这种情况下，中心大国的货币政策在执行着全球货币政策，因为其他国家都会受中心大国货币政策的影响。正因为如此，有两点值得政策当局关注：一是适度的资本管制仍是有必要的。"二元悖论"强调无论什么样的汇率制度都不可能保证货币政策的独立性，其前提是资本的

---

① 政策当局可能会为季度、月度甚至每日的数据波动而困扰，从而频频出台（刺激）政策。

自由流动。那么,有限的资本管制,从某种程度上看还是有利于增强本国货币政策的独立性的。二是加强国际政策的沟通协调。影响全球金融周期的主要因子是中心国家的货币政策,因此,这个中心大国货币政策的溢出效应就非常显著。就外围国家而言,要防止全球金融周期不利的外部溢出效应,就需要中心国家的政策自律,或对其货币政策进行监督、约束。这也意味着宏观政策需要更多地在国际层面上进行沟通和协调。

(四) 金融周期理论凸显金融服务实体经济的重要性

金融周期往往体现为金融资产价格的涨落,信贷的扩张收缩,杠杆率的上升下降。就政策当局而言,不是要阻止金融周期的出现(事实上也做不到),而是要尽量减弱金融周期的负面影响,充分发挥金融周期的积极作用。换句话说,要做到金融真正是服务于实体经济。这就需要政策当局能够识别所谓的好繁荣与坏繁荣,从而加以区别对待。

那么,繁荣的好坏如何区分呢?所谓好繁荣,就是信贷扩张、杠杆率上升以及资产价格上涨是由实体经济的正向生产率冲击所带来。而坏繁荣,则是指金融繁荣并没有一个劳动生产率的较大程度提高所支撑;相反,只是为一些事件或消息,甚至只是政府的乐观预言所支撑。在金融繁荣期,要识别哪些是真的因为生产率提高、竞争力增强,所以才会有更高的杠杆率和获得更多资源,而哪些只是浑水摸鱼,因为乐观预期所带来的金融约束弱化,是非常困难的。这也是为什么,金融周期理论认为金融的繁荣与崩溃往往会加剧资源的错配。

但这并不意味着政策当局可以无视金融的涨跌而只管收拾烂摊子（如格林斯潘所坚持的），而是应有所作为。一是在繁荣期，在金融高涨阶段，对于金融约束的弱化，要实施逆周期的审慎监管，抑制低效率企业杠杆率的过度上升。二是在衰退期，在去杠杆阶段，也要针对异质性企业采取不同的措施。特别是对效率高的企业，可以适度允许加杠杆，而对效率低的企业，坚决去杠杆。这样，才能使有限的社会资源配置到真正能够提升社会效率的地方。金融服务实体经济这句话才能落到实处。

第五章

中国特色预期管理

在凯恩斯创立的宏观经济学中，预期一直占有非常重要的地位（典型的如选美理论、动物精神等都涉及预期）；但只是到了理性预期阶段，预期对宏观经济与政策的"革命性"影响才凸显出来。实际经济周期理论对"时间不一致性"的强调以及发达经济体的反通胀实践，则令政策当局充分意识到预期管理的重要性。2008年国际金融危机爆发以来发达经济体的量化宽松政策以及前瞻性指引，较为成功地在宏观调控中融入预期管理，为摆脱危机起到了重要作用，预期管理的理论与实践均有了进一步的发展。

就中国而言，自20世纪80年代以来应对通胀中的预期管理，到近年来区间管理实践以及政策当局加强与市场沟通和尝试引入前瞻性指引，中国特色的预期管理在探索中不断前进。政策当局强调"风险应对要走在市场曲线前面"，为新时期的预期管理提出了新要求。

强化预期管理是新时代创新和完善中国特色宏观调控的重要维度，也是提高经济治理能力的重要内容。面临国内外形势的不断变化、经济不确定性增加以及应对"黑天鹅""灰犀牛"事件，加强宏观调控预期管理迫在眉睫。

一 文献综述

预期是指经济人为追求个人利益最大化,对与经济决策有关的不确定因素进行预测。目前,预期管理在各经济体宏观经济管理框架中发挥着越来越重要的作用,也反映出宏观经济理论的变迁。

(一) 理性预期与传统预期管理

预期管理概念最早蕴含在菲利普斯曲线模型中。1958年,菲利普斯依据英国1861—1957年失业率和货币工资变动率的统计数据,得出失业率越高货币工资变动率越低的"失业—工资"菲利普斯曲线。萨缪尔森和索洛以通货膨胀率代替了原菲利普斯曲线中的货币工资变化率,得出了通货膨胀率和失业率之间存在替代关系的"失业—物价"菲利普斯曲线,认为政府可用较高的通货膨胀率来换取较低的失业率。弗里德曼和费尔普斯提出附加预期(适应性预期)的菲利普斯曲线,把菲利普斯曲线分为短期和长期两种,从长期来看,通货膨胀率和失业率之间并不存在替代关系[1]。

适应性预期就是运用某经济变量的过去记录去预测未来,反复检验和修订,使预期逐渐符合客观的过程。相对于适应性预期,理性预期是指人们预先充分掌握了一切可以利用的信息做出的预期。理性预期假设是查尔斯·C. 霍

---

[1] [美]格里高利·曼昆:《经济学原理:宏观经济学分册》,梁小民、梁砾译,北京大学出版社2015年版,第303—318页。

尔特、弗兰科·莫迪利安尼、约翰·穆斯及赫伯特·西蒙进行微观经济分析的副产品。他们试图解释，为什么很多人似乎并不按照新古典经济学假设他们所遵循的方式来使其行为最大化。约翰·穆斯于1961年在其论文中运用理性来表示"动态的"个人最优性，只要经济体中的私人参与者最为理想地适应了可利用的信息，他们将总在最佳的调整路径上[①]。

20世纪70年代中期，理性预期首先出现在宏观经济学视野中并流行开来，以卢卡斯、萨金特和华莱士等为代表。假定人们具有理性预期，那么长期中发生的任何事情短期中也将会发生，故而货币政策与财政政策的有效性取决于错误的预期。理性预期学派的理论和政策建立在合理预期的基础上，认为人们可以掌握信息，预测经济变化，做出明智选择，使政府政策措施落后于人们的预期而失效；主张取消政府对经济干预，社会经济应由其自身进行调节。1990年以前，欧美国家制定传统预期管理政策是不公开不透明的，公众较难猜出政府的政策变化和政策走向。

理性预期革命后，凯恩斯经济理论吸收理性预期的概念形成新凯恩斯主义经济理论。该理论中的菲利普斯曲线模型使用理性预期概念，且均有黏性行为，认为菲利普斯曲线从短期向长期的变化是缓慢的，在一个时期内，通货膨胀率和失业率之间存在替代关系。

新凯恩斯经济理论的核心思想之一是，政府能通过政

[①] 转引自［美］哈里·兰德雷斯、［美］大卫·C. 柯南德尔《经济思想史》，周文译，人民邮电出版社2011年版，第440—441页。

策影响实际经济,即政策有效论。采用政策来影响经济,是传统预期管理方法。传统预期管理方法是工具变量法,即政府通过操作政策工具变量来影响预期、应对不确定性,可以运用相机抉择。

(二) 现代预期管理

20世纪90年代以后,西方国家从传统预期管理向现代预期管理过渡。推动现代预期管理的力量既包括理论发展,也包括政策实践,且越来越显出其政策实践领先的特征。

1. 预期管理的重要性

基于时间不一致的概念,通货膨胀目标制在20世纪90年代兴起,助推了通胀预期变量在货币政策反应方程中的重要地位,类似泰勒规则的主流政策利率规则模型将预期变量纳入其中。伴随通货膨胀目标制的实行,央行不断提高其货币政策的公开性与透明度。而央行货币政策的公开性和透明度提高,使央行置于公众的监督之下,促进公众做出理性预期,将有利于提高央行的声誉和其货币政策的可信性,以及稳定经济环境。

近20年,作为货币政策的重要内容,且由于预期在金融危机爆发和扩散中的关键地位,预期管理愈发受到各界关注。Woodford明确预期管理对货币政策的有效性起到重要的作用[1],Eggertsson和Woodford则进一步指出任何时

---

[1] Woodford, M., 2001, "Monetary Policy in the Information Economy", Proceedings—Economic Policy Symposium—Jackson Hole, Federal Reserve Bank of Kansas City, pp. 297–370.

候预期管理均是货币政策成功的关键,并认为中央银行应将同等重视预期管理与常规利率调整[①]。预期在通货膨胀决定和货币政策向宏观经济的传导过程中起关键作用,且货币政策能够影响公众预期[②]。

预期管理不同于通货膨胀目标制,预期管理的目标可以根据央行的预期而变[③]。2008年国际金融危机爆发后,预期管理放弃了固守通货膨胀目标制的思想。Morris和Shin指出,"相对于央行的直接工具变量控制,如控制隔夜利率,央行传递信息更为重要",经济人形成预期时会依赖公共信息[④]。

2. 公众与政府的预期协调

预期存在异质性,依据准确性差异可分为专家预期和居民预期。其中,政府专家、学术专家、企业专家会出现不一致,从而导致居民学习上的左右为难。此外,还需要考虑高阶预期,即其他人预期的预期。Woodford研究表明,因高阶预期的影响和理性疏忽思想中关于经济人仅使

[①] Eggertsson, G. B., and Woodford, W., 2003, "The Zero Bound on Interest Rates and Optimal Monetary Policy", *Brookings Papers on Economic Activity*, 1, 139–211.

[②] Mishkin, F. S., 2011, "Monetary Policy Strategy: Lessons from the Crisis", NBER Working Paper, No. 16755.

[③] Woodford, M., 2005, "Bank Communication and Policy Effectiveness", Proceedings—Economic Pdicy Symposium—Jackson Hole, Federal Reserve Bank of Kansas City, pp. 399–474.

[④] Morris, S., and Shin, H. S., 2008, "Coordinating Expectations in Monetary Policy", in Touffut, J. (ed.), *Central Banks as Economic Institutions*, Edward Elgar Publishing.

用部分信息作决策和预期的影响,政策作用具有延续性和滞后性①。因此,政府信息必须是透明的、公开的、清晰的,政府还应是可信的和权威的。

中央银行沟通在过去几十年不断发展。霍姆斯在《语控经济:中央银行的沟通规则》一书中,从人类学的角度研究央行沟通对未来情绪的影响,重点放在语言表达方面的技术问题,认为在短期预期和未来敏感性之间的桥梁是通过语控经济的技术模型用语言搭建起来的,市场的功能需要语言来实现,让经济成为沟通领域并由沟通领域创造、再造和恢复的②。那需要沟通什么、如何沟通才能发挥其重要意义?

Woodford认为,央行可与公众进行四个方面的交流:一是对经济现状的解释,包括央行对未来形势的看法;二是央行现在的政策决策内容;三是介绍央行指导政策决策的战略;四是未来政策展望③。Ehrmann和Fratzscher将央行沟通分为研究内容、时间和一致性三个维度,成功的央行沟通需要央行展示其可信度,即曾经实施的公众沟通与随后实行的货币政策路径一致程度较高,会提高央行在未

---

① Woodford, M., 2001, "Imperfect Common Knowledge and the Effects of Monetary Policy", NBER Working Paper, No. 8673.

② [美]道格拉斯·R.霍姆斯:《语控经济:中央银行的沟通规则》,张成思译,东北财经大学出版社2016年版。

③ Woodford, M., 2005, "Bank Communication and Policy Effectiveness", Proceedings—Economic Pdicy Symposium—Jackson Hole, Federal Reserve Bank of Kansas City, pp. 399–474.

来沟通的效力①。

3. 广义预期管理

从广义上理解，预期管理即通过低成本甚至无成本撬动政策效应杠杆，以期实现政策目标。法律体系和机制设计对预期引导具有强制性效果，有助于引导预期。特殊时期振奋人心的承诺还塑造着人民的期望和信仰，给予公众情绪以精神力量。

事实上，强化预期管理就是要尽量减少不确定性。机制设计、制度安排、法律体系均属于广义预期管理。中长期规划、百年奋斗目标很大程度上也属于广义预期管理。因为它们都有助于公众对经济社会运行有一个相对确定的判断，形成较为稳定的预期。

4. 预期管理在中国

从中国的预期管理理论发展上看，国内经济学界对于预期管理的讨论多集中在政策对策方面，实践走在理论前面。政府通过制定并公告经济目标等行为，引导社会和市场预期。

从狭义上看，预期理论和预期管理理论在20世纪90年代逐渐获中国经济学界肯定。20世纪90年代初，中国黏性预期理论提出过预期陷阱概念，用以解释中国在1991年遇到的流动陷阱问题，也提出过如政策策略和协调预期等内容②。

---

① Ehrmann, M., and Fratzscher, M., 2005, "Different Strategies, Same Effectiveness?", ECB Working Paper, No. 488.

② 李拉亚：《预期管理理论模式述评》，《经济学动态》2011年第7期。

近十余年来，在总结西方国家中央银行预期管理理论和实践的基础上，肖曼君和周平[①]、徐亚平[②]、卞志村和张义[③]、胡资骏[④]、郭豫媚等[⑤]、王宇伟等[⑥]就央行信息披露效果、公众学习与预期形成机制等问题进行实证分析。研究发现，央行信息披露虽然存在滞后性，但可以引导居民预期，尤其是短期影响更大，而信息沟通需要被公众吸收才能发挥有效的引导效应，当前央行在引导预期方面存在一定的不足。

2007年中国政府把稳定预期作为治理通货膨胀的政策方针之一以来，预期管理已成为宏观经济政策的核心问题。2016年中央经济工作会议明确提出2017年经济工作要加强预期引导，2019年中国人民银行工作会议也提出加强市场预期引导。相较于西方国家，中国预期管理的应用范围更广泛，运用于经济新常态、系统性风险管理、房地产调控、汇率管理、货币政策操作、供给侧结构性改革等

---

① 肖曼君、周平：《央行信息披露对通货膨胀预期及其偏差的影响——基于人民银行的信息披露指数分析》，《财经理论与实践》2009年第5期。

② 徐亚平：《公众学习、预期引导与货币政策的有效性》，《金融研究》2009年第1期。

③ 卞志村、张义：《央行信息披露、实际干预与通胀预期管理》，《经济研究》2012年第12期。

④ 胡资骏：《信息沟通与央行预期管理：基于公众关注度视角》，《金融理论与实践》2016年第10期。

⑤ 郭豫媚、陈伟泽、陈彦斌：《中国货币政策有效性下降与预期管理研究》，《经济研究》2016年第1期。

⑥ 王宇伟、周耿、吴曈、范从来：《央行的言辞沟通、实际行动与企业投资行为》，《中国工业经济》2019年第5期。

宏观经济层面。同时，通过类似加强金融消费者教育、加强立法工作、完善信息披露、开发预期管理金融工具，可以提前干预经济人预期。

二 预期管理理论与发达经济体的实践

预期管理的思想可追溯到20世纪50年代附加预期的菲利普斯曲线模型，但直到21世纪初，"预期管理"才首次出现在经济学文献之中①。

"理性预期"的基本理念是：只有政策的意外变化（surprise）才会真正起作用。这也导致传统的预期管理政策往往是不公开、不透明的，有时甚至是"出其不意"，从而导致经济的过度反应和经济环境的不稳定。20世纪90年代以来，西方国家政策制定转向公开透明，政策目标转向稳定单一，政策规则与路径越来越可预知，预期管理从传统走向现代。传统预期管理方法是工具变量法，即政府通过操作政策工具变量来影响预期以应对不确定性，可以运用相机抉择。现代预期管理则是通过重塑预期来影响预期变动，即通过提高经济人信息完备性来消除预期的黏性和突变性，增加预期的理性。

（一）预期管理理论的进展

在凯恩斯《就业、利息和货币通论》中，预期即占有

---

① Woodford, M., 2001, "Imperfect Common Knowledge and the Effects of Monetary Policy", NBER Working Paper, No. 8673.

非常重要的地位，比如著名的选美理论以及关于长期预期状态的讨论。但早期凯恩斯主义理论并没有认真对待预期问题，只是到了理性预期阶段，预期对宏观经济理论和政策的"革命性"影响才凸显出来。

1. 时间不一致性与通胀目标制

Kydland和Prescott提出时间不一致概念，认为央行可能会违背原来制定的最优计划，导致货币政策的时间不一致性或动态不一致性问题[1]。Barro和Gordon进一步把理性预期引入时间不一致概念中，提出货币时间不一致[2]。他们认为，如果央行制定了一个能导致较低通货膨胀率的货币计划，但由于时间不一致性，央行可能违背原定计划，向市场注入更多的流动性，以刺激产出增长。但是，只要公众拥有理性预期，央行的如意算盘就会不灵。公众会预期到一个比原定计划更高的通货膨胀率，这将导致央行通货膨胀政策无效，即通货膨胀政策只能导致通货膨胀提高，不能导致产出提高。时间不一致性，特别是货币时间不一致性，导致了两个重要变革。一是提高了央行的独立性，防止央行受上级政府的影响，去实行原定计划外的目标。二是催生了通货膨胀目标制。自20世纪90年代起，发达国家包括不少发展中国家均实行了通货膨胀目标制。实行通胀目标制，要求货币政策的

---

[1] Kydland, F. E., and Prescott, E. C., 1977, "Rules Rather than Discretion: The Inconsistency of Optimal Plans", *Journal of Political Economy*, 85 (3), 473–491.

[2] Barro, R. J., and Gordon, D. B., 1983, "Rules, Discretion and Reputation in a Model of Monetary Policy", NBER Working Paper, No. 1079.

主要目标是长期价格稳定,其他目标必须与通货膨胀目标相一致,即现行政策的制定和施行将以未来的通胀水平为目标。理论上,既然货币政策在长期内不能增加产出和提高就业,将控制通货膨胀作为货币政策的唯一目标是合理的。

2. "流动性陷阱"或危机状态下的预期管理

Krugman 等在对日本 20 世纪 90 年代"流动性陷阱"的相关研究中提出,可以通过承诺永久的扩张性货币政策创造通胀预期,对公众预期进行引导,进而实现利率下降促使经济体走出通缩困境,破解"流动性陷阱"下货币政策无效的难题[1]。Eggertsson 和 Woodford 在探讨日本量化宽松政策时也指出,治理通货紧缩的关键是预期管理。他们认为,任何时候预期管理均是货币政策成功的关键,并指出中央银行应将同等重视预期管理与常规利率调整[2]。Eggertsson 运用预期管理理论重新解释了 1929 年危机,强调走出危机的关键是成功的预期管理[3]。Cooper 和 Willis 则分析了金融危机中预期的相互影响作用,指出政府应尽全力阻止信心崩溃[4]。

---

[1] Krugman, P. R., Dominquez, K. M., and Rogoff, K., 1998, "It's Baaack: Japan's Slump and the Return of the Liquidity Trap", *Brookings Papers on Economic Activity*, 2, 137 – 205.

[2] Eggertsson, G. B., and Woodford, M., 2003, "The Zero Bound on Interest Rates and Optimal Monetary Policy", *Brookings Papers on Economic Activity*, 1, 139 – 211.

[3] Eggertsson, G. B., 2008, "Great Expectations and the End of the Depression", *The American Economic Review*, 98 (4), 1476 – 1516.

[4] Cooper, R. W., and Willis, J. L., 2010, "Coordination of Expectations in the Recent Crisis: Private Actions and Policy Responses", *Economic Review*, 95 (Q1), 5 – 39.

3. 预期协调

预期的异质性是指不同的人所作的预期是不同的。预期管理过程中涉及双方的互动学习行为，要求政府针对不同人群的预期需要做出不同的协调，筛选出重要信息增加预期的理性。政府和公众由信息交流与沟通而形成的博弈行为，是预期管理研究的一个课题，政府需重视公众的博弈行为选择。公众学习信息以更新预期、调整经济行为，从而影响经济运行。同时央行在制定政策中也应当充分考虑自身政策与经济运行现状对公众预期的影响，了解公众行为以制定最优的沟通策略及货币政策。Morris 和 Shin 认为，经济人做决策时，要考虑他人的预期，即要考虑预期的预期或高阶预期；经济人会更依靠公共信息，即提高公共信息的权重。如果公共信息的准确性不如私人信息的准确性，则增加政策或信息的公开性和透明度会降低经济人决策的质量[1]。Morris 和 Shin 提出政府在协调预期时应起领头羊作用。如果每个经济人都用政府的预期作为自己的预期，就不用再考虑别人的预期了，这样便解决了公众之间以及公众和政府之间预期协调的问题[2]。

4. 央行沟通

过去几十年，中央银行沟通（广义上的沟通，包括单向的信息披露）已成为货币政策日益重要的一项内容，有

---

[1] Morris, S., and Shin, H. S., 2002, "Social Value of Public Information", *The American Economic Review*, 92 (5), 1521 – 1534.

[2] Morris, S., and Shin, H. S., 2008, "Coordinating Expectations in Monetary Policy", in Touffut, J. (ed.), *Central Banks as Economic Institutions*, Edward Elgar Publishing.

效沟通有助于公众对货币政策的理解,强化央行信誉。沟通往往与货币政策透明度、可靠性、有效性相关,透明度提高可增强公众对货币政策的可预见性、理解程度,有助于引导金融市场参与主体的行为。特别是存在经济冲击的特殊时期,更应该做到沟通清晰,让公众了解新形势,对非常规政策给予理解和宽容。Blinder 等定义央行沟通为央行向公众提供一些重要议题的相关信息,内容涵盖"货币政策目标、货币政策实施策略、经济前景展望以及对今后的货币政策展望"等方面[①]。

在交流和沟通时,政策当局要重点介绍政策策略、政策目标、实现目标的途径和政策规则,有助于提高政策的预知性。通过明确政策目标,有利于消除公众预期中的不确定因素,引导配合目标来安排经济活动。协调预期的目的是要求公众预期方向与政策目标方向一致,以提高政策效率和削弱经济环境的不确定性。政策规则则是事先确定的规则和程序,政策工具依据这套规则和程序来调整经济行为。中央银行公布其货币政策规则有助于改进经济主体对于经济运行的理解,稳定居民的通胀预期,增进社会福利。

当然,沟通并非越多越好。有时候,央行向公众提供的信息越多反而降低了清晰度和公众认知,因为存在信息消化效率递减的约束。研究表明,低质量的或者带有足够

---

① Blinder, A. S., Ehrmann, M., Fratzscher, M., de Haan, J., and Jansen, D., 2008, "Central Bank Communication and Monetary Policy: A Survey of Theory and Evidence", *Journal of Economic Literature*, 46 (4), 910–945.

噪声的央行沟通内容甚至会放大其波动性。比如，央行行长关于金融稳定问题的讲话与采访对于市场收益率的影响并不显著，甚至还可能在危机时加大金融市场波动。央行更加了解金融体系存在的问题与缺陷，过度披露这部分信息可能引发金融挤兑风险。Goodfriend 提出，央行在解决保持可信度与选择最有效率政策的平衡问题时，应该提供更为模糊的信息和观点，降低透明度，进而达到效率最优[1]。此外，当货币政策决策由委员会而非单人决策，如果各位委员都与公众沟通而发言口径又不能保持一致，尤其是存在过多的有分歧的声音，可能使公众感到困惑。

（二）预期管理实践的进展

就预期管理的实践而言，20 世纪 90 年代以来直至 2008 年国际金融危机爆发前的通胀目标制，以及危机以来的量化宽松与前瞻性指引，可以说是两个重要的里程碑。

1. 通货膨胀目标制

在 20 世纪的最后几十年里，高通胀一直是货币政策当局亟待解决的问题。发达国家以及一些发展中国家实行通货膨胀目标制，要求货币政策的主要目标是长期价格稳定，其他目标必须与通货膨胀目标相一致。通货膨胀目标制是一种前瞻性政策，具有名义锚的作用。通胀目标制的兴起助推了通胀预期变量在货币政策反应方程中的重要地

---

[1] Goodfriend, M., 1985, "Monetary Mystique: Secrecy and Central Banking", Federal Reserve Bank of Richmond, Working Paper 85-07.

位。伴随通货膨胀目标制的实行,央行不断提高其货币政策的公开性与透明度。

Bernanke 和 Mishkin 认为,通胀目标制仅授予制定者受限的裁量权,显示了声誉的力量。虽然主流观点认为实行低通胀和稳定的通胀预期有力支持了经济稳定,但也一些观点认为其难以通过实践检验,通胀时代的胜利或许基于全球经济的大稳定[①]。当经济衰退,名义利率触及其下限时,以利率调控为基础的通胀预期管理模式遭遇冲击。经济波动时期,为了实现通胀目标,不得不以牺牲经济增长为代价。

2. 前瞻性指引

低利率下限下,传统货币政策工具(一般是管理短期政策利率)空间受限。2008 年国际金融危机更加凸显出传统货币政策的局限性。量化宽松与前瞻性指引成为美联储(以及其他发达经济体)货币政策操作的两大新工具,虽然存在争议,但在帮助经济走出低谷、实现复苏上可谓效果显著。

前瞻性指引即货币政策当局与市场沟通其(未来)货币政策立场和经济预测展望,具体包括详述政策目标、经济预测、政策预测等,通常表现形式为演讲发言、货币政策报告。美联储为加强沟通,引入新闻发布会、设置正式通胀目标、发布更为详细的经济预测(包括政策利率和最

---

① Bernanke, B. S., and Mishkin, F. S., 1997, "Inflation Targeting: A New Framework for Monetary Policy?", *Journal of Economic Perspectives*, 11 (2), 97–116.

大化就业水平的预测)、关键政策工具(政策利率和资产购买)的正式引导。其他形式包括发表文章、座谈会等。前瞻性指引帮助公众理解政策如何响应经济条件,便利政策制定者承诺,即使低利率也能刺激经济。

前瞻性指引需要与量化宽松等政策紧密结合才能实现其目标。量化宽松作为一项承诺机制,自身就可成为一种预期管理方式,发出信号。宣告与沟通量化宽松计划包括有关资产购买的时间、数量等信息,且不可能会提前终止(政策效力),释放出短期利率维持低水平的信号,从而影响长期利率。前瞻性指引可以分为奥德赛式和德尔菲式。奥德赛式前瞻性指引是指政策当局在其职责框架内行事,纳入未来特定状态下的政策承诺。德尔菲式前瞻性指引是指政策当局依据宏观经济基本面和未来预期走势行事,提供信息帮助公众理解政策制定的经济预测和政策计划,但不包含政策承诺。

前瞻性指引通过改变公众预期增加货币宽松空间,及时沟通可以减少尾部风险、提振信心。Bernanke运用美联储的FRB/US模型,测算出当名义中性利率为2%—3%时,量化宽松与前瞻性指引的结合(关注就业和通胀目标)可以提供约3%的政策空间,突破了传统货币工具面对利率下限的束手无策。即使面对运行良好的金融市场,新政策工具也是颇具成效的[1]。

量化宽松和前瞻性指引都会影响资产价格,区分各自

---

[1] Bernanke, B. S., 2020, "The New Tools of Monetary Policy", *American Economic Review*, 110 (4), 943-983.

第五章　中国特色预期管理

效果很复杂。Swanson 通过联邦公开市场委员会（FOMC）公告30分钟内的资产价格变化，将联邦基金利率的预期路径变化归为前瞻性指引效应，长期利率变化归为量化宽松效应，二者效应都很显著且持续性[1]。Magill 和 Quinzii 研究表明利率期限结构和前瞻性指引都可锚定通胀预期达到确定均衡[2]。

学界对于前瞻性指引的效果也存在一定的质疑。对前瞻性指引的限制来自公众的理解和信任。即使最专业人士也会误解，而且如果沟通过于复杂，可能适得其反。Coibion 等基于美国家庭样本随机试验研究当前和未来利率对家庭预期的影响，发现沟通（政策利率、通货膨胀、抵押贷款率）改变了当期和下期预期，但一年以上预期基本无变化[3]。结论与经验数据一致，显示出前瞻性指引相比新凯恩斯模型预测结果，效果十分有限，也反映出经济人的有限认知和信息处理能力。未来货币政策受实际经济走势影响，且受经济预期影响，德尔菲式前瞻性指引是有条件的政策预期路径[4]。

---

[1] Swanson, E. T., 2017, "Measuring the Effects of Federal Reserve Forward Guidance and Asset Purchases on Financial Markets", NBER Working Paper, No. 23311.

[2] Magill, M., and Quinzii, M., 2014, "Term Structure and Forward Guidance as Instruments of Monetary Policy", *Economic Theory*, 56 (1), 1-32.

[3] Coibion, O., Georgarakos, D., Gorodnichenko, Y., and Weber, M., 2020, "Forward Guidance and Household Expectations", CESifo Working Paper Series 8118.

[4] Praet, P., 2013, "Forward Guidance and the ECB", VoxEU.org.

一些评论诟病美联储的沟通方式，认为美国需要奥德赛式，采用的却是德尔菲式，缺乏充分承诺以至于难以发挥作用。Engen 等提到，2009—2010 年，市场普遍预测美联储很快将提高利率，尽管指引并非如此，人们错误理解了美联储的反应函数且对经济复苏过度乐观[1]。前瞻性指引只在 2011 年变为奥德赛式（对利率长期更低进行有效承诺），并带来更好的经济效果[2]。Filardo 和 Hofman 肯定了清晰沟通的重要性，但沟通时会出现分歧。长期零利率将会引发公众悲观情绪，引起误解[3]。货币政策委员会需要与不同声音对话，但共同基础却难觅得。若承诺在未来不能兑现，前瞻性指引的可信度也受到质疑。

在一些特定情况下，前瞻性指引还会带来中央银行声誉风险和金融市场稳定风险。比如，公众不理解前瞻性指引的条件性和不确定性；货币政策框架内看重实体经济变量也会影响央行在价格稳定性上的置信程度。又比如，当金融市场仅关注前瞻性指引的确定部分，对其广泛解读和

---

[1] Engen, E. M., Laubach, T., and Reifschneider, D., 2015, "The Macroeconomic Effects of the Federal Reserve's Unconventional Monetary Policies", Finance and Economics Discussion Series 005, Board of Governors of the Federal Reserve System.

[2] Campbell, J. R., Fisher, J. D. M., Justiniano, A., and Melosi, L., 2007, "Forward Guidance and Macroeconomic Outcomes since the Financial Crisis", in Eichenbaum, M., and Parker, J. A. (eds.), *NBER Macroeconomics Annual* 2016, Vol. 31, University of Chicago Press.

[3] Filardo, A., and Hofman, B., 2014, "Forward Guidance at the Zero Bound", BIS Quarterly Review, March.

重新校准会引发破坏性市场反应。如果前瞻性指引越来越关注不利的市场反应，持续呈现不确定，将加剧金融失衡，鼓励过度风险承担。零利率（制造金融脆弱性）和前瞻性指引（引导零利率持续性，制造高风险资产）下，会引发新兴经济体的资本外流和套利交易。

三　中国特色预期管理

相较于发达经济体在政策工具、沟通艺术等方面就预期管理的精细化、技术化大做文章，中国的预期管理还处在学习探索阶段，总体上还较为"粗放"，但在探索适合中国发展特点、"管用"的预期管理模式过程中也孕育着创新。

（一）宏观调控目标的多维决定了预期管理的多维

转型和发展是中国经济面临的双重任务，这也使得宏观调控目标是改革、发展、稳定的三维统一。因此，相较于发达经济体专注于宏观稳定（包括经济稳定、金融稳定）的预期管理目标，中国的预期管理涉及的范围要广得多。国家发展和改革委员会、中国人民银行与财政部均在预期管理中分别发挥重要作用，这与国外主要是由央行（如美联储）来进行预期管理有着较大区别。正因为如此，完全指望中国人民银行一家来实施预期管理是不现实的。多个宏观调控部门的协调配合和各司其职，才可能完成多维目标。

改革目标方面，供给侧结构性改革将贯穿宏观调控全过程，这就决定了改革预期的重要性。推出改革的时间表,稳定社会对于改革的预期,恐怕是比发布一般的宏观经济信息与短期政策走向要重要得多。发展目标方面,坚持以人民为中心的发展思想(包括五大发展理念),则充分锚定了社会各界对于发展方式选择的预期。稳定目标方面,面对宏观经济形势,既强调短期的"形"(由高频数据形成的曲线),更注重中长期的"势"(平滑高频数据形成的趋势线),有助于形成政策的稳定性和一致性,增强政策定力,进一步锚定市场预期。

(二)涵盖短期、中期、长期的预期管理谱系

宏观调控预期管理一般来讲是关注于短期(尽管也会涉及跨期,并期望影响长期指标如长期利率)。但就中国而言,却意味着整个时间轴上的预期管理谱系(spectrum)——不仅有应对短期宏观稳定的预期管理,也有中长期发展规划,甚至还有两个一百年目标。这些都会塑造社会预期,起到锚定预期的作用。

1987年,邓小平同志明确提出了"三步走"的设想。党的十五大又进一步把邓小平的第三步再分为三步,制定了21世纪前50年新的小"三步走"战略。到2017年,党的十九大更进一步提出"两步走"战略:2020年到2035年,在全面建成小康社会的基础上,再奋斗十五年,基本实现社会主义现代化;2035年到21世纪中叶,在基本实现现代化的基础上,再奋斗十五年,把我国建成富强民主文明和谐美丽的社会主义现代化强国。在"三步走"的基础上,中国又通过五年规划、年度政府工作报告等制度性安排形成了长期、中期、短期相结合的预期管理谱系。

在时间轴上设定不同期限的预期管理目标,是中国预期管理不同于西方发达经济体的重要方面。这样涵盖短期、中期、长期的"前瞻性指引",完全超越了央行货币政策操作层面,而有着更为重要的指导意义。事实上,以经济发展远景目标作为前瞻性指引,在某种意义上还是奥德赛式的,即体现了政府对于全党和全国人民的承诺。就历史经验看,这些承诺是有约束力的、可置信的,因为没有一次未兑现(包括这次的全面建成小康社会)。

(三)底线思维、区间调控是预期管理的创新

区间调控是党的十八大以来具有中国特色的宏观调控预期管理创新。所谓区间调控,就是并不简单地确定一个目标点(如经济增速目标为6%),而是提供一个有约束的目标区间。这个约束就是"上限""下限"和"底线"。更准确地说,区间调控是守住稳增长、保就业的"下限",把握好防通胀的"上限",决不突破民生与金融风险的"底线"。"底线"从文字上的理解应比"下限"还要低,同时二者有不同的侧重。当经济增速和就业下滑乃至超出"下限"时,宏观政策就要发力,避免触及就业和民生的"底线"。一旦突破"底线",就要采取应急预案。新常态下,经济下行压力加大,结构性减速成为主要特征,"兜底"成为新常态下的一种常规思维;并且,防范化解系统性风险是三大攻坚战之首,底线思维也强化了风险意识。

"上限""下限""底线"划定了宏观经济运行的合

理区间，同时也确立了政策发力的参考依据，这样政府出牌就有章可循，从而为市场提供更为稳定的预期。这与过去简单设置绝对数的做法有很大不同。关注具体的数值，使得宏观调控的腾挪余地较小，往往会随着某个指标的波动而起舞。区间调控，则令调控较为从容，不会因宏观指标的短期波动而频繁"出击"。只要经济运行在合理区间，就可保持宏观政策基本稳定，不搞强刺激，不进行大的政策调整，给市场主体稳定的预期和信心。坚持区间调控，还能够在合理增长区间内，更多地关注结构调整和改革。

（四）制度、规则及政府信誉更显重要

制度是提供明确信息、稳定预期，减少不确定性的最根本也是最重要的方式。赫伯特·西蒙指出：人类为在现代世界上进行生产和政务活动而建立的一种精致组织，只能被理解为对付个人本领局限性的机器。它们对付的是个人在复杂性和不确定性面前的理解力和结算力的限度。制度环境就像自然环境一样，在我们周围设置了一套可靠的可感的模式。我们所生存环境的这种稳定性和可预见性，允许我们在有限的认知能力和结算能力的约束下，去应付我们所面临的问题①。就中国而言，市场体制还不健全，微观主体（特别是国有经济）对价格信号的反应还不够灵敏，政策传导机制还不畅通，金融与实体经济之间也还存

---

① [美] 赫伯特·西蒙：《现代决策理论的基石》，杨砺、徐立译，北京经济学院出版社1989年版，第162—163页。

第五章　中国特色预期管理

在梗阻，这些制度层面的问题大大影响了预期管理的效果。这也是我们提出预期管理必须适应中国发展特点，具备中国特色的根源所在，也凸显了体制改革与制度建设在预期管理中的基础性地位。

政府部门是进行预期管理的主要机构。因此，政府自身的信誉非常关键。Bernanke 也强调，决策者的个人声誉和技能对信誉至关重要，但由于决策者既不能束缚自己，也不能束缚继任者，因此制度声誉也很重要[①]。如果市场对于政府（制度）信誉度存疑，那么，预期管理的效用就不仅会大打折扣，甚至会适得其反。因为如果市场认为政府可能在采取"欺骗"的方式，市场就会选择反向操作，导致风险或波动加剧。从这个角度出发，如何建立起政府的信誉是根本。尽管就目前而言，中国宏观调控部门在如何提高与市场的沟通技巧以及丰富预期管理工具方面与发达经济体还有很大差距，但相较于沟通艺术，我们现在更需要做的是在制度、规则及未来可能的变革方面给社会提供稳定的预期；同时大力推进法治政府建设，促进政务公开，提升政府的公信力，避免所谓的"塔西佗陷阱"。2016 年底中央经济工作会议首次提出"房子是用来住的，不是用来炒的"，此后"房住不炒"一直为政府所坚持，面对新冠肺炎疫情也未调整，这完全改变了过去房地产"十年九调控"的尴尬局面，充分体现出政策承诺的可信度，提高了政府的信誉度，从而为更好地进行预期管理创造了条件。

---

① Bernanke, B. S., 2020, "The New Tools of Monetary Policy", *American Economic Review*, 110 (4), 943–983.

四 进一步加强和完善预期管理

(一) 政府有效沟通，稳定高阶预期

高阶预期理论强化了政府在预期管理中的作用。经济人做决策时，要考虑他人的预期（如凯恩斯著名的选美理论），即考虑预期的预期或高阶预期；经济人会更依靠公共信息，从而提高公共信息的权重。这意味着政府在协调或引导预期时可以起领头羊的作用。因为每个经济人都用政府的预期作为自己的预期，就不用再考虑别人的预期了，这样便解决了公众之间以及公众和政府之间预期协调的问题。因此，宏观调控部门要积极探索有效沟通方式，稳定高阶预期。

一是沟通内容上需要清晰说明其政策目标、执行路径、预测细节和反应规则等各项内容，尤其是阐述政策实施的系统性方式，帮助公众理解政策当局的"反应函数"，有利于更好地引导公众的政策预期，提高政策的有效性。主动通过会议纪要、新闻发布会、定期报告、专栏文章等多渠道各种方式与市场沟通，阐述政策决定考虑因素、方法等，增加量化经济预测信息，适时公布有关决策（如货币政策委员会）的会议记录。同时，注重信息披露的准确性、可理解性，广泛披露准确程度高的信息，做到信息清晰和有重点的传播，针对公众专业知识的不同分层次采取不同方式，主动引导媒体报道。

二是建议设立专门的沟通委员会或专门机构，规划各类沟通活动，完善互动反馈机制，建立动态沟通评价体

系，研究沟通技术和语言。一方面，完善决议程序、投票策略、机构设置，就政府官员的观点表达进行合理度量，检验沟通效果；另一方面，研究语言和数据的运用以及展现形式对公众说服力方面的作用，沟通的语言表达应留有余地，不给人以预先承诺的理解误区，强调信息的不确定性与条件特性。此外，需注意经济周期不同对预期管理的不同要求，如经济繁荣时期警惕过度透明引发过度风险承担，经济萧条时期做好信心引导。

三是预期引导的主体要统筹协调，宏观经济管理部门之间在政策制定和信息共享方面应做好事先沟通，提高协同性和联动性。避免不同部门之间政策出台与信息发布之间产生冲突，误导预期，导致市场波动。

（二）提高预测能力，走在市场曲线前面

预期管理的重要特点就是前瞻性。因此对于经济走势要有预判，要走在市场曲线前面，这样才能真正发挥预期管理的作用。否则，如果政策作用的时间点与市场曲线完全吻合，考虑到政策作用的滞后性，就不仅难以熨平波动反而会加剧波动。这是过去逆周期调节的教训。因此，走在市场曲线的前面是预期管理的基本前提。

在经济下行压力和各种不确定条件下，要强化预期管理，增强前瞻性和预判性，理解市场心态，把握市场预期变化，引导市场预期，从而做到风险应对走在市场曲线的前面，更好地实现保增长与防风险的动态平衡。

走在市场曲线前面，意味着要提高预测能力。一是政策当局要加强自身研究能力建设，不断增强对宏观经济走

势的认知能力和判断分析能力。二是进一步加强政府和市场双向信息交换，加强市场信息收集，建立独立完备的统计调查机制，做好信息研究资源整合，通过大数据等新技术挖掘经济人的真实信息和公众预期，提高前瞻性和预判力。三是做好与专家学者沟通，深入调查研究，深化对经济走势的理解。

（三）建立健全预期管理的指标体系

尽管目前中国已经初步建立了一些可用的预期管理依据（包括总量指标如 GDP、就业率等，结构性指标如服务业占比，R&D 占比等，以及宏观审慎指标如宏观杠杆率、资本充足率等），但这些预期管理指标相对于宏观调控需求而言仍明显滞后，未来中国预期管理指标体系的完善至少要注意以下三个方面。

一是从模糊定性走向定量可测。明确的可量化的指标是预期管理成功的重要依托，如果单纯依赖定性的表述，则不仅使得引导方向不易把握，也难免会产生这样那样的误读，更会让预期管理的事后评估面临极大困难。这方面，西方国家已经做出了不少尝试，例如，美联储每三个月公布一次利率预期的点阵图，就试图通过可量化的数据指标展示各联储行长对短期和长期内核心政策利率变化的预期。与之相对比，国内宏观政策往往采用"稳健""积极""中性"等一系列较模糊的定性表述。这尽管使得政策当局在相机抉择中占据主导（因为表述模糊意味着无须政策承诺），但也导致公众在理解政策内涵上出现困难。并且，由于实践中往往是政策已经出现调整（如不那么

"稳健",而是变得较为"积极"),但措辞上依然不变,也使得政策沟通没有信息量,几乎不起作用。因此,需要在具体指标上有更明确的表达,如"社融规模较上年有明显提高"。国内典型的正面案例是调查失业率的统计和公开发布。2018年第一季度随着中国正式公布城镇调查失业率,中国对于失业率的观察终于有了一个客观可比的依据,这时候5.5%的调查失业率预期水平就变成一个有约束力的预期指标,也极大地促进社会对于失业率的讨论和预期形成。

二是预期指标从简单低频走向复合高频。在目前复杂的国内外经济形势下,经济波动有所放大,同时"相机调控"的调控思路也要求预期管理必须提高频次,以应对可能产生的种种意外,抓住稍纵即逝的微调预调机会。实际上,发达经济体在预期管理方面不再满足于对经济情况进行直接统计,开始尝试对直接统计指标进行加工以对经济进行更为复合高频的刻画。纽约联储推出的Nowcasting模型尝试利用所有可得的信息来获得当前经济状态的估计,在结合大量数据和方法创新的基础上,已经可以做到对整体经济运行情况进行每周一次的综合刻画。而欧洲央行则每个季度通过金融资产负债表和金融资金流量表构建了who to whom表,以刻画欧洲金融网络情况,为金融风险预警提供了重要依据。相比之下,中国的预期管理指标离复合高频还有差距,需要在此方面下功夫。

三是进一步开发和利用各种预期管理和引导工具。提升景气指数、信心指数、金融环境指数、金融脆弱性指数等指标对预期管理的支撑能力。完善国债收益率曲线、构建更加清晰的利率走廊、跟踪宏观杠杆率等指标，把握市场预期与风险变化。加强对国外相关预期管理指标的分析研判，关注其与国内预期相互影响的机制，提升宏观调控预调微调的有效性。更多地通过影响市场指标传递政府调控意图，逐步形成预期引导的惯例和机制。

（四）积极引导国际市场预期

随着中国占世界经济比重持续上升，投资、贸易、金融等领域与国际市场关联越来越紧密，积极引导国际市场预期已成为中国预期管理的重要方面。

一是提升中国政府提供信息、数据的权威性和接受度。强化对国际市场的宏观经济信息发布，加强宏观经济部门国际信息发布和宣传能力建设，提高英文信息发布比重，更好利用新兴数字媒体和网络媒体，扩大国际市场第一手信息受众，及时对国际社会关注的热点问题进行回应，向国际市场传递清晰准确的中国经济社会信息，弱化少数西方媒体利用信息垄断发布片面信息的可信度。特别是，可以直接借助西方媒体（如在其上发表署名文章）来讲中国故事、传递经济社会信息，这样可以增强权威性和国际社会的接受度。

二是变被动回应为主动引领。在引导国际市场预期方面，过去一直是忙于被动回应一些负面报道或信息，如所谓的"中国经济崩溃论""中国将爆发债务危机""中国统计数据造假"等，缺乏常态化、主动性引导。针对这些问题的正面回应，也往往就事论事，这也使得国际社会对于中国的认识呈现碎片化，而不是一个系统性、全面性的认知。因此，需要加快提升对国际舆论的引导塑造能力，特别是要主动设置议题、讲好中国故事，把对一些具体问题的回应融入我们设置好的议题中，实现以系统、正面且权威的信息覆盖局部、负面的信息或谣言。通过类似国务院新闻办公室举办吹风会等方式，向国际社会解释清楚中国数据背后的逻辑，以及中国政府制定中长期规划背后的思路。

三是加强与世界主要经济体、国际组织及智库研究机构的交流沟通。密切跟踪国际经济金融形势和主要经济体宏观经济政策变化，认真评估分析其对中国宏观经济和政策实施的影响，主动加强与主要经济体的政策协调和沟通，更加积极地参与多双边国际经济合作，提升国际话语权。近年来中国已经参与了国际货币基金组织的第四条款磋商和金融部门评估项目（FSAP），这是与国际组织之间进行沟通协调、开展合作的有益尝试。更好利用联合国、G20、APEC等国际组织平台，健全沟通机制，丰富沟通渠道。定期与国际组织和智库研究机构展开对话，阐述中国经济发展政策取向，听取对中国经济发展的意见建议，增强国际社会对中国经济平稳增长的信心。

第六章

"向中国学习宏观调控"

2008年国际金融危机以来，西方宏观调控政策受到了巨大冲击，其理论基础也备受争议。对中国而言，改革开放40多年来的宏观调控，有经验也有教训。但总体上宏观调控是逐步完善并彰显出"正能量"的。而且，从最初向成熟市场经济体蹒跚学步，到现在西方学者提出"向中国学习宏观调控"[①]，中国的宏观调控开始建立起难得的自信。这恰恰是中国宏观管理当局践行调控时保持战略定力的基本前提。

一 为什么要"向中国学习宏观调控"

2008年国际金融危机以来，发达经济体的宏观经济政策受到严厉批评，而其所依据的主流西方经济学理论也遭遇全面的危机[②]。这引起学术界的深刻反思。除了一些学者如

---

① [美] 史蒂芬·罗奇：《向中国学习宏观调控》，《金融时报》中文网，2012年3月9日。
② 张晓晶：《主流宏观经济学的危机与未来》，《经济学动态》2009年第12期；张晓晶：《主流经济学的危机与中国经济学的话语权》，《经济学动态》2013年第12期。

卢卡斯、泰勒、马斯金、米什金等心有不甘、旗帜鲜明地驳斥"金融危机的爆发表明经济理论失败"的观点外，更多学者坦承主流理论的缺陷，并寻找建立新的框架。经过 Blanchard 等大批学者[①]的反思和努力，修正了主流经济学对于一些重要理论与政策问题的认识。这里仅列举与中国宏观管理经验相关度较高的几条。

（一）货币政策新思维

2008 年国际金融危机爆发前，美联储以及大多发达经济体的央行，货币政策只有一个目标即控制通胀；所用的政策工具也只需一个，即短期利率。但执行这样的货币政策，不但不能避免危机，而且也不能在危机出现后拯救经济。因此，需要货币政策新思维。

第一，利率工具远远不够，需要采用政策工具组合。实行单一利率，表面上通胀与产出缺口都比较稳定了，却无法阻止结构失衡与金融风险的产生。这正是大稳定所带来的问题。应将金融稳定纳入宏观稳定的目标框架

---

① Blanchard, O., Dell'Ariccia, G., and Mauro, P., 2010, "Rethinking Macroeconomic Policy", IMF Staff Position Note, SPN/10/03; Blanchard, O., Dell' Ariccia, G., and Mauro, P., 2013, "Rethinking Macro Policy Ⅱ: Getting Granular", IMF Staff Discussion Note, SDN/13/03; Frankel, J., 2010, "Monetary Policy in Emerging Markets", in Friedman, B. M., and Woodford, M. (eds.), *Handbook of Monetary Economics*, Vol. 3, Elsevier; Stiglitz, J. E., 2014, "Reconstructing Macroeconomic Theory to Manage Economic Policy", NBER Working Paper, No. 20517.

之内，政策制定者必须关注多个目标，包括产出的构成、资产价格变化、杠杆化水平等。与之相应的，政策工具就不能只有利率。此外，货币与信贷的不同也使得要采用政策工具组合而非单一工具。在传统的货币理论与货币政策中，人们更多地关注货币，对信贷的重要性关注不够。金融部门的根本职能就是配置资本和提供信贷，但在现实中，这一职能履行得并不理想。在 2008 年国际金融危机中，金融中介常常囤积现金，不扩大面向实体经济的信贷，致使中央银行的货币政策无法传导到实体经济中去。加上近年来金融创新使得影子银行、衍生工具、金融杠杆等新事物层出不穷，进一步加剧了信贷问题的复杂性。仅仅依靠货币政策工具利率无法解决这一系列结构性问题。斯蒂格利茨认为，应该调动一切可支配的工具，采取利率+其他工具的政策组合来实现产出、通胀和金融稳定的目标[1]。这些工具中还包括旨在稳定金融市场的宏观审慎政策工具。

第二，价格型工具不一定优于数量型工具。2008 年国际金融危机爆发之后，"流动性陷阱"问题随之而来，在将基准利率降至零下限之后，宏观经济形势仍不见起色，美联储迅速采取量化宽松、目标宽松（出售短期资产，购买长期国债）等非常规数量型政策。尽管目前尚不清楚这些非常规工具是特殊时期的非常之举，还是常规工具箱的组成部分，但主流经济学家普遍承认，在某些情况下，数

---

[1] 转引自中国社会科学院经济学部《中国宏观经济政策再思考》，《比较》2013 年第 3 期。

量型工具的效果要优于价格型工具①。在中国等新兴市场经济体，中央银行更倾向于价格型工具（短期政策利率）和数量型工具（信贷规模和其他公开市场的数量操作）并用，而且效果明显。

（二）产业政策的回归

产业政策在发达经济体中曾经被视为异端，是扭曲市场机制的行为，是不当的政府干预，因此，一直为西方主流经济学教科书所诟病。然而，2008年国际金融危机使得西方主流学者对于产业政策的看法有了较大改变。产业政策不再是发展中国家的"专利"，它同样成为发达经济体走出危机的法宝。比如，美国通过2009年《美国复兴和再投资法案》《美国清洁能源与安全法》《美国制造业促进法案》，以及2011年的"高端制造合作伙伴"计划，旨在"确保下一场制造业革命会在美国爆发"。欧盟于2012年发布《一个强大的欧盟工业有利于增长和经济复苏》的工业政策沟通版报告，指出必须确立工业的核心地位，通过统一的工业政策提高欧盟竞争力，包括：加大在技术和研发、基础设施方面的投资，发展"欧洲数字议程"计划，改善欧盟内部市场准入制度，创造就业岗位并提高就业人员的技能，同时密切协调发展交通和海事政策、能源政策、环境和气候政策等。做好以上这些工作将能实现欧洲再工业化目标，预计到2020年，工业在欧盟GDP中的

---

① 张晓晶、董昀：《重构宏观经济政策框架的探索与争论》，《比较》2013年第3期。

占比将从目前的 16% 增至 20%①。日本安倍经济学的"第三支箭"则包含了产业再生计划、战略性新市场创建计划及国际化计划，归纳起来有：促进产业新陈代谢；提高人力资本水平；增加区域竞争优势；大幅度放松管制；以及推动跨太平洋伙伴关系协定（CPTPP）、日中韩自由贸易协定（FTA）和欧日自贸协定（FTA），等等。

（三）资本管制合理性

过去几十年，国际经济学一般认为，在资本自由流动的情况下，独立的货币政策在当且仅当汇率是浮动的情况下才成立（"三元悖论"）。但越来越多的证据特别是危机以来的事实表明，金融全球化可能走过头，资本流动需要控制了。国际货币基金组织的经验分析指出，资本控制不但可以提高货币政策的独立性，而且能够改善流入资本的构成，即更多吸引绿地投资的 FDI，而不是证券组合投资，从而有利于宏观稳定②。此外，最近的全球金融周期理论又为资本管制提供了新的支持③。所谓全球金融周期，是

---

① *A Stronger European Industry for Growth and Economic Recovery Industrial Policy Communication Update*, 2012, the Commission to the European Parliament.

② Ostry, J. D., Ghosh, A. R., Habermeier, K. F., Chamon, M., Qureshi, M., and Reinhardt, D. B. S., 2010., "Capital Inflows: The Role of Controls", IMF Staff Position Note, SPN/10/04.

③ Rey, H., 2013, "Dilemma not Trilemma: The Global Financial Cycle and Monetary Policy Independence", Paper Presented at the Jackson Hole Symposium.

指资本流动、资产价格以及信贷增长存在一个全球性的周期，它与 VIX（一个关于市场不确定性与风险厌恶的指标）一起波动起伏。分析显示，引起全球金融周期的主要因子是中心国家（如美国）的货币政策，它会影响全球银行的杠杆率、全球资本流动以及国际金融体系中的信贷增长。一个经济体的资本只要是自由流动的，全球金融周期就会对该经济体的货币政策形成制约，而不管其实际汇率体制到底如何（固定的、浮动的或其他）。这为谨慎的金融开放提供了新的理由。全球金融周期理论将前述的"三元悖论"变成了"二元悖论"：独立货币政策在当且仅当资本项目是管制的时候成立。于是，曾经备受批判的资本管制又重新受到青睐。这对于很多施行资本管制的发展中国家（如马来西亚、中国等）而言，不过是对其管制行为正当性的一次"追认"。

（四）重视结构性调控

2008 年国际金融危机的重大政策失误在主流学者看来是只关注了总量指标（如通胀、产出、就业、资产价格等），而忽略了结构性指标所揭示的风险。比如，大稳定时期，产出缺口与通胀指标都相当稳定，这导致宏观管理当局误判，以为可以高枕无忧，从而忽视了产出构成、杠杆率水平、外部失衡等结构性变量带来的问题和风险。这也是发达经济体长期以来只有总量调控而缺乏结构性调控的必然结果。危机后的反思，凸显了结构性调控的重要性。前面提到的货币政策新思维、产业政策以及资本管制等，恰恰反映了主流理论在结构性调控上所达成的共识。事实上，产业政策、贸易政策、汇率政策、资本管制政策以及宏观审慎政策，基本上都可以归结为广义的结构性调控政策，都是对总量调控政策的重要补充。

结构性调控，正是中国宏观调控的特色所在。中国经济的很多问题不单单是总量问题，还有结构性问题。归纳起来，一是体制结构，涉及国有与非国有、体制转型与双轨过渡、中央地方关系、政府与市场关系等；二是经济社会结构，包括产业结构、地区结构、分配结构、增长动力结构、城乡二元结构、人口年龄结构等。这使得结构性调控变得非常有必要：一方面，结构剧变意味着宏观调控基础的变化以及政策传导机制的变化，这可能会导致总量调控的失效；另一方面，快速结构变迁引起要素回报的变化以及要素流动，在价格信号不准确、不完善的情况下，易于导致结构性失衡。一般认为财政政策在结构调控上可以发挥更大作用，而近年来，结构性货币政策也在不断发力[1]。不过，结构性政策的有效是以差异性、非均衡为前提，过于强调结构性调控不仅会人为地分割市场，还会导致政策的有偏性、歧视性，不利于资源配置效率的提升。

---

[1] 通过定向降准，引入特定目的支农再贷款、支小再贷款、扶贫再贷款等差异化信贷政策，创设抵押补充贷款（PSL）为开发性金融支持棚户区改造、重大水利工程贷款、人民币"走出去"项目贷款等提供长期稳定、成本适当的资金来源，解决地方法人金融机构合格抵押品相对不足的问题等方式，引导金融机构加大对实体经济部门重点领域和薄弱环节的金融支持力度，满足供给侧结构性改革中"补短板"和迈向高质量发展新阶段的要求。

因此，要特别注意结构性调控的适用范围。

发达经济体及主流经济学开始"青睐"结构性调控，甚至提出向"中国学习宏观调控"，使得新时代宏观调控的创新和完善更加自信和更有战略定力。值得指出的是，党的十八大以来，宏观调控出现了很多新变化，除了结构性调控，还有其他方面的实践创新，如寓改革于调控之中、宏观政策框架中突出风险维度、逆周期与跨周期并重等，这些新的实践经过我们进一步的完善和总结，将可能成为"向中国学习宏观调控"的新内容。

二 新时代宏观调控的基本遵循

党的十八大以来，中国特色社会主义进入了新时代。社会主要矛盾已经转化为人民日益增长的美好生活需要和不平衡不充分的发展之间的矛盾，经济已由高速增长阶段转向高质量发展阶段。这些对于创新和完善新时代中国特色宏观调控体系提供了基本遵循，指明了着力方向。

（一）贯彻以人民为中心的发展思想

以人民为中心的发展思想是创新、绿色、协调、开放、共享五大发展理念的灵魂，是新时代宏观调控的基本遵循。

一是就业优先政策。就业是宏观调控的重要目标。新冠肺炎疫情发生以来，从中央提出的"六稳六保"看，就业都是排在第一位的。保就业，就是保民生，就是把经济稳定发展与百姓的民生福祉直接关联起来。因此，要把就业优先政策真正纳入宏观经济政策工具箱，把失业率稳定在自然失业水平上，守住充分就业这个经济增长速度底线；完善劳动力市场指标（如调查失业率）的统计、采集和分析，为宏观经济政策底线及取向提供更加可靠的依据。

二是社会托底政策。将社会政策放入工具箱，织紧社会保障网，兜底民生，是应对经济下行压力和可能出现的劳动力市场冲击的未雨绸缪之举。在资源有限的条件下，以基本公共服务均等化为突破口提高社会政策托底水平，可以取得纲举目张的效果。一方面帮扶低收入群体、保持社会稳定，另一方面也能起到一定程度上扩大消费需求的作用。"宏观政策要稳、微观政策要活、社会政策要托底"是新时代经济治理框架的高度概括。

三是共同富裕政策。党的十八大以来，党中央把逐步实现全体人民共同富裕摆在更加重要的位置上，采取有力措施保障和改善民生，打赢脱贫攻坚战，全面建成小康社会，为促进共同富裕创造了良好条件。共同富裕是大战略，落实到宏观调控上，就是构建初次分配、再分配、三次分配协调配套的基础性制度安排，加大税收、社保、转移支付等调节力度并提高精准性，扩大中等收入群体比重，增加低收入群体收入，合理调节高收入，取缔非法收入，形成中间大、两头小的橄榄型分配结构。

（二）坚持系统观念

系统观念是马克思主义基本原理的重要内容，强调系统是由相互作用、相互依赖的若干组成部分结合而成的；

要从事物的总体与全局上、从要素的联系与结合上研究事物的运动与发展，找出规律、建立秩序，实现整个系统的优化。坚持系统观念就是强调宏观调控要在目标手段、主体客体、短期长期、需求供给、对内对外等多个方面统筹考虑，实现整个调控体系的优化。

宏观调控目标是多重的，这包括保持经济总量平衡，抑制通货膨胀，促进经济结构优化，可持续发展，实现经济稳定增长，保持国际收支平衡。考虑到多重目标之间既有一致，亦有冲突，把握它们之间的动态平衡，是对宏观调控部门的考验。把握多目标之间的"动态平衡"，强调用发展的眼光看问题。不同目标必须有权衡取舍，不可能"一碗水端平"。比如有时候政策重心偏向稳增长，有时候政策重心偏向防风险，这种一时一地的偏离，并不表明政策有问题；相反，如果执着于政策调控在面对多目标时在任何时候都不偏不倚，面面俱到，反而可能是僵化的，不利于平衡的实现。比如在区域发展上，中央提出要形成几个能够带动全国高质量发展的新动力源，特别是京津冀、长三角、珠三角三大地区，以及一些重要城市群。不平衡是普遍的，要在发展中促进相对平衡。这是区域协调发展的辩证法。"在发展中促进相对平衡"恰恰是对动态平衡的最好注释。

（三）厘清政府与市场的"边界"

宏观调控是政府行为，是更好发挥政府作用的重要领域；但是搞不好，也可能对市场形成干扰，成为宏观不稳定的来源。因此需要正确处理好政府—市场关系，搞清楚各自的边界、地盘；宏观调控不能包打天下。考虑到中国尚处在转型、发展与剧烈的结构变迁之中，加上目前宏观调控体系不完善，手段不健全，宏观调控的泛化甚至越位就难以避免了。特别要指出的是，宏观调控泛化有一种自我加强的逻辑。一方面，在经济体系不完善、还不能完全能够依靠市场手段解决问题的时候，就会想到各种招数，如土地闸门、信贷闸门，有时候"乌纱帽"也用上；然后发现这么做很"有效"。另一方面，随着宏观调控的泛化，往往会对市场机制发挥作用本身形成制约，从而不利于市场机制的真正形成；这反过来，又为宏观调控的泛化创造了条件或"借口"。或许总是处在宏观调控之中，亦或许总是要"依赖"宏观调控（如经济不好的时候指望刺激），除了政策当局认为宏观调控非常管用，就连一般的市场主体、被调控的对象也以为宏观调控能够包打天下。事实上，宏观调控的最高境界是人们感受不到它的存在（所谓"润物细无声"）。那些指望经济中的大事小情，如有个波动、出个行情，都要靠宏观调控来解决的想法是有问题的。宏观调控本质上是政府对市场的某种干预，这种干预必须建立在尊重市场规律的基础上，按市场规律办事。这是正确处理政府与市场关系、把握好宏观调控边界的基本原则。新时期的宏观调控就是将"市场决定论"作为基本出发点，遵循市场规律，最大限度减少政府对微观经济活动的干预，夯实宏观调控的体制基础，完善政策传导机制，更多运用价格、税收、利率等市场化、法治化手段实现调控目标、优化资源配置、迈向高质量发展。

三 新时代宏观调控的创新和完善

(一) 寓改革于调控之中

将供给侧结构性改革主线贯穿于宏观调控全过程体现了宏观调控与体制改革的辩证统一。政策当局既不能专注于宏观稳定（特别是经济过热与下行的时候），强调短期的"救急"，而把改革放在一边；也不能为了推进改革，视宏观稳定于不顾。如果说，过去的宏观调控更侧重于需求管理，那么突出供给侧结构性改革，将需求与供给的考量都纳入宏观调控范畴，是新时代宏观调控的创新。

首先，主要矛盾在供给侧，因此需要推进供给侧结构性改革。当前和今后一个时期，中国经济发展面临的问题，供给和需求两侧都有，但矛盾的主要方面在供给侧：中国不是需求不足，或没有需求，而是需求变了，供给的产品却没有变，质量、服务跟不上。发展不平衡不充分的矛盾主要是供给侧造成的。因此，从宏观调控角度考虑，供给和需求两手都得抓，但主次要分明。要把改善供给结构作为主攻方向，把供给侧结构性改革作为发展主线。进一步而言，当前中国经济面临的主要矛盾是结构性减速。中长期看，中国经济在人口与劳动、资本和金融，资源和产权、技术与创新、制度与分工等方面都存在各种"供给抑制"。通过放松人口生育控制、放松户籍制度、减少资本与金融管制、优化土地与资源产权结构、推动国有企业等低效率领域的制度改革等措施，解除"供给抑制"，方可提高经济的长期潜在增长率。因此，在这里，着力改善中长期供给能力，通过强化创新驱动发展和经济结构优化升级，不断提高要素产出效率，提高经济潜在增长能力，提高经济发展质量和效益。概括地说，供给侧结构性改革，最终目的是满足需求，主攻方向是提高供给质量，根本途径是深化改革。宏观调控的根本作用就是平衡总需求与总供给，如果说之前关注的是实际产出与潜在产出之间的"缺口"，现在则更需要关注的是潜在产出本身。

其次，用改革的办法稳住总需求。扩大总需求稳定总需求，一般想到的就是用刺激政策。但需求问题并不是从需求侧就能解决的，往往需要通过供给侧，需要从体制机制上解决。所以，要用改革而非刺激的办法稳住总需求。消费方面，注重调整收入分配格局，壮大中等收入群体，释放消费潜力；从供给侧入手，推进服务业开放，提升服务业质量，满足社会对于高质量服务的需求，着力提高服务业消费，促进服务产业与服务消费"双升级"；增加社会性支出，构筑社会安全网，减少消费的后顾之忧。投资方面，侧重于补短板、惠民生的有效投资，这包括脱贫攻坚、城镇老旧小区改造、与城市群发展相关的基础设施建设以及产业链创新链完整性的构建等；引导资金投向供需共同受益、具有乘数效应的先进制造、民生建设、基础设施短板等领域，促进产业和消费"双升级"。进一步推进市场开放以及政府与社会资本合作（PPP），给民营经济以更大的发展空间，激发民间投资的活力；推进私有产权保护，稳定预期，给民营企业家以信心。外需方面，进一步提升对外开放水平，深化规则制度型开放；坚持市场化、法治化、国际化原则，不断改善营商环境；继续推进"一带一路"建设，推动双边与多边贸易协定的达成，拓展国际合作空间和国际市场；努力保持对外学习通道，获取新的全球化红利。

（二）统筹发展和安全

党的十九届五中全会首次提出统筹发展与安全。以往关于经济政策的表述中，风险时有出现，但安全较为罕见。安全不简单是风险的反面（或负面度量），安全是比风险有了更为鲜明的国家利益考量，有了更高的"政治站位"，同时也具有更高的预警等级。统筹发展与安全是构建新发展格局的重要支点，也是新时代宏观调控的新维度。

一是坚持发展与安全的辩证统一。一方面，安全是发展的基础和根本保障，安全基础不牢靠，发展的大厦就会地动山摇；另一方面，发展是最大的安全。从动态角度看，只有切实推动高质量发展，实现高水平的科技自立自强，才能维护产业链、供应链安全，避免被"卡脖子"，国家安全才有保障。宏观调控需要增强"安全意识"。

二是把握稳增长与防风险的动态平衡。宏观调控中风险（及安全）维度的凸显也经历了一个过程。2014年中央经济工作会提出：关键是保持稳增长和调结构之间平衡，这时风险问题并没有直接体现在政策目标上。2015年中央经济工作会又提出：坚持稳增长、调结构、惠民生、防风险，首次提出防风险；2017年党的十九大提出"三大攻坚战"，特别是提到打好防范化解重大风险攻坚战，风险问题重视度得到进一步提高。风险维度的凸显，使得宏观政策着力点由就业与通胀的权衡，转向稳增长与防风险的平衡。一方面，注重在稳增长的基础上防风险。突出实体经济健康发展是防范化解风险的基础，强化财政政策、货币政策的逆周期调节作用，确保经济运行在合理区间，在推动高质量发展中防范化解风险。如果增长稳不住，有可能引致并放大金融风险，危及金融稳定。另一方面，通过防范处置风险巩固增长的可持续性。经济金融领域的风险隐患不及时消除、不精准拆弹，就会严重影响发展和稳定，大大削弱经济增长的可持续性，甚至阻滞中国现代化建设的进程。无论是从理论机制层面来看，还是从实践操作层面来看，稳增长与防风险之间都是既有统一的一面，也有矛盾的一面。强调二者的动态平衡，恰恰是因为它们之间矛盾的一面较为突出，常常会"按下葫芦起了瓢"。增长与风险的权衡需向体制改革要答案。如果不着眼于改革，还用"大水漫灌"方式来刺激经济，可能稳定了增长，却带来风险的上升；反过来，如果单纯去压风险，比如说一味去杠杆，结果也会带来对实体经济增长的伤害。

（三）突出跨周期调节新思维

将短期与中长期对立，将周期波动与结构性问题对立，将需求侧与供给侧对立，将宏观调控与改革举措对立，是过去一段时间中国宏观经济政策框架的基本叙事，也是导致宏观调控效果不彰甚至弊端重重的主要根源。"宏观调控跨周期设计和调节"或者说"跨周期调节"，正是针对这些问题所提出的。相较于传统的政策理念，跨周期调节是一种新思维。第一，从时间维度上看，跨周期调

第六章 "向中国学习宏观调控"

节将时间轴拉长，政策视野由短期拓展到中长期。也就是说，宏观调控当局不能只关注当期，还要关注下一期以及更长期，是一种动态的视角，是全过程的考察。从形与势的辩证关系看，跨周期调节不能囿于一个周期内的起起伏伏，而是要能够"穿越"（跨越）经济周期，既看到经济的"形"即短期的波动，也要看到经济的"势"，即结构性力量所决定的中长期趋势。第二，从增长角度看，"势"往往指的就是潜在增长，而"形"则是经济对潜在增长的偏离或者说产出缺口。形与势之间常常会相互转化。一方面，不防微杜渐、未雨绸缪，该出手时不及时决断，短期的波动容易演化为长期的破坏力；另一方面，如果没有对大趋势的前瞻性与定力，则往往会频频出手干预经济而形成进一步的扰动。第三，从波动源与对策上看，跨周期调节强调宏观不稳定的来源既有短期的周期因素，也有中长期的结构性因素。从而，在跨周期的设计和调节上，就要考虑到针对不同问题的政策安排，比如周期性问题采用稳定化政策（stabilization policy），但中长期问题则要借助结构性改革。第四，从调控目标上看，跨周期调节明确将稳定增长与防范风险作为统一的目标，要实现二者的长期动态均衡。因此，对于刺激政策须谨慎使用，它会带来风险积累；而防风险政策（如去杠杆）也要注意其负面效果，谨防出现"处置风险的风险"。相较于暂时的宏观稳定局面，长期动态均衡才是跨周期调节所追求的目标。

（四）加强财政与货币政策协调配合

财政政策与货币政策是宏观调控的主要政策手段，二者的调控对象都是全社会的货币资金，而且彼此之间有许多犬牙交错的结合部。因此，加强财政政策和货币政策的协调配合，形成"1＋1＞2"的整体合力，是提升这两大调控手段总体效能，确保宏观政策稳健有效的关键。

第一，加强财政部与央行在财政资金投放和使用过程中的协调配合，保证财政支出强度，加快支出进度，确保稳增长措施落地生效。针对一些地方在的财政资金和专项债券资金闲置、被挤占挪用、分配不够科学精准等问题，一要加强财政部与中国人民银行等部门之间的信息共享与沟通，建立国库现金流量预测机制，动态跟踪财政资金的分配、拨付和使用情况。二要发挥中国人民银行直达基层、数据丰富、技术完善等优势，利用数字化手段，通过央行的国库和支付系统投放财政资金，提升财政资金投放精准度，对资金挤占挪用、沉淀闲置等问题进行全过程监督，建立重大问题通报约谈制度，提高财政政策的针对性和有效性。

第二，加强财政部与央行在国债发行中的协调配合，在风险可控的前提下扩大国债发行规模，稳定经济运行。在增速下行、内需不足的情况下，必须通过要扩大财政支出来稳定经济。由于经济下行必然导致税收减少，赤字增加，因此中央政府需要依靠增发国债来弥补赤字，扩张总需求。但是，大规模发行国债将导致国债收益率上升，对市场流动性和利率产生冲击，从而抬升国债的还债付息成本，增加债务利息偿付风险。从统筹稳增长与防风险角度考虑，建议财政部与中国人民银行加强沟通协调，在财政部增加国债发行的同时，中国人民银行通过公开操作等手段压低利息率，降低财政融资成本，使政策利率更加符合市场预期。这既有利于扩大政府支出，拉动经济增长，也有利于增强债务的可持续性。

第三，加强财政资金与信贷资金的联动，助力经济结构调整。在预期转弱的新形势下，一要更加注重发挥财政资金"四两拨千斤"的杠杆作用，将财政资金集中用于国家战略科技力量、中小微企业风险补偿、企业信用融资担保、生态保护横向补偿、两新一重、就业补助与职业技能培训等领域，以政府投资增加公共物品有效供给，以政府信用分散风险、稳定预期，撬动金融信贷资源流向实体经济。二要提高财政资金的灵活度和使用效率，鼓励地方政府在推动结构调整过程中创新财政资金使用方式，利用财政资金无偿支持科技创新前端研究，对后端成果转化主体进行股权投资，同时运用财政资金帮助企业增信，提高金融机构支持实体经济的积极性，引导金融机构放大财政资金规模，加大金融机构对企业创新的信贷支持力度。

第四，建立并确保执行央行向国家财政上缴利润的机制，是财政政策、货币政策协调联动的关键纽带。正是由于央行利润上缴机制的存在，使得央行的收益与损失由国家财政享受或承担，财政货币当局更能在经济利益层面形成一致，从而形成协调配合的内生动力。但由于转轨期的历史原因，中国人民银行向国家财政上缴利润的机制执行过程中存在较大灵活性，即利润是否上缴、上缴多少并不十分规范。因此，加强财政货币政策协调配合的一个重要方面，就是在准确计量央行资产负债与利润的基础上，建立完善和严格执行央行利润上缴国家财政的制度，按照突出重点、抓大放小的原则，实现双方利益的一致性。加快处置央行因金融风险处置和改革承担的财务成本，消除央行利润上缴国家财政的不确定性，确保央行利润及时足额缴纳、国家财政依法以适当形式弥补央行损失。

财政政策、货币政策的协调配合，不仅是当前稳增长、防风险的需要，从长远看，在各类要素约束明显增强、挖潜空间边际收缩情况下，向宏观经济治理的变革要"结构性红利"（如央行向财政上缴利润就会产生基础货币投放的效果），更是应对潜在增长率进一步下滑、实现第二个百年目标至关重要的保障。

（五）重视外部冲击与国际政策协调

面临世界百年未有之大变局和复杂严峻的外部挑战，从宏观调控角度看，需要高度重视外部冲击，健全制度防范，加强国际政策协调。

一是提高汇率弹性，使货币政策成为对抗外部冲击的第一道防线。独立的货币政策往往可以成为防范外部风险的第一道防线。但如果汇率弹性不足，独立的货币政策就成了空中楼阁。因此，要从更长远的战略高度认识增强汇率弹性的重要性。深化人民币汇率市场化形成机制改革，在盯住一篮子货币的同时，保持人民币汇率包括对主要大国汇率在合理均衡水平上的基本稳定。这种做法，有效避免了人民币汇率无序调整的负面溢出效应和主要货币的竞争性贬值，对国际社会是有利的。未来要更好发挥市场在汇率形成中的决定性作用，保持人民币汇率弹性，提高人民币汇率中间价形成的规则性、透明度和市场化水平。

二是加强跨境资本流动管理,保留资本管制这一"后手"。第一,在政策选择上,当前中国使用数量型工具居多,未来可进一步增加价格型工具的应用,如调节准备金率、探索类托宾税等工具,此类价格型政策工具的市场化程度更高,弹性和操作灵活性更强,有利于减少政策实施过程中可能造成的冲击、维护市场稳定。第二,加强各行业部门之间的协调沟通。跨境资本流动及其可能引发的风险贯穿银行、证券、保险等各行业,如果不同行业部门之间的沟通不畅,就容易造成监管空白、滋生风险。因此可以考虑由国务院金融稳定发展委员会牵头,"一行两会"、外管局等监管部门协调配合,构建统一的监管框架,提升跨境资本流动管理的有效性。第三,尽管资本管制不可避免地会带来一定程度的扭曲,但也需要作为防止大量资本外逃的"后手"。要慎用,但不可放弃。

三是加强国际政策协调。第一,加快形成参与国际宏观经济政策协调的机制。密切跟踪国际经济金融形势和主要经济体宏观经济政策变化,认真评估分析其对中国宏观经济和政策实施的影响,主动加强与主要经济体的政策协调和沟通,更加积极地参与多双边国际经济合作,提升国际话语权,推动国际宏观经济治理结构改革,促进国际经济秩序更加公正合理,营造于我有利的制度环境,拓展发展空间,维护开放利益。第二,敦促各国践行负责任的经济政策。一方面,关注世界发展的中国因素,即中国无论是发展规划还是宏观政策的制定,都需要将其对外部世界的潜在影响考虑进去。这是一个负责任大国的自觉意识。

另一方面，关注外部因素对中国的影响和冲击，要求相关国家也要采取负责任的经济政策。比如美国，就要关注本国经济金融政策的外溢性影响（如货币政策正常化可能带来的全球性冲击），采取负责任的经济政策。这就需要自我约束，也需要一定的机制（如 G20 等）来相互监督和协调。

四　结语

宏观调控最终是要解决中国的实际问题，而不是要符合某个国外的理论。这种自信在 2008 年国际金融危机以后得到了增强。不过，这并不能说中国当前的宏观调控体系已经很完善，相反，掌握经济发展的一般性规律（如先发国家走过的路）并遵循它，是自信过后的谦卑，是更可宝贵的品质。中国宏观调控的一些特色和创新，往往是特定发展阶段与体制约束下的产物，要认识到这些调控政策"管用"的历史局限性。应把这种特殊性与真正值得国际社会借鉴的一般性中国宏观管理经验区分开。特别是，要明确当前的宏观调控中，哪些是会随着体制变迁和向新发展阶段迈进将被修正或淘汰的（如宏观调控的泛化，非市场化手段的大量运用等），哪些是与新发展阶段相吻合从而跟得上时代步伐的（如结构性调控[①]、战略规

---

① 随着时代变化，结构性调控的内容可能也会发生变化，比如资本管制的强度和方式可能发生改变，选择性产业政策可能朝向普惠式产业政策等。

划的重要性、跨周期调节、预期管理等），还有哪些是要通过创新宏观调控走出一条新路的（如寓供给侧结构性改革于调控之中），这些将构成中国特色宏观调控体系演进的基本逻辑。

下 篇

主流经济学危机
与中国经济学的探索

第七章

主流宏观经济学：危机与出路

自 2008 年国际金融危机爆发以来，主流宏观经济学面临前所未有的危机。关于主流宏观经济学的反思与"革命"层出不穷、方兴未艾。所谓"主流"与"非主流"学者也都纷纷加入到这样的讨论中。

一 2008 年国际金融危机对主流宏观经济学的冲击

20 世纪 30 年代的大萧条产生了凯恩斯革命与现代宏观经济学。尽管罗斯福对于凯恩斯的赤字财政信条将信将疑，但新政还是受到凯恩斯主义的影响。特别是第二次世界大战以后，发达经济体全面实施凯恩斯主义，导致凯恩斯主义一统天下。以至于当时的美国总统尼克松发出这样的感慨，现在我们都是凯恩斯主义者了。

但凯恩斯主义治下的战后繁荣，也就持续了 30 年，即所谓西方世界经济增长的黄金时代。20 世纪七八十年代发达经济体遭遇严重的石油危机冲击以及随之而来的经济滞胀。凯恩斯主义在这个时候不灵了；更为糟糕的是，凯恩斯主义本身成为滞胀的罪魁祸首，正如今天新古典经济学成为次贷危机的罪魁祸首一样。于是出现了现代宏观经济学的第一次危机。货币主义、理性预期、实际经济周期（RBC）学派（或统称为新古典经济学）开始向凯恩斯主义发难；不仅如此，后凯恩斯主义以及新奥地利学派也加入到讨伐的阵营[1]。凯恩斯主义真有点众叛亲离、四面楚歌的味道了。

面对挑战，传统凯恩斯主义开始修正，出现了新古典综合，萨缪尔森经济学就是典型的代表。后来又出现斯蒂格利茨的综合以及 Woodford[2] 的综合，这些可以统称为新凯恩斯主义。新凯恩斯主义开始接受新古典的一般均衡方法，纳入理性预期，以及在价格黏性方面寻找更广泛的微观基础，逐步完善凯恩斯的理论。

尽管如此，经历了这样的一场反革命，凯恩斯主义一统天下的局面不复存在。回溯到1980年，芝加哥大学的卢卡斯写到，凯恩斯主义的经济学说十分荒唐，以至于"在科研研讨会上，人们不把凯恩斯主义的理论当回事，与会者开始彼此交头接耳、叽叽喳喳"[3]。毕竟，要承认凯恩斯在很大程度上是对的，这对于他们来说是太丢脸了。巴罗在哈佛讲堂上也调侃道，《就业、利息和货币通论》之前的凯恩斯还是不错的，言外之意，《通论》是有问题

---

[1] Bell, D., 1981, *The Crisis in Economic Theory*, Basic Books.

[2] Woodford, M., 2003, *Interest and Prices: Foundations of a Theory of Monetary Policy*, Princeton University Press.

[3] Lucas, R. E., 1980, "The Death of Keynesian Economics", *Issues and Ideas*, Winter.

的，他很不赞成。普雷斯科特更是宣称他的学生很想知道凯恩斯是谁，因为他从未在课堂上提到过这位大师。

就某个角度而言，新古典主义几乎主导了近三十年的主流经济学，真的是三十年河东、三十年河西了。不过，2007年夏天爆发的次贷危机，又彻底扭转了这一局面。现代宏观经济学的第二次大危机出现了。在克鲁格曼看来，危机的发生，是因为经历了新古典主义的"黑暗时期"，如果回到传统的凯恩斯主义，或许就没事了。但实际上，问题远没有这么简单。这次危机是对整个主流宏观经济学的冲击，是经济学的"系统性失败"，是令经济学家们颜面扫地从而产生信任危机的"滑铁卢"。因此，对于主流宏观经济学应引起全面反思，而不能仅限于相互指责或简单的修修补补。

这里值得一提的是乔治·索罗斯于2009年成立的"新经济思想研究所"（Institute of New Economic Thinking，INET）。索罗斯作为金融大鳄，他在金融领域的所作所为可能并不讨好，但他的学术情怀特别是对于主流理论的批判精神却让人钦佩。索罗斯强调成立INET的初衷是：新古典经济学关于市场自身能解决问题的假设是错误的，我们现在需要创立一种新的经济学范式。正是基于这样的初衷，2010年4月8—11日在剑桥大学的国王学院，召开了名为"经济危机与经济学的危机"的首届INET讨论会。与会的有200多名来自世界各地的学者，从多个层面对主流经济学进行了反思。大多学者是在批判，但也有一些是辩护，可谓精彩纷呈。这是经济学家集体向主流经济学发出挑战所迈出的第一步。

中国经验与中国经济学

全面检讨主流宏观经济学的危机非本人能力所及，本章仅就当前学术界的争论以及个人长期以来的思考，提出一些初步的看法。毋庸置疑，此次危机对于宏观经济学的冲击将会持续很多年，而类似于本章的总结也将会在学术界不断地涌现。希望有更多的同人加入进来，共同反思主流宏观经济学存在的问题，使之不再只是"看上去很美"的屠龙刀，而是能够回归经济学的初衷——"经世济用"。

二 主流宏观经济学的四大危机

主流宏观经济学的最大危机，是它面对危机时显得那么的茫然和无助。以至于英国女王在访问伦敦经济学院的时候毫不客气地质问：你们怎么不早告诉我们（危机）？

具体而言，主流宏观经济学的危机可以概括为以下四个方面：基本信念危机、方法论危机、"形式化"危机和忽视金融的危机。

（一）基本信念危机

所谓基本信念危机是指：经历了这场危机，人们意识到市场不再是那样完美无缺，市场理性是有限的，市场并不能搞定一切；这导致人们崇尚自由市场的信念面临挑战。

主流经济学对于自由市场的信念根深蒂固，自亚当·斯密以来就一直如此。尽管凯恩斯革命打破了古典经济学的市场万能论，但后来的新自由主义以及新古典学派，还

第七章 主流宏观经济学：危机与出路

是相信市场是不会错的。市场失灵问题，在很长一段时间几乎被人们淡忘了，特别是"华盛顿共识"盛行之时，市场化、自由化被放在了至高的位置。新古典学派更是将它奉为圭臬，成为新古典的灵魂。

主流宏观经济学中，对于市场的推崇不遗余力。其中以有效市场假说最为著名。有效市场假说是指，在金融市场中，价格完全反映所有可获得的信息（若一个公司的信息是公开的，那么股票总是能准确反映该公司的盈利、经济前景等）。实际经济周期理论中的冲击传导机制也暗含着市场是有效的。该理论认为，对外部冲击的传导主要是靠经济人的优化行为（如跨期替代效应）来完成的。从这个角度看，大萧条不过是一次大休假，而且都是自愿的。正是对市场的这种无条件信任支撑着撒切尔主义、里根经济学和所谓的"华盛顿共识"。

不过，过于信任市场的新古典经济学解释不了大萧条何以会产生，何以会有长期的大规模失业，同样，它也无法解释2008年国际金融危机。

危机之后，经济学家们开始反思：自由市场是靠不住的，它还需要制度保障。Acemoglu强调，自由市场并不等同于毫无约束和管制的市场[①]。之前，主流的逻辑与相关模型都表明，即便我们不能相信个人，但我们还是可以相信那些长期存在的大企业，它们可以自我监督，因为它们已经积累了声誉资本。这样一种观点忽视了两个重要的认

---

① Acemoglu, D., 2009, "The Crisis of 2008: Structural Lessons for and from Economics", CEPR Policy Insight, No. 28, Jan.

识。首先，企业自身的监管多是由企业内部人员完成，但这些个人并不是风险的直接承担人，因此并不能过于信任企业的内部监管。其次，当这些企业由于自身监管不足和过度的风险行为而出现问题时，它们的行为应该受到惩罚，但惩罚的执行却往往面临许多困难，这种困难在此次危机中显得尤为突出。一些出问题的企业规模很大，并且拥有其他部门所不具备的资源和技术，对这些企业的惩罚将会带来巨大的社会成本，因此使得惩罚失去了应有的效力。今后应该对企业的声誉有重新的认识，驰名商标、国际名牌未必不出问题。安然事件、雷曼事件等都是前车之鉴。同时，对企业的评价也要更多地基于对其整体行为的考量，而不仅仅关注企业的价值。

另外值得关注的是，过去对市场的监管限于微观监管却忽视了宏观审慎监管的重要性。宏观审慎监管广义上是指对系统性风险的监管，狭义上是指以下四方面内容，即金融体系不稳定导致实体经济的代价，系统性风险，内生性风险，金融体系与实体经济的互动。尽管金融体系整体风险大小取决于其组成部分（即金融机构、金融市场及其他市场参与者）的个体风险程度，但又不完全等同于个体风险的简单加总。个体风险从微观角度而言可能并无不妥，但综合起来，却有可能对整个金融体系造成冲击。比如次贷危机爆发前，美国无论是投资银行、商业银行，还是保险公司，都符合监管当局的微观监管指标（如资本充足率水平等），但从宏观审慎监管的角度来看，全球经济的重大失衡、美国住房抵押市场的超速发展、金融创新与衍生品交易的过度膨胀、具有系统重要性金融企业间的业

第七章　主流宏观经济学：危机与出路

务关联度过大等迹象，都显示出重大系统性风险。还有，当时的美国没有加入 IMF 的金融部门评估项目（FSAP），不接受其监督，也使得系统性风险与金融不稳定不能得到"外部"权威机构的有效评估[①]。

经济学理论告诉我们，市场经济需要有一系列的制度来保障所有权、合同效力以及产品和服务的质量等，但制度的重要性并没有得到足够的关注。关于制度的研究大多局限于分析发展中国家应该如何建立有效的制度来促进经济发展，却并没有探究发达国家需要怎样的制度来保持经济的繁荣。此次危机让我们对于制度的重要性有更深刻的理解，主流经济学应更多地关注市场监督与管理的相关理论，特别是宏观审慎监管的思想。在市场监管不完善的情况下，机会主义行为将会对市场产生负面影响。只有在有效的市场管理下，机会主义行为才会演变成经济增长和创新的动力。此外，信息经济学、行为经济学等学科的发展，也再次表明，市场的理性是有限的，市场应该受到管束。在市场失灵的情况下，需要有政府来补充（尽管也存在政府失灵）。

总之，此次危机使得人们对于自由市场的盲目乐观与自信遭受巨大的冲击。尽管如此，人们对于市场在配置资源中发挥基础性作用这一点不会动摇，因为这是整个主流宏观经济学理论乃至全球市场经济实践的基石。

---

① 危机爆发之后，美国承诺加入 FSAP。美国金融部门的第一份评估报告于 2010 年出炉，目前已有 2010 年、2015 年和 2020 年三份评估报告。

(二) 方法论危机

主流经济学采用的是均衡方法。而所谓方法论危机是指均衡经济学，以及与之相关的线性化处理方法，忽略了时间与过程，取消了经济体系变动的丰富性与复杂性，从而主流经济学也在某种程度上取消了类似大萧条与大危机出现的可能性。

1. 均衡与过程

均衡是经济学的核心概念，可以说贯穿于整个经济学之中，如微观的供求均衡、博弈论中的纳什均衡、动态市场结构的收敛均衡、经济增长的均衡路径等。没有均衡方法，主流经济学的很多模型就不知道怎么做了。DSGE 也就不存在，因为 DSGE 本来就是指动态随机一般均衡。

对于均衡经济学，奥地利学派早就提出批评：市场是一个过程，而不是产生市场均衡的一组相互协调的价格、质量和数量。我们需要的是一个市场过程理论，它明确考虑到市场参与者的行动所凭借的信息和预期的系统变化如何把它们引向假设的均衡"解"。

单纯的均衡解，几乎忽视了时间的存在，只有结果，没有过程；或者有时候是对过程不够关注。这会带来很多问题。比如我们考虑经济转型，这是指经济从转型开始时的非均衡（一系列改革打破了原有均衡）走向转型结束后的新均衡。仅仅从模型角度，或许把价格搞对、机制搞对，资源就能有效配置，从而一切就能搞对。在实施休克疗法的时候，恐怕就是基于这样的均衡方法。不过，这样一种简单化的处理忽略了从一个均衡到另一个均衡的过程。而事实上，有时候这个过程是非常重要的。弗里德曼曾反对采用医疗执照的方式对医生进行限制，因为越来越多的医生进来会使得那些庸医自然被淘汰从而医疗的质量会提高。如果我们只关注均衡的结果，那么弗里德曼的说法似乎很有道理。但问题是，这个均衡是如何达到的呢，或者说这个世界是如何实现均衡的呢？均衡的过程变得重要起来。要发现哪些医生很糟糕，就得需要接受那些庸医治疗的患者告诉别人。但是，患者实际上在判断医术好坏方面缺乏专业知识，因此一个庸医可能在江湖混迹多年而不会被发现。一个均衡的结果不能与实现均衡的路径完全分割[①]。

2. 单一均衡与多重均衡

在主流宏观经济学中，尽管也发展出一些多重均衡模型，但大多是单一均衡。而对于"流动性陷阱"导致通货紧缩，以及大萧条导致长期大规模失业等现象，则需要运用多重均衡或至少认为经济在一个较长时期不是处于均衡状态。然而，纳入财政与货币政策的标准的 DSGE 模型却是单一均衡模型，而不是多重均衡。

与单一均衡相关的还有代表性经济人，如单一家庭代表着整个经济中的消费、储蓄与劳动供给决定。显然，所有的家庭并不都是一样的，这里没有考虑到不同质的经济人之间的互动所产生的复杂性以及多重均衡。

单一均衡的存在还和模型的实际处理有关。当我们对

---

① Waters, G., 2009, "Equilibrium and Meltdown", Illinois State University on the Economic Crisis and the State of Macroeconomics.

一个模型线性化，并加上一个随机扰动的时候，一个不幸的副产品是，这个线性化模型要么呈现出一种很强的稳定形态，要么呈现出一种毫不留情的爆炸性形态。在这些模型中，不存在"有限的不稳定性"（bounded instability）。DSGE 的专家们看到经济在过去的时间里并没有出现过不受限制的爆发性局面，从而认为，在线性化模型中可以把这个情况排除掉。经过这样的处理，剩下的情况就是，在外生随机冲击之后，经济会很灵敏地回到确定性的稳态。这样一来，就没有"L"形的衰退，没有大萧条，经济回到了单一均衡。尽管非线性模型早就有人提出，但还没有能进入主流，因为非线性更难处理。

（三）"形式化"危机

形式化（formalization）有时被看作是一件科学的外衣。其实，数学、模型、形式化本身并没有过错。如果不进行抽象与简化，一门学科就难以进行所谓的科学研究。想象一下，1∶1 的地图又有什么价值呢？现在的问题在于如何进行抽象与简化。为了有用，模型应该是可处理的并易于掌控，但这要求大量的省略与简化，从而牺牲了模型把握重要现象的能力。简单、美与复杂的现实之间永远是一对矛盾，需要寻找平衡。如果说主流经济学存在着形式化的危机，那主要是指，将主要精力放在了如何把模型做得漂亮上，而忽视了它的实用性功能；理论模型与政策实践之间的距离越来越大，前者根本无法指导后者，有时甚至是误导后者。换句话说，越来越形式化的主流宏观经济学尽管看起来更加"科学"了，但实际上并不好用，脱离了经济学"经世济用"的初衷，离工程学还有很长一段距离。

1. 原教旨主义者与现实主义者的分歧

随着现代经济学的发展，"数理化""模型化"的倾向越来越严重。有时候，人们相信抽象模型胜过相信具体的现实。这就是主流经济学中的所谓原教旨主义者（fundamentalists），他们坚信模型是最重要的，认为政策总是要从现有最好的模型中得出来，而数据则要通过模型来进行过滤。如果观察数据与理论模型不相符，那么这些观察数据就应该被忽略或抛弃。另外一派是所谓的现实主义者（realists），他们意识到模型的局限性，并且乐于有这样的劳动分工：即研究者们来改进模型，而由政策制定者来决策。他们知道，抽象的模型一定是忽略了一些（甚至是很重要的）细节；他们确信，有用证据的获得可以通过两种方式：一种是直接经验，另一种是通过测试与改进模型。他们认为，研究者需要考虑到模型有时候会出错（尤其在预测与实际的判断相差很大的时候），而政策应该来源于这两类证据（直接经验与模型结论），不应该有所偏颇。

面对危机中的救市计划，这两派有很大分歧。基于模型的原教旨主义者信奉一套规则，反对救市计划；基于经验的现实主义者信奉相机抉择，支持救市计划。在雷曼兄弟倒闭问题上，原教旨主义者按照习惯思维，认为破产是司空见惯的事，从而雷曼兄弟的倒闭与强制出售贝尔斯登没有什么不同，于是赞成雷曼兄弟倒闭，这可能犯了大错。因为雷曼兄弟倒闭引起全球性的市场恐慌，是抽象模型所无法揭示的；而处在一线的政策制定者以及所谓的现实主义者却凭着经验能感觉到，原教旨主义者应该倾听现实主义者的声音①。

2. "看上去很美"的主流模型

不少学者（以新凯恩斯主义者为主）很怀念20世纪70年代之前凯恩斯主义盛行的时候，认为那个时候的经济学真的是非常实用的。而最近30年，尽管经济学家们宣称宏观经济学取得了巨大进展，但对于政策实践的影响却微乎其微。这样的结论，未免不让人感到震惊继而沮丧。Mankiw举了两个例子②。一个是货币政策方面。根据两位诺贝尔奖获得者基德兰和普雷斯科特的意见，自然应该是遵循政策规则，但在实践中，格林斯潘却感到执行政策规则的困难。20世纪90年代中后期美国的新经济繁荣，恐怕不是得益于它采取了什么政策规则，反而是得益于它的相机抉择。尽管这个问题还可以争论，但显然，政策的动态一致性，在美国的实践中也没有得到很好的贯彻。这就是说，实际经济周期学说的光芒还只能停留在理论上，而没有照到实践中。另一个是关于财政政策的。小布什打算减税之前，让大家算一下减税对于就业的影响。这时候，Mankiw就用了一个宏观计量经济学的模型来测算。令他感慨万千的是，这里的模型不过是克莱因、莫迪利安尼他们

---

① Romer, P., 2008, "Fundamentalists versus Realists", Economist's View, Oct. 7.

② Mankiw, N. G., 2006, "The Macroeconomist as Scientist and Engineer", *Journal of Economic Perspectives*, 20 (4), 29–46.

所创建的、用了差不多20年的模型。是没有新模型吗？不是，是没有"好用"的新模型。

出现这种状况，问题不在于政策部门对于经济学最新进展的无知，相反，美国联邦储备委员会吸引了最优秀的年轻的经济学博士，总统顾问委员会也吸引了一流大学的研究人才。问题在于，现代经济学作为一门科学在解释世界方面是较为成功的，但是，它还不能像工程学那样对政策实践发生实际的作用。Romer等在一篇很有影响力的论文中提到，美联储依照主流模型进行的预测可能是错误的，但其政策决策却相对正确[1]。这主要是因为政策决策没有完全按照模型预测，而是按照经验来进行。

DSGE的教父萨金特也说：我发现那些支持刺激方案的计算是非常粗略的，忽略了我们在过去60年中所学到的宏观经济学。这一评论表明政策操作与经济理论之间的距离到底有多远。不过，萨金特是希望运用DSGE模型来指导政策操作。但实际上，DSGE模型很难解释现在所面临的复杂环境。

（四）忽视金融的危机

主流宏观经济学危机的一个直接导火索是它不能解释当前的金融危机。究其原因有三点：长期以来由"两

---

[1] Romer, C. D., and Romer, D. H., 2008, "The FOMC versus the Staff: Where can Monetary Policymakers Add Value?", *American Economic Review*, 98（2），230－235.

分法"导致的宏观经济学对于金融研究的缺失；大稳定时期的宏观环境导致对于金融动荡与危机问题的漠视；以及忽视金融化引起收入差距扩大进而可能引发危机的作用渠道。

1. 从"两分法"到宏观经济学与金融学之间的距离

"两分法"是指货币金融与实体经济是截然分开甚至是没有实质关联的两个部分，其早期渊源是萨伊的学说。庇古（Pigou）认为，商品总是为商品所购买，货币在其间所起的是瞬间的交换媒介作用，是"一块遮挡实际经济力量活动的面纱"，对实际经济没有影响[1]。其后，虽然金融大发展且对经济的影响越来越深远，但坚持两分法的还是大有人在。新古典经济学中的实际经济周期理论就是典型的现代版本的两分法。该理论强调，周期的解释因素都可以从实体经济中去寻找（如技术冲击、劳动的跨期替代等），在这里，货币因素被彻底剔除了。

与之相应的是宏观经济学研究与金融学研究之间的相互隔离。熊彼特曾这样描述1870—1914年（及以后）经济学的状况：银行和金融文献在货币和信用文献中是一隔离车厢，正如后者在一般经济学文献中是一隔离车厢那样[2]。而今天，处在"隔离车厢"中的是宏观经济学与金融学。

金融经济学与宏观经济学的距离从金融经济学诞生之

---

[1] Pigou, A. C., 1949, *The Veil of Money*, Macmillan.
[2] ［美］约瑟夫·熊彼特：《经济分析史》（第三卷），朱泱等译，商务印书馆1996年版。

日起就产生了。第二次世界大战后初期，金融学还是一门新兴的学科，它侧重于金融与统计分析，以向传统的制度性金融挑战。但这些努力并不为经济学家们所赞赏，哈里·马可维茨的轶事表明了这一点。马可维茨因在金融经济学方面的贡献而获得 1990 年诺贝尔经济学奖，但他在芝加哥大学进行博士论文答辩的时候却遇到了麻烦。答辩委员之一的弗里德曼认为他的资产组合理论不是经济学的一部分，因而不能授予他经济学博士学位[①]。

随着金融在经济生活中扮演越来越重要的角色，以及金融理论的大发展，金融经济学的地位有了明显提高，但这丝毫不表明它与宏观经济学之间的距离缩短了。一个颇有说服力的例子是，都是强调经济人的理性，宏观经济学中的理性预期学说与金融经济学中的有效市场假说却有很大不同（尽管它们也有相似之处）。在《新帕尔格雷夫经济学大辞典：货币与金融》中，有萨金特等人的一组文章是关于理性预期的，同样也有另外一组文章是关于有效市场假说的。有趣的是，除了一篇短文总结了不对称信息条件下的理性预期并将这一术语运用到金融中，这两组文章竟没有相互索引。可以说金融经济学的发展一定程度上是独立进行的。它有自己的研究对象和研究方法，这些都不同于一般的宏观经济学。

正因为如此，Summers 提出著名的"番茄酱经济学"

---

① 张晓晶：《金融经济学与一般经济学之间的距离——评'97 诺贝尔经济学奖获得者的贡献》，《国际经济评论》1998 年第 Z1 期。

(ketchup economics)[①]。他指出：有一个可能存在但实际上并不存在的经济学领域——番茄酱经济学。有两类研究者关心番茄酱经济学。一类是一般经济学家（general economists），他们把对番茄酱市场的研究看作是更广阔的经济体系的一部分；另一类由处在番茄酱部门的番茄酱经济学家组成，他们关注的是番茄酱市场上是否存在多余的套利机会。他们指出，如果没有交易成本的差异产生的偏差，两夸托瓶装番茄酱的售价总是一夸托瓶装番茄酱售价的两倍。金融经济学家就像这里的番茄酱经济学家，关心的是不同金融资产价格之间的相互关系，是否存在套利机会。事实上，期权定价模型与MM定理就遵循着这样的逻辑。期权定价模型表明，一个期权的价格可以由一只股票和一只债券的价格来计算，这就好比是一大瓶番茄酱的价值可以由两小瓶番茄酱来计算。MM定理表明，一个公司的总价值（即公司股票与债券价值总和）独立于二者之间的比例，就好比一定量番茄酱的价格与它是由两小瓶来出售还是以一大瓶来出售的方式无关。

番茄酱经济学尽管在其逻辑框架内是完善的，却忽视了对于很多人来说更为重要的问题——是什么决定了整个金融资产的价格水平，而这恰恰是宏观经济学家的研究对象。尽管资本资产定价模型（CAPM）将股票价格水平及其变动与人们的消费联系在一起，从而不再只是比较资产之间的价格，而且考虑到资产价格总水平以及将它和这些

[①] Summers, L. H., 1985, "On Economics and Finance", *The Journal of Finance*, 40（3），633–635.

资产给人们的生活所提供的价值联系起来,但总体上,宏观经济学与金融学之间相互隔离的状态还未能有根本的好转。

2. 主流模型对金融以及金融危机的忽视

关于危机的种种微观机制大都已经揭示出来,如委托代理理论、激励理论、不对称信息及其后果、行为经济学、异质性经济人、协调失败等,但从宏观层面上看,还缺乏一个能够将以上因素均纳入其中的模型。流行的DSGE模型是有微观基础的,不过这种微观基础很难与信贷周期和金融误配置相一致。很多模型中没有金融资产。Wyplosz指出,主流经济学认为金融市场只是一个余兴表演,从来不是主角,因此可以将它处理成外生的,或者以一种非常初级的方式纳入模型[①]。当然有些例外,比如伯南克的金融加速器模型。不过,这个模型只是概括了信贷周期向实体经济的传导效应,而不是解释金融危机本身。总的来说,一个成熟的金融部门很难在可用的宏观模型中发现。因为,尽管如《就业、利息和货币通论》所揭示的,金融在整个经济世界中扮演着重要角色,但整个宏观经济学的重点仍是劳动力与产品市场的黏性,以及在一个金融变量不存在或无关紧要的环境中政策的作用。

忽视金融也和过去20多年宏观环境的影响有关。尽

---

① Wyplosz, C., 2009, "Macroeconomics After the Crisis: Dealing with the Tobin Curse", Walter Adolf Jöhr Lecture, University of St. Gallen.

管地区性的金融危机与货币危机频发，但与金融市场相关的问题却变得没那么重要，原因在于出现了所谓的大稳定。这个前所未有的高增长、低通胀的情况，导致经济环境的改善，产出、通胀甚至资产价格的波动性下降。正如福山所称的"历史的终结"，有人借用，认为经济不稳定的终结标志着（经济）历史的终结。当然事实并非如此，2008年国际金融危机甚至是报复性地宣告，危机没有终结，（以研究周期波动为主旨的）宏观经济学也没有终结。

除了上述理论与现实原因之外，对于金融的忽视也存在一些技术处理上的问题。尽管我们希望主流模型中应考虑诸如不对称信息、异质性经济人、杠杆周期、银行资产负债表等因素，但处理起来很困难。比如，金融市场的非线性特征就很难与线性或线性化的模型相一致。

3. 忽视金融化对于分配的影响

主流宏观经济学不仅对于金融研究是缺失的，对于分配的研究也是缺失的。新古典经济学运用边际生产率理论解释了各生产要素都能分配到自己的贡献额，即"各得其所"，从而在很大程度上"取消了"关于收入分配研究的重要意义。因此，在主流经济学中，收入分配的研究一度"消失"。而忽略了收入分配，对于理解经济波动和金融危机就会很困难。对主流经济学家而言，这次危机是一次小概率事件，但在后凯恩斯主义者看来，这次危机是可预测的：由于经济趋向于金融化（financialization）的发展，导致收入分配差距拉大，一方面劳动生产率在增长,另一方面与之相关的劳动报酬却未能相应提高,从而出现无分享的增长,这是导致危机可能出现的一个重要原因①。

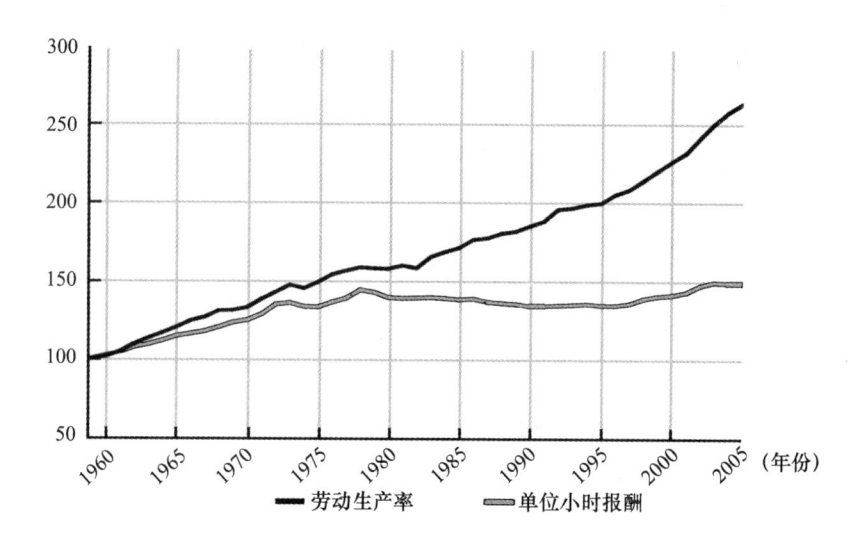

图 7-1　美国劳动生产率指数与产业工人单位小时报酬指数

注:1959 = 100。

资料来源:Palley, T. I., 2009, "After the Bust: The Outlook for Macroeconomics and Macroeconomic Policy", Levy Economics Institute of Bard College, Public Policy Brief Highlights, No. 97。

图 7-1 显示,2005 年美国的劳动生产率相当于 1959 年的 2.7 倍,增长了 170%,而 2005 年的劳动报酬却是 1959 年的 1.5 倍,只增长了 50%。这导致贫富差距的急剧扩大。图 7-2 与之有很好的对应。在劳动生产率与劳动报

---

① Palley, T. I., 2009, "After the Bust: The Outlook for Macroeconomics and Macroeconomic Policy", Levy Economics Institute of Bard College, Public Policy Brief Highlights, No. 97.

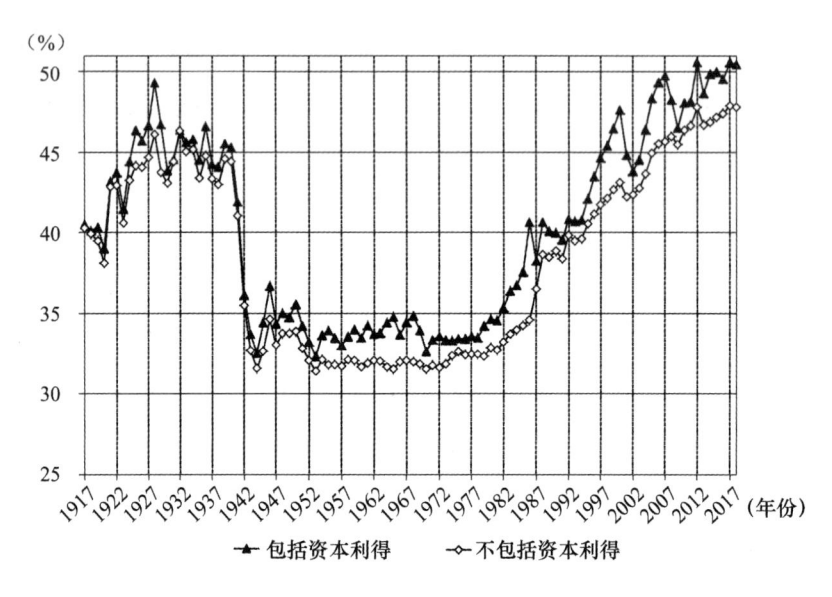

图 7-2 美国收入分配

注：收入最高的10%人群的收入占总收入的比重。

资料来源：Saez, E., 2020, "Striking it Richer: The Evolution of Top Incomes in the United States (Updated with 2018 estimates)", https://eml.berkeley.edu/~saez/saez-UStopincomes-2018.pdf。

酬显著扩大的20世纪80年代初，恰恰是收入分配差距扩大的开始，而这也和里根、撒切尔夫人的新自由主义时代开始完全吻合。

如果我们更进一步将时间追溯到20世纪30年代的大萧条，发现历史何其相似！在大萧条之前，也发生了劳动生产率增长与劳动报酬增长的不同步。第一次世界大战后，由于有了各种大规模生产的技术，美国工人每小时的劳动生产率已经提高了40%以上。而在20世纪20年代，工人的收入并没有随着生产力的提高而相应增加。就是在黄金时代的1929年，布鲁金斯研究所的经济学家也已计算过，一个家庭如果想取得最低限度的生活必需品,每年至少要有2000美元的收入才行,但当年美国家庭60%以上的进款是达不到这个数字的①。也正因为如此,大萧条之前,贫富差距达到顶峰,只是经过罗斯福新政,贫富差距才有大幅度缩小。

从这个角度出发,说过大的收入分配差距是危机的一个根源也并不为过,尤其当这个收入分配差距很大程度上与金融业的过度膨胀或金融化相关的时候,就更是如此。

三 主流宏观经济学的出路

发展了数百年的经济学不可能在这次危机中就轰然倒下。经济学曾经历过多次的繁荣与萧条;历次大的经济危机总是会带来经济学本身的危机,同时也带来经济学的变革。从这个角度出发,认为危机会推动当前主流宏观经济学的发展也不为过。那么,主流宏观经济学的出路在哪里?我以为,至少应沿着以下几个方向推进。

(一) 改造理性经济人假说

理性经济人假说是主流经济学的基石。均衡概念也是建立在理性经济人假说基础上的。然而,经济现实的种种,特别是金融动荡、金融危机的不断出现,使得人们开始怀疑理性经济人假说。比如,理性往往是指人们行为的一致性,但一些心理学研究却发现:在牛市中,人们往往

---

① [美] 威廉·曼彻斯特:《光荣与梦想:1932—1972 美国社会实录》,中信出版社2015年版。

追求不确定性；而在熊市中，又往往规避不确定性。可见，市场上的非理性是很常见的。

理性经济人假说有两个核心思想：一是市场参与者是理性的，也就是说不会犯错误，即便有时候会导致泡沫，那也是理性泡沫；二是市场参与者只具有经济动机，也就是说利润最大化或个人效用最大化，除此之外，别无其他。过去30年的宏观经济学，为了使之更加科学化，其研究框架和规范都集中在假设人们只有经济动机而且完全理性时的经济运行。理性经济人假设有其一定的合理性以及便于处理，但如果将经济动机与理性进行不同组合（见表7-1），我们发现，具有经济动机与完全理性所占的比重只有四分之一。可见，如果仅凭理性经济人假设，很多经济现象是无法得到解释的。

表7-1　　　　　　　经济动机与理性的不同组合

经济动机/完全理性	经济动机/不完全理性
非经济动机/完全理性	非经济动机/不完全理性

资料来源：笔者自制，思想来自 Akerlof, G. A., and Shiller, R. J., 2009, *Animal Spirits: How Human Psychology Drives the Economy, and Why It Matters for Global Capitalism*, Princeton University Press。

这就是为什么，很多学者强调要重拾凯恩斯关于动物精神[①]的提法。人总有不理智或理智控制不住情感的

---

① 即 animal spirit，也有翻译成"血气冲动"，笔者认为"血气冲动"更加传神。

时候，并做出一些非常之举或令日后后悔的事情来，从而体现出一种动物精神。动物精神这一术语在古英语和中世纪拉丁文中被写成"spiritus animalis"，其中"animalis"一词的意思是"心灵的"或"有活力的"，它指的是一种基本的精神力量和生命力。在现代经济学中，动物精神是指经济的动荡不安和反复无常；它还意味着我们和模糊性或不确定性之间的特有联系。有时候，我们被麻痹，有时候它又赋予我们能量，使我们振作，克服恐惧感和优柔寡断①。改造理性经济人假说，就是要在宏观经济学中纳入动物精神，以及运用更多的行为经济学甚至心理学的成果，丰富对于市场参与者行为的理解。

（二）推进宏观经济学的融合

经济学的分分合合由来已久。经历了这次大危机，现在又到了重新进行宏观经济学整合的时候了。不过，这种整合不是简单的调和，而应该具有批判性和革命性。比如，无论是新古典学派，还是新凯恩斯主义，在宏观经济学分析中应该引入内在一致的跨期一般均衡基础的看法已被广为接受。这样，宏观经济学中的短期与长期分析就可以在一个单一的一致性框架中进行分析。

宏观经济学趋同的一个重要表现就是 DSGE 模型，这

---

① Akerlof, G. A., and Shiller, R. J., 2009, *Animal Spirits: How Human Psychology Drives the Economy, and Why It Matters for Global Capitalism*, Princeton University Press.

是宏观经济学新的工作母机,为央行所广泛使用。也因为如此,有人称新凯恩斯主义是一种"布谷鸟经济学"。布谷鸟有寄生的特点,即把自己的卵放在别的鸟巢里,然后由别的鸟将其养大。而新古典经济学就是通过这种寄生的方式,使得新凯恩斯主义不过徒有凯恩斯的标签,实际上却抛弃了凯恩斯的根本思想,比如对不确定性的重视,关于资本主义体系内在不稳定的观点,以及人们所熟知的动物精神等。一些人认为,由新古典经济学的方法论所武装起来的新凯恩斯主义,不过是实际经济周期理论的一种形式而已。

显然,我们期待的新的整合要超越这样的一种调和,而是更大胆、更具有批判精神地吸纳更多所谓非主流的思想,这包括马克思主义经济学关于阶层划分与利益冲突的研究,后凯恩斯主义(如卡莱茨基等)关于分配影响增长与波动的理论,奥地利学派关于市场过程的思想,明斯基的金融不稳定假说,以及重新重视分析凯恩斯关于不确定性与动物精神的洞见。

(三) 重建危机经济学

前面分析了为什么主流宏观经济学未能很好地解释金融危机,甚至在其分析框架中就直接取消了这个问题。从这个角度看,重建危机经济学非常有必要。如果说,主流教科书只是分析正常状态下的市场运行,那么,现在就要把危机经济学的分析也"常态化",要将危机看作经济周期运动一个不可或缺的部分。

在 Krugman 看来,宏观经济学的未来是要回归凯恩

第七章　主流宏观经济学：危机与出路

斯，回归凯恩斯的萧条经济学[①]。但今天看来，随着金融的高度发展，更为复杂的金融衍生品的出现，以及金融对于经济影响的日益增强，特别是金融危机的频发，使得仅仅回到凯恩斯是远远不够的。危机经济学的重建可以基于凯恩斯的萧条经济学，但应该包含更为丰富的内容，特别是对金融的分析。危机经济学重建至少应包括以下几方面的内容。

一是要打破宏观经济学与金融学的分隔状态。前面提到，宏观经济学与金融学相互隔离，导致对于金融的忽视。而要理解危机必须关注金融。近年来，这方面已经取得一些进展，如分析资产定价理论对于宏观经济学的意义[②]，强调金融加速因子在经济周期中的作用[③]，重视金融衍生品对于货币传导机制的影响[④]，将金融创新纳入 IS – LM 模型[⑤]，以及考虑风险因素的宏观模型（在 IS/MP 框架中加入风险

[①] Krugman, P., 2009, "How did Economists Get It So Wrong?", *The New York Times*, September 2.

[②] Cochrans J., and Hansen, L., 1992, "Asset Pricing Explorations for Macroeconomics", NBER Working Paper, No. 4088.

[③] Bernanke, B., Gertler, M., and Gilchrist, S., 1998, "The Financial Accelerator in a Quantitative Business Cycle Framework", NBER Working Paper, No. 6455.

[④] Fenger, I., 2000, "Corporate Hedging: The Impact of Financial Derivatives on the Broad Credit Channel of Monetary Policy", BIS Working Paper, No. 94.

[⑤] 张晓晶：《加入金融创新的 IS – LM 模型》，《经济研究》2002 年第 10 期。

贴水)①，等等。未来就是要把金融摩擦与泡沫形成的观点融入宏观经济学模型中，把金融经济学、宏观与货币经济学融合到一起，构造出纳入金融摩擦的新的工作母机模型，这是危机经济学重建必须跨出的第一步。其实在金融经济学还未充分发达之前，就曾经出现过同时在经济学领域与金融学领域均做出重大贡献的一些经济学大家，如阿罗、德布鲁、莫迪利安尼、萨缪尔森、托宾等。希望未来会有更多这样努力打通宏观经济学与金融经济学的学者出现。

二是重新理解危机传导过程，尤其是所谓"资产负债表式衰退"②，这是为主流宏观经济学所忽略的。尽管关于资产负债表在货币传导机制以及经济繁荣与衰退中的作用早有论述，但这些（如伯南克等人的研究）更多关注的是资金的供给方即银行的行为，而忽略了资金的需求方即企业的行为。强调资金供给方意味着，银行认为衰退时企业资产净值下降，抵押缩水，所以要主动减少放贷。事实上，在面临资产净值大幅下降、负债不断上升的情况下，企业会选择负债最小化而不是利润最大化。这就使得即便银行有充裕的资金，企业也不会贷款。相反，企业一有收入流，就会先还贷（也是一个去杠杆化的过程），而不是

---

① Jones, C. I., 2009, "The Global Financial Crisis of 2007 - 20??", http: //www. steveambler. uqam. ca/3022/articles/jones. 2009. pdf.

② ［美］辜朝明：《大衰退：如何在金融危机中幸存和发展》，喻海翔译，东方出版社 2008 年版；Cohen-Cole, E., and Martinez-Garcia, E., 2008, "The Balance Sheet Channel", Federal Reserve Bank of Boston Working Paper, No. QAU08 - 7。

重新投资。这样一来，央行的货币政策就会因为货币投放不出去而失效，而财政政策将会发挥更大的作用。对于危机过程的重新认识成为重建危机经济学的重要组成部分。

三是多层面、多视角剖析危机的成因、传导与后果。这就需要把主流信息经济学解释范式与强调货币信用过度扩张的奥地利学派理论、金德尔伯格的金融危机历史学派思想、明斯基的金融资本主义与金融不稳定假说等都结合起来，对金融危机以及金融与实体经济的关联提出更加丰富和深刻的理论解释。

四是借鉴其他学科的成果，改进经济学的研究方法。20世纪的经济学模型基本依赖于19世纪的物理学。前面也曾提到，主流经济学对于线性与单一均衡的偏好在于处理非线性与多重均衡的困难。我们期待，21世纪的经济学可以在物理学、数学、生物学以及其他学科的发展中汲取更多的营养。

（四）回归经济学的初衷"经世济用"

经济学原本就是经世济用，并不是知识分子的游戏。但发展到今天的主流宏观经济学，尽管表面上看起来是更像一门科学了，但离实际的操作价值却越来越远。在形式化危机中，我们提到DSGE模型在实际作用上可能还不如30年前的结构性宏观模型。如今的国际货币基金组织、一些重要的投行和学术研究机构关于宏观经济的预测，也更倾向于一些简单的结构性宏观模型，原因在于这些模型好用，结果也更可靠。因此，未来宏观经济学的发展应该走出象牙塔，考虑到它对于政策实践的指导作用。这就要求经济学的很多假设要更加贴近现实,比如,金融不再是面纱,理性经济人也有不理性的时候,市场需要制度保障等。唯其如此,抽象的模型才能更好地与复杂的现实之间形成良好的映射。

曼昆认为,宏观经济学的发展应归功于两类经济学家:一类把自己的工作理解为应用工程,另一类则更倾向于科学。工程师们最关注的事情是解决问题,而科学家们的目标则是阐明世界的运作规律。早期的宏观经济学家主要是致力于解决实际问题的工程师,最近几十年来,学者们则把更多的兴趣放在了开发分析工具和建立理论原则上。宏观经济学的科学和工程这两个部分现存的巨大鸿沟,对所有从业者而言都应该是个令人沮丧的事实[1]。从这个角度看,未来的宏观经济学应该兼具科学与工程学的特点——既构建理论原则,也解决实际问题。

---

[1] Mankiw, N. G., 2006, "The Macroeconomist as Scientist and Engineer", *Journal of Economic Perspectives*, 20 (4), 29–46.

第八章

MMT 与非主流经济学的"突围"

非主流经济学作为主流经济学的对立面（或竞争对手）其实早就存在。而在真正所谓主流（如凯恩斯主义经济学以及后来的新古典经济学）形成之前，并未有主流与非主流之分。凯恩斯革命的前夜，20 世纪 30 年代在英国发生的哈耶克与凯恩斯的论战就体现得很明显。因为那个时候，谁也无法自封为主流。

主流经济学与非主流经济学都经历着各自的周期，二者之间也间断性地呈现此消彼长的态势。而一旦出现危机（如滞胀危机或国际金融危机），主流经济学就会陷入困境，非主流经济学才有了"出头"的机会，所谓时势造英雄，也完全适用于经济学。本章要讨论的现代货币理论（Modern Money Theory，MMT），就是十分典型的案例。我们想通过这一案例分析，探讨主流经济学与非主流经济学的互动机制及非主流经济学如何突围，以期对中国经济学的创新发展有所启示。

一 "非主流"的现代货币理论何以大行其道

非主流经济学又称异端经济学（Heterodox economics）。在 20 世纪 30—80 年代的制度主义文献中，异端经济学作为一种经济理论或一类经济学的标志，代表着在某种形式上对主流经济学的不满。随后在 1987 年，艾伦·格鲁希用异端经济学指代与主流经济学相对的制度经济学、马克思主义经济学和后凯恩斯经济学理论。到 20 世纪 90 年代，一个明显的事实是，有很多理论分析都在某种程度上与主流理论相对立。这些异端经济理论包括奥地利经济学、女性主义经济学、制度演化经济学、马克思主义激进经济学、后凯恩斯和斯拉法经济学以及社会经济学等[①]。与此同时，异端经济学也逐步拥有了自己的阵地，这包括各类学会如异端经济学会、演化经济学会、激进政治经济学联盟、经济学多元化国际联盟等，以及诸多的理论刊物，如《剑桥经济学杂志》《资本和阶级》《女性主义经济学》《经济问题杂志》《后凯恩斯经济学杂志》《政治经济学评论》《激进政治经济学评论》《社会经济学评论》等。

异端经济学的思想基础源于强调国家财富、积累、公平，基于阶级、性别、种族的社会关系，充分就业，经济和社会再生产的传统。异端经济学中的不同学派有着不同的贡献。比如，社会经济学家给异端经济学研究带来的主要是对制度背景中伦理道德和正义的重视；制度主义带来了一种包含一系列变迁的概念和有关进步的

---

① ［美］史蒂文·N. 杜尔劳夫、［美］劳伦斯·E. 布卢姆主编：《新帕尔格雷夫经济学大辞典》（第四卷），中国财经出版集团、经济科学出版社 2016 年版，第 2 页。

第八章 MMT与非主流经济学的"突围"

规范的理论,以及政策承诺的注重实效的方法;马克思主义带来了一系列有关阶级和经济剩余的理论;女性主义带来了对差异背景下有关性别、阶级和种族之间的现行关系的整体的解释;后凯恩斯主义通过对真实的制度背景的分析,以及与政策建议紧密联系的生产中的有效需求、不确定性和货币理论的强调做出了自己的贡献[①]。

现代货币理论作为后凯恩斯主义的一个分支(所谓"非主流"),发端于20余年前,却在今天大行其道,成为人们街谈巷议的热点话题,为什么?这不能不说与2008年国际金融危机以来主要发达经济体的现实困境与政策应对有较大关系。现代货币理论最炫目之处在于宣称:财政赤字可以货币化;与私人部门不同,政府借债(发债)是没有限制的。这样的主张在20年前提出的时候,那些所谓的主流宏观经济学者们恐怕只会"一笑置之",并不把它当回事。但今天不一样。因为这样的提法已经成为美国一些政客的政策主张,并成为媒体热炒的对象。

在这个问题成堆的时代,强调"问题导向+政策导向"而不是讲求理论的完美(这是非主流经济学的特点),恰恰是现代货币理论被追捧的重要原因。桥水基金创始人达里奥(Dalio)声称,我们所知的央行体系正在退出历史

---

① O'Hara, P. A., "The Role of Institutions and the Current Crises of Capitalism: A Reply to Howard Sherman and John Henry", *Review of Social Economy*, 60 (4), 609–618.

舞台，现代货币理论取代它是"不可避免的"[①]。他从货币政策的演进角度出发，认为传统货币政策（减息）是第一代货币政策，量化宽松政策是第二代货币政策，而现在，这两种政策已经耗尽了它们刺激经济的能力，很可能被基于现代货币理论的第三代货币政策所取代。但达里奥承认这样做的风险，因为这将把"创造和分配货币、信贷和支出的权力"交到政治家手中。他说："很难想象这一系统将如何构建以实现目标。与此同时，我们正无可避免地朝这个方向迈进。"达里奥说，这种转变正在发生。由于欧洲和日本的利率维持在接近于零的水平，而且当经济陷入困境时，美国很可能会回到这一水平，财政政策接管"大体上已经发生了"。

现代货币理论的一些支持者们将日本作为应用这一理论的成功样本，称日本政府能够在不引发通胀的情况下提振财政支出，因为日本央行通过大规模刺激计划将政府的借款成本维持在超低水平。英国金融专家特纳（Turner）肯定了这一做法，尽管他并没有提及现代货币理论[②]。他指出，日本政府的总债务占 GDP 的 236%，如果将政府持有的金融资产扣除，政府净债务只有 152%。又由于日本央行持有政府债务达到 GDP 的 90%，且最终的利息收入以红利形式返还政府，这样一来，政府的杠杆率就只有

---

① Dalio, R., 2019, "It's Time to Look more Carefully at 'Monetary Policy 3 (MP3)' and 'Modern Monetary Theory (MMT)'".

② Turner, A., 2018, "Japan's Successful Economic Model", *Gulf Times*, Sept. 22.

60%而不再上升。Turner认为这样的政府债务水平将是可持续的。Turner在相当程度上肯定了日本政府发债、央行持有且未导致通胀从而债务可持续的做法，与现代货币理论有共通之处。不过，日本央行行长黑田东彦认为，日本并没有依靠现代货币理论。就国内而言，也有学者主张借鉴现代货币理论，在逆周期调节中突出财政政策的作用[1]，甚至也有主张财政赤字货币化的。

现代货币理论的"诱惑"在于，它承诺能够通过刺激手段解决经济困难，同时还不会带来负面后果。如果真是这样，估计没有人不喜欢这一方案。但从经济学角度来看，这更像是纸上谈兵。所谓没有负面后果，只是现代货币理论忽略或者说低估了这一成本；而对于收益，则可能是夸大了的。Palley一直以来都是后凯恩斯学派内部对现代货币理论的重要批评者[2]。他认为现代货币理论在分析上的缺陷表明它是非常糟糕的经济学，它只是挑起政治争论的极其简陋的媒体经济学而已。更多的批评者认为现代货币理论违背了常识，导致经济和政治上的不可行[3]。

现代货币理论到底是箴言还是异端，需要我们客观而深入的分析，尤其是不要戴着有色眼镜。

---

[1] 彭文生：《从"现代货币理论"看逆周期调节》，中国金融四十人论坛年会演讲，2019年。

[2] Palley T., 2019, "Macroeconomics vs Modern Money Theory: Some Unpleasant Keynesian Arithmetic", Post-Keynesian Economics Society Working Paper, No. 1910.

[3] Wolf, M., 2019, "States Create Useful Money, But Abuse it", *Financial Times*, June 4.

二 现代货币理论溯源及其三大支柱

现代货币理论中的"现代"并非修饰"理论",而是修饰"货币",即关于"现代货币"的理论。这一名称来自于凯恩斯对现代货币的定义,他在《货币论》中指出,当一个国家政权具有征税以及指定征税货币这两项权利时,便可认为是现代国家,"所有的现代国家都要求这种权利,而且至少从四千年以来,国家就有这种要求",并且"现在,一切文明国家的货币无可争辩地都是国定货币"[1]。后凯恩斯经济学家借用了"现代国家"这个词,认为现代国家所发行的货币就是现代货币,由此形成了现代货币理论。

(一)现代货币理论溯源

现代货币理论的起源可以追溯到德国历史学派经济学家克纳普(Georg F. Knapp)提出的国定货币学说[2]。根据

---

[1] [英] 约翰·梅纳德·凯恩斯:《货币论》(上卷),何瑞英译,商务印书馆1996年版,第6页。

[2] 克纳普书名的英文原文与其所提出学说名并不相同:其书名为 The State Theory of Money,可直译为货币的国定理论;其所提出的学说为"chartalism",词根是票据或符号的意思,我们只是根据其含义,意译为货币国定学说。事实上,克纳普的原意是货币的抽象符号理论,而这个符号的价值是由国家政权赋予的。参见 Knapp, G. F., 1924, The State Theory of Money, McMaster University Archive for the History of Economic Thought。

第八章 MMT 与非主流经济学的"突围"

Goodhart 的总结，货币理论分为金属货币学说（metallism）和国定货币学说（chartalism）[①]。金属货币学说强调货币最主要职能在于充当交易媒介。从原始社会的物物交换过渡到以货币为媒介的交换，市场交易成本降低了。而货币自身也是由某种具有价值的商品演化而来，贵金属的能储存、可分割、易计量、便携带等实物特性使其天然成为货币的首选。之后，基于贵金属价值的信用货币体系被发展起来，信用货币的价值来自于与其具有固定交换比例的贵金属价值。在这样的体系中，理论上任何一种商品都可以被视作货币，货币也同样是瓦尔拉斯一般均衡理论中的普通商品，货币与商品之间只存在由供求所决定的一套相对价格。基于此，货币只被看作实体经济的面纱，并不会对实体经济产生影响。由此推出的结论自然是货币中性论，这也是当前主流经济学的核心观点。克纳普的国定货币学说强调货币最核心的职能不是交易媒介，而是价值尺度和支付手段。他认为货币的起源早于市场交换的出现，其最初的职能就是计价单位和债务清偿。克纳普将货币的概念分为符号表征上的记账货币（money account）和实物形态上的货币物（money thing）。国定货币的含义是一个国家政权具备了规定具体哪种货币物可以作为对应的记账货币。凯恩斯认为，"当国家要求有权宣布什么东西可以作为符合现行计算货币的货币时，当它不只要求有权强制执

---

① Goodhart, C. A. E., 1998, "The Two Concepts of Money: Implications for the Analysis of Optimal Currency Areas", *European Journal of Political Economy*, 14 (3), 407-432.

行品类规定，而且要求有权拟定品类规定时，就达到了国家货币或国定货币时代"①。

现代货币理论由国定货币学说发展而来，也被称作新国定货币学说（neo-chartalism）、货币国定论（money as a creature of the state）或税收驱动货币（tax-driven money）。现代货币理论＝国定货币学说＋税收驱动货币。税收驱动货币这一观点在亚当·斯密那里也得到了支持，他认为"一国君主，如果规定赋税中有一定部分必须用纸币缴纳，那么，即使纸币什么时候兑现，全视国王的意志，亦定能多少提高纸币的价格"②。

根据Tcherneva的总结，现代货币理论可概括为七个方面的要点③。第一，现代货币体系下的国家政权具有两个重要权力，征税权以及确定税收支付货币的权力。第二，国家政权因此便确定了与政府之间的债务清偿所能接受的货币。第三，征税的目的并非为政府支出提供融资，而是为经济体系创造对货币的需求，即"税收驱动货币"。第四，在理论上和经验上，都是先有政府支出再有税收，政府支出提供给私人部门用于缴税的货币。第五，在现代社会中，国家政权垄断了发行货币的权力，这种权力保证

---

① ［英］约翰·梅纳德·凯恩斯：《货币论》（上卷），何瑞英译，商务印书馆1996年版，第6页。

② ［英］亚当·斯密：《国民财富的性质和原因的研究》（上卷），商务印书馆1983年版，第301—302页。

③ Tcherneva, P. R., 2006, "Chartalism and the Tax-driven Approach to Money", in Arestis, P., and Sawyer, M. (eds.), *A Handbook of Alternative Monetary Economics*, Edward Elgar Publishing.

了政府不会面临财政约束。第六，具有货币发行权的国家不需要通过征税或发债来为其支出进行融资，其征税的目的在于确立哪种借据被视作法定货币，发债的目的在于调节市场利率，由此导致了与主流经济学完全不同的政策主张。第七，垄断了货币发行权的政府也同时拥有了为货币定价的权利，既包括利率，也包括货币与其他某种商品的相对价格。

现代货币理论的主要提出者包括 Wray[①]、Forstater[②]等，他们继承了明斯基对于凯恩斯经济理论的重新解读[③]，也是后凯恩斯学派中的重要代表。但后凯恩斯学派作为一门非主流经济学，向来不被学界所重视。在新古典经济学一统天下的时代，现代货币理论只是在一个相对封闭的学术空间里"自娱自乐"，鲜为外界所关注。但 2008 年国际金融危机以及美国财政当局经历了多次所谓"财政悬崖"后，出于现实的需要，现代货币理论才逐步进入了公众视野并引起广泛争论。

[①] Wray, L. R., 1998, *Understanding Modern Money: The Key to Full Employment and Price Stability*, Edward Elgar Publishing; Wray, L. R., 2012, *Modern Money Theory: A Primer on Macroeconomics for Sovereign Monetary Systems*, Palgrave Macmillan.

[②] Forstater, M., 2006, "Tax-driven Money: Additional Evidence from the History of Thought, Economic History, and Economic Policy", in Setterfield, M. (ed.), *Complexity, Endogenous Money, and Exogenous Interest Rates*, Edward Elgar Publishing.

[③] Minsky, H. P., 1977, "The Financial Instability Hypothesis: An Interpretation of Keynes and an Alternative to 'Standard' Theory", *Nebraska Journal of Economics and Business*, 16 (1), 5–16.

（二）现代货币理论的三大支柱

现代货币理论有三大支柱：货币国定论、财政赤字货币化与最后雇佣者计划。其内在逻辑如下：在未充分就业的情况下（如在萧条期、周期的下行阶段等），政府有义务也有能力通过财政扩张（包括赤字货币化）来动员资源，实现充分就业。由于货币是国定的，其扩张不受约束；由于未充分就业，扩张也不会带来通胀。在这三大支柱中，最后雇佣者计划是目标，财政赤字货币化是手段，而货币国定论是理论基础。这三者完全不同于主流宏观经济学的分析框架，构成了现代货币理论最鲜明的特征。

1. 货币国定论

前文详述了现代货币理论与国定货币学说之间的关系。国定货币学说突出了货币的符号意义，并认为其最重要的职能是记账，记录债务人与债权人之间的关系。可以说现代货币理论根植于信用货币体系之中：货币首先是一种债权债务关系，现实社会的债权债务关系是一个"金字塔"形结构，最上层的政府借据就是货币（见图8-1）。在这个"金字塔"形结构中，处于底层的是民间借据，包括居民、非金融企业、非银金融机构等之间的经济活动所形成的借据。这些借据之间不能进行清算（A公司不能用其持有的B公司的欠条来偿还其对C公司的债务），而只能以金字塔中更高一层的借据来进行债务清偿。高于非银行借据的债务是银行借据，银行对其债权人所开具的借据在现实中就是银行存款（A公司可以用其在D银行的存款来偿还其对 C 公司的债务），但银行之间的债务清偿也无法通过银行存款来抵消，只有更高层级的政府借据（包括国债和法定货币）才能成为银行借据之间清偿的手段。而政府借据本身就是最高层级的债务，政府可以用法币来偿还国债，但没有其他东西可以用来清偿法币。政府法币具有不可兑换性，其价值来自政府的税收权，并规定在税收中只接受法币的支付。从金字塔的顶端向下，信用风险逐渐上升，利率逐渐升高，借据的规模也越来越大。可以说，处于金字塔第二层再向下的全部信用体系都建立在政府借据基础之上，是一个社会内生的信用创造行为。但处于顶端的政府借据则外生于政府的货币和财政政策，在宏观经济中具有重要意义。

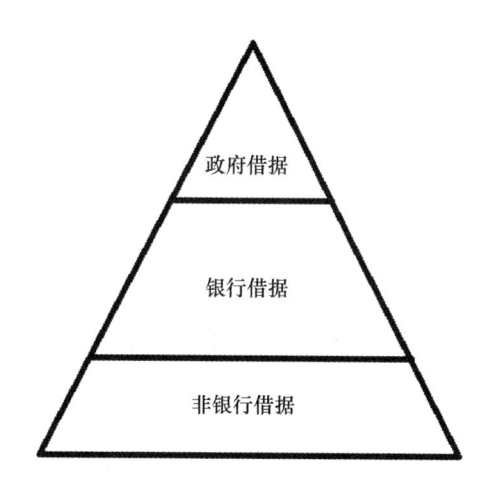

图 8-1 信用借据的"金字塔"形结构

资料来源：[美] L. 兰德尔·雷：《现代货币理论》，张慧玉等译，中信出版社2017年版，第103页。

Minsky 认为，货币来自于社会债权债务关系，所有人都可以创造债务，但究竟哪种债务可以被视作货币则取决于让其他人也接受这个借据的能力[①]。因此在债务体系的"金字塔"形结构中，处于最顶端的才可以被称作货币。最能够被普遍接受的是基于政府税收权的通货，其次是银行存款，之后才是各类其他民间借据。

2. 财政赤字货币化

金融与财政的英文表示都是 Finance，其本质也几乎相同。金融是指全社会的融资活动，而财政则专指政府部门的融资。在经济发展的早期阶段，金融与财政并不分家。但随着现代民族国家的崛起以及资本主义制度的建立，金融与财政的职能开始出现分化。尤其是当独立的央行制度形成后，财政当局与货币当局有了专业化分工，货币政策与财政政策具有了完全不同的含义。但现代货币理论对央行的独立性以及量入为出的古典财政理论提出了反对意见，主张将财政赤字货币化，且认为并不存在独立的中央银行。

根据国民收入恒等式，私人部门的盈余只能来自政府赤字。因此现代货币理论便认为政府可以无约束地负债，且政府支出也不受任何融资约束。只要政府具有发行货币的权利，则政府支出就可以被调节在任意水平上。同时，政府支出具有一定的乘数效应，可以拉动名义经济目标达到相应的理想水平。

---

① Minsky, H. P., 1986, *Stabilizing an Unstable Economy*, McGraw-Hill Education.

第八章　MMT与非主流经济学的"突围"

现代货币理论基于政府的货币发行权，支持所谓功能性财政（functional finance）主张①。不同于古典的预算平衡财政，功能性财政认为相机抉择的财政支出与税收政策应同时达到两个目标：一是保持币值稳定；二是达到充分就业。这就要求政府支出和收入要达到一个均衡水平，在这个水平下就业不多不少，恰好满足充分就业；同时要求政府一定要通过债务和货币进行融资，而不能仅靠收税。

财政赤字货币化的关键环节在于政府具有发行货币的能力，而这与主流经济学所推崇的中央银行独立性是冲突的。央行有自己独立的政策目标和政策工具，当财政当局进行债务融资时，不能直接与央行进行对接，而只能在私人部门获得融资支持。这样一来，财政当局仍然具有融资约束，无法无限量地发行国债，从而政府依然要寻求预算平衡。

现代货币理论则从理论机制上否定了央行的独立性，并在现实社会中也找到了大量证据。财政当局的账户一般开在中央银行，由此，税收、发债、政府支出等财政性操作都是央行账户与商业银行账户之间的交易，直接对银行准备金规模产生影响。例如，征税行为的结果是私人部门的银行存款转变为财政部的存款，同时这部分存款从商业银行账户转移到央行账户，也就是由商业银行的超额准备金变为政府性存款。超额准备金规模的下降势必对银行间市场利率产生向上的压力。此时，央行为保持市场利率稳

---

① Lerner, A. P., 1947, "Money as a Creature of the State", *The American Economic Review*, 37 (2), 312-317.

定，需要通过公开市场买入国债，释放出相应的基础货币（准备金）。以上过程所产生的最终效果是央行的资产负债表在资产端增加了一定规模的国债，而在负债端增加了相应的政府性存款，政府债务实现了货币化。现实中这一过程虽然需要更多复杂的步骤才能完成，但其基本原理就是如此[①]。因此，只要央行有维持币值和利率水平稳定的职能，货币政策就只能从属于财政政策。

由于货币与财政政策之间进行协调的必然性，现代货币理论提出了合并货币与财政当局，成立大政府的政策主张，并认为只要制度设计合理，合并的货币与财政当局与各自独立运行的效果是相同的。

3. 最后雇佣者计划

基于功能财政的政策主张与大政府的制度设计，关于就业的两种主张被提出。一是由 Minsky 首先提出的最后雇佣者计划[②]；二是 Mitchell 所提出的就业缓冲池模型[③]。二者在本质上类似，都旨在同时达到充分就业和价格稳定的政策目标。

最后雇佣者（Employer of Last Resort，ELR）与央行的

[①] Wray 认为以上财政货币化的过程需要六个步骤才能完成。参见 Wray, L. R., 2012, *Modern Money Theory: A Primer on Macroeconomics for Sovereign Monetary Systems*, Palgrave Macmillan。

[②] Minsky, H. P., 1986, *Stabilizing an Unstable Economy*, McGraw-Hill Education.

[③] Mitchell, W. F., 1998, "The Buffer Stock Employment Model and the NAIRU: The Path to Full Employment", *Journal of Economic Issues*, 32 (2), 547 – 555.

最后贷款人（Lender of Last Resort，LLR）职能相对应，是指大政府通过债务融资来保证全社会的充分就业。只要经济系统中存在非自愿失业，政府就应该通过债务融资来雇佣劳动者，以此来保持充分就业。在充分就业的同时，政府还可以确立一个货币的价格基准，即最后雇佣者计划中劳动者单位劳动时间的报酬。有了这个劳动工资的价格基准，全部商品的相对价格体系便可以建立起来。Wray认为只要最后雇佣者工资是固定的，货币的币值稳定就可以得到保证[1]。

由于始终要保持劳动者充分就业，这个机制也成为政府支出的自动缓冲器，具有逆周期调节机制。当经济萧条，私人部门就业不足时，政府的工资支出会自动增加，从而减轻通缩的压力；相反，如果经济繁荣，私人部门增加劳动力需求，则政府的工资支出下降，从而缓解通胀压力。

最后雇佣者政策主张的逻辑可以概括为四点：第一，政府部门是唯一可以不考虑利润而雇佣劳动者的机构，并且不受融资约束，从而可以提供具有无穷弹性的劳动需求。第二，通过外生设定最后雇佣者劳动工资，政府部门可以为货币的购买力价值锚定一个基准。第三，政府通过就业缓冲池的机制保证其支出总是在合适的水平上。第四，保持充分就业和币值稳定是财政当局的职责，而不是货币当局的职责。因此健全的财政安排不再是平衡财政，而是要以充分就业和价格稳定为目标。

---

[1] Wray, L. R., 1998, *Understanding Modern Money: The Key to Full Employment and Price Stability*, Edward Elgar Publishing.

三 现代货币理论的"非主流"研究范式

主流经济学的研究范式,主要有以下几个特质:一是所谓"第一原则"。这是其方法论的根基,一般是指理性经济人假设和效用(利润等)最大化假设。二是演绎法而非归纳法,强调理论逻辑的自洽。主要注意力放在模型的内部逻辑一致性而非实际问题的解决上;同时,通过设立一系列外围假设来免除自身理论被经验材料证伪的可能性,从而形成一种逻辑"演进"的解释体系。三是形式化,特别是数学化、模型化。克鲁格曼(Krugman)写道:"为什么有的思想被人们接受,而有的却被拒之门外呢?答案对于局外人也许有些神秘,但对从事经济学研究的人而言却再明显不过了,那就是只有可以模型化的思想才会得到垂青。"[①]

参照以上标准,现代货币理论显然都不太符合要求。一方面是缺乏严谨的数理模型,这是其被划归非主流的重要原因。虽然现代货币理论借鉴了存流量一致等宏观经济模型,显得更为学术化,但比起主流经济学严谨的逻辑推演和模型化表达,仍有很大差距。另一方面,通过下文的分析可以看出,在理论逻辑的自洽上,现代货币理论仍有不少瑕疵。

现代货币理论的非主流研究范式主要有以下几个突出的特点。

---

① [美]保罗·克鲁格曼:《发展、地理学与经济理论》,蔡荣译,北京大学出版社2000年版。

（一）强调需求侧分析

后凯恩斯经济学是凯恩斯之后英国的剑桥学派在美国的继承和发展。这一学派内部也呈现出多样性特征，包括对卡莱斯基模型的发展[1]，对卡尔多和哈罗德模型的发展[2]，存流量一致模型[3]，代理人模型[4]，金融不稳定性假说[5]等。

以上之所以都被归为后凯恩斯经济学，在于它们有很多共性，其中非常重要的一点就是基于需求的分析逻辑。凯恩斯最早提出了宏观国民收入恒等式，即"储蓄＝投资"，他认为是投资决定了储蓄，也就是需求决定了供给，

---

[1] Bhaduri, A., and Marglin, S., 1990, "Unemployment and the Real Wage: The Economic Basis for Contesting Political Ideologies", *Cambridge Journal of Economics*, 14 (4), 375 – 393.

[2] Pasinetti, L. L., 1962, "Rate of Profit and Income Distribution in Relation to the Rate of Economic Growth", *The Review of Economic Studies*, 29 (4), 267 – 279; Setterfield, M., 2000, "Expectations, Endogenous Money, and the Business Cycle: An Exercise in Open Systems Modeling", *Journal of Post Keynesian Economics*, 23 (1), 77 – 105.

[3] Godley, W., and Lavoie, M., 2006, *Monetary Economics: An Integrated Approach to Credit, Money, Income, Production and Wealth*, Springer.

[4] Tesfatsion, L., and Judd, K. L., 2006, *Handbook of Computational Economics Agent—Based Computational Economics*, Vol. II, North Holland.

[5] Minsky, H. P., 1986, *Stabilizing an Unstable Economy*, McGraw-Hill Education.

从而开创了宏观分析的新范式。后凯恩斯经济学继承了凯恩斯的有效需求理论,重点强调需求侧的因素,而较少考虑生产函数对供给的限制。后凯恩斯经济学虽然也承认生产函数的存在,但认为经济不能达到充分就业是常态,因此在大部分时候生产函数都不会成为决定总产出的核心因素。

以需求为出发点的分析范式也成为后凯恩斯经济学与主流理论的重要区别。以生产函数为基础的主流经济学更强调供给侧因素,各类生产要素一定要通过生产函数来影响总产出。这种分析范式对于经济增长、经济发展等问题都具有重要的含义,但由于对需求侧的关注度不够,对于由需求侧导致的问题缺乏政策指引。

现代货币理论作为后凯恩斯经济学的一个重要分支,继承了凯恩斯强调需求分析的研究范式,最后雇佣者计划也主要是从需求角度提出的,未考虑供给侧的资源配置效率。

(二) 货币的内生性与非中性

货币(信用以至金融)的内生性和非中性既是凯恩斯主义的重要特质,也为后凯恩斯主义以及现代货币理论所继承。

货币内生性理论强调的是,中央银行并不能够外生决定货币数量,实体经济需求才是决定货币规模的主要原因(此前的货币国定论已有论述)。凯恩斯在《就业、利息和货币通论》中虽然认为"投资决定储蓄,需求决定供给",但 Hicks 的 IS – LM 模型重新将货币供给外生化了①。Davidson 认为②，凯恩斯在《通论》发表之后又重新强调了货币的融资性需求③：货币是最重要的组织生产的工具，资本家需要用货币来预付工资、购买生产资料，由此货币的需求取决于实体经济需求。这并不是否认中央银行对货币调节的功能，他们也认为中央银行是影响货币供给的重要变量，中央银行调节基础货币可以直接影响到全社会的信用环境。但后凯恩斯主义基于对货币发展更为深刻的认识，更偏向经济需求对货币的影响，并由此形成了著名的"水平主义"和"结构主义"观点。"水平主义"强调了信用的内生性和央行的被动性。信用是内生的，而在全部信用中可以被社会看作货币的形式也是可以发生变化的，因此货币便不可能独立于实体经济而被外生决定。与此同时，为了维持全社会信用环境的稳定，中央银行只能被动调节信用环境来维持价格和利率的稳定。"结构主义"则进一步强调了金融市场和商业银行的力量。他们认为，在现代金融体系下，通过金融创新，商业银行等微观金融机构可以创造出丰富的金融工具作为货币的替代品，从而使中央银行的基础货币供给失效。二者虽然有区别，但关于内生性货币供给的结论是一致的。正如罗宾逊夫人所谓的"企

---

① Hicks, J. R., 1937, "Mr. Keynes and the 'Classics'; A Suggested Interpretation", *Econometrica*, 5 (2), 147–159.

② Davidson, P., 1972, "Money and the Real World", *The Economic Journal*, 82 (325), 101–115.

③ Keynes, J. M., 1937, "Theories of the Rate of Interest", *The Economic Journal*, 47 (186), 241–252.

业到哪里，金融会跟随到哪里"[①]。

货币非中性观点则与主流经济学的货币面纱论相对立，认为货币环境是影响实体经济的重要变量。后凯恩斯主义建立了包含货币金融体系的宏观经济模型，明斯基和戈德利等学者都极为强调资产负债表分析方法，而这种方法就是一种基于货币非中性的理论，认为资产负债表中的名义变量可以影响到实体经济变量和金融稳定性。这一理论模型也在现代货币理论中得以展现，并成为其政策主张的理论基础。

（三）存流量一致模型

后凯恩斯学派从凯恩斯的国民收入恒等式出发，并且又向前推进了一步，即不仅关注流量指标，也关注存量指标，强调资产负债表方法与存流量一致方法，并在此基础上构建了新的理论逻辑和分析范式。而这些方法或分析范式的演进，与宏观经济统计的发展是密切相关的。

凯恩斯的同事、剑桥大学经济学家斯通（Richard Stone）最初构建了国民账户体系（SNA）。无论是凯恩斯的模型，还是斯通最初构建的统计体系，都只考虑了经济流量，而忽视了资产负债表这类存量指标。随着国家资产负债表编制方法所取得的进展，一些发达经济体建立起了一整套同时反映存量和流量的国民账户统计体系。这使得

---

① Robinson, J., 1952, "The Generalization of the General Theory", *The Generalisation of the General Theory and Other Essays*, Palgrave Macmillan.

第八章 MMT与非主流经济学的"突围"

越来越多的学者开始重视资产负债表分析方法，利用资产负债表恒等式来构建经济模型，其中最为著名的是格利和肖的《金融理论中的货币》①、明斯基倡导的从资产负债表出发的分析方法②和剑桥大学戈德利等提出的"存流量一致"分析方法③。其中后两者是后凯恩斯经济学的主要代表，他们基于资产负债表的研究范式也为其他后凯恩斯学者所广泛采用。而现代货币理论正是在资产负债表恒等式中推导出了这一理论的两个重要假设：信用内生性假设（宏观资产负债表的四式记账法，借贷行为产生信用）和政府部门赤字支持私人部门盈余的假设（全社会净金融资产为0的约束）。

假设将全部经济体分为四个独立的部门，即居民部门、非金融企业部门、政府部门和国外部门。对于每一个部门，总收入与总支出之差成为部门的净储蓄；对于每一项收入和支出，部门之间一定存在着对应关系，即一个部门的收入一定对应着其他部门的相应支出。后凯恩斯经济学家形象地用水槽来比喻货币资金在部门之间的流动，这一性质可以概括为水槽之间不存在黑洞，即每一笔流动的资金既有来源也有去处。

---

① Gurley, J. G., and Shaw, E. S., 1960, *Money in a Theory of Finance*, Brookings Institution.
② Minsky, H. P., 1986, *Stabilizing an Unstable Economy*, McGraw-Hill Education.
③ Godley, W., and Lavoie, M., 2006, *Monetary Economics: An Integrated Approach to Credit, Money, Income, Production and Wealth*, Springer.

表8-1形象展示了这个从凯恩斯国民收入恒等式所发展出来的部门间流量矩阵,每一列表示一个国民部门,每一行则表示某一项经济活动,资金流出用负号表示,资金流入用正号表示。由于不存在资金黑洞,每一行之和必恒等于0,而每一列之和则为部门的净储蓄。对于企业部门,为突出表示投资的意义,首先将其划分为表示生产的经常账户和表示积累的资本账户。在经常账户中,企业的总收入可表示为消费、政府支出、投资和净出口之和:$Y = C + G + I + NX$;企业的总支出可表示为工资、利润和税收之和:$Y = W + F + T$,二者恒等。其中唯有企业的投资是来自于企业部门内部,因此企业的净储蓄可以表示为 $-I$。对于居民部门,其净储蓄为 $S_h = W + F - C$,政府部门的储蓄为 $T - G$,国外部门的储蓄为 $-NX$。根据这个矩阵行与列的恒等关系,国民收入恒等式可进一步表示成为:$(S_h - I) = (G - T) + NX$。

这一恒等式可以简单理解为私人部门(居民和企业)、政府部门和国外部门的净储蓄之和为0。换句话说,私人部门总的净盈余(储蓄大于投资的部分)来自于政府和国外部门的净赤字。而当国外部门净储蓄为0时,私人部门的净盈余则完全来自于政府部门的赤字。这是戈得利等根据凯恩斯国民收入恒等式所演化出来的流量平衡表[1]。由此可进一步推导出三点结论。第一,恒等式内部有经济内生决定机制,私人和政府部门的净储蓄中至少有一方是内生于经

---

[1] Godley, W., and Lavoie, M., 2006, *Monetary Economics: An Integrated Approach to Credit, Money, Income, Production and Wealth*, Springer.

济体系之中的。根据凯恩斯的观察，支出决定收入，而不是相反。即投资和政府支出是外生变量，而总收入、储蓄和税收是被动决定的，并且其中具有乘数效应。第二，私人部门盈余和政府部门平衡预算并存的唯一条件是对外盈余。当对外账户不存在盈余的环境下，私人部门盈余和政府平衡预算二者只能选其一。第三，基于以上原因，现代货币理论否认政府财政平衡的意义，相反，私人部门盈利能力不足、有效需求不足的根本原因正是政府赤字不足，而这会破坏金融体系的稳定性[1]。

表 8-1　　　　　　　　　流量均衡矩阵

	居民	企业 经常账户	企业 资本账户	政府	国外部门	总和
居民消费	$-C$	$+C$				0
政府支出		$+G$		$-G$		0
净出口		$+NX$			$-NX$	0
投资		$+I$	$-I$			0
工资	$+W$	$-W$				0
利润	$+F$	$-F$				0
税收		$-T$		$+T$		0
总和	S_h	0	$-I$	$T-G$	$-NX$	0

---

[1]　明斯基的金融脆弱性假说即建立于此，当私人部门盈余不足以支持其债务的还本付息时，经济体自然会从健康融资阶段过渡到庞氏融资阶段。参见 Tymoigne, E., and Wray, L. R., 2013, "Modern Money Theory 101: A Reply to Critics", Levy Economics Institute, Working Papers Series, No. 778。

在更为一般的模型中，流量的积累会转化成存量的变动。将表 8-1 中的净储蓄进一步分解为不同的金融工具，包括债券和货币，如表 8-2 所示。私人部门、政府和国外部门之间存量的恒等关系可表示为：$(\Delta B - \Delta B_f) + \Delta M = (\Delta B_g + \Delta M_g) + \Delta M_x$。左边是整个私人部门净金融资产的增量，等式右边是政府和国外部门负债的增量。也就是说全社会私人部门的净金融积累恒等于政府和国外部门负债的积累，从全社会范围来看，总金融财富总是为 0。由此便将各部门的流量与存量的变动连接在一起，形成了存流量均衡的模型。

表 8-2　　　　　　　　流量均衡矩阵的扩展

	居民	企业 经常账户	企业 资本账户	政府	国外部门	总和
居民消费	$-C$	$+C$				0
政府支出		$+G$		$-G$		0
净出口		$+NX$			$-NX$	0
投资		$+I$	$-I$			0
工资	$+W$	$-W$				0
利润	$+F$	$-F$				0
税收		$-T$		$+T$		0
新增债券	$-\Delta B$		$+\Delta B_f$	$+\Delta B_g$		0
新增货币	$-\Delta M$			$+\Delta M_g$	$+\Delta M_x$	0
总和	0	0	0	0	0	0

存量的恒等关系更为直接地体现了现代货币理论的基本逻辑，即金融财富来源于赤字。私人部门金融财富

的积累完全对应于政府和国外部门的债务，无论是货币形式，还是债券形式。换句话说，金融资产的本质是一纸借据，对于其持有者表示资产，对于其发行者则表示负债，负债与资产总是大小相等、方向相反。从而在全社会范围内，全部负债一定等于全部金融资产。基于此，现代货币理论为政府负债以及债务货币化等行为找到了逻辑上的支撑，从而推出了其一系列区别于主流经济学的政策主张。

四　现代货币理论的批评与启示

现代货币理论与很多非主流理论一样，既存在各种各样的问题，为主流所不屑，也有其创新突破之处，对主流的理论和政策均有启发。下面对现代货币理论做一评论性分析。

（一）对现代货币理论的批评

现代货币理论针对现实中的问题，提出了自己的主张且富有创见，但不是在一般均衡的框架下进行的，因此能看到一些理论逻辑与政策主张往往是顾此失彼。比如，强调充分就业，但忽视刺激政策可能带来的通胀。强调政府发债无约束，但忽视其负面影响。因为即便不会带来通胀，也可能带来资产价格攀升，这和其主张的零利率政策一样。尽管现代货币理论的非主流方法一直为人们所诟病，但批评重点仍在于其"激进"的政策主张。下面就其主要的政策主张进行剖析。

1. 政府债务是有边界的

现代货币理论吸引眼球的地方在于强调政府发债可以不受预算约束。但实际上政府债务是有边界的，至少面临三方面约束：一是通胀约束；二是竞争性货币约束；三是金融风险约束。

通胀约束是指，财政扩张刺激总需求，总需求超过经济的供给能力，就带来通胀和对私人部门的挤压。现代货币理论假定，在非充分就业情况下政府扩张不会带来通胀。但实际上，自然失业率处在什么水平本身就存在争议。所以，政策扩张往往会带来通胀压力。

竞争性货币约束是指，在一个开放经济中，存在竞争性货币，尤其是当这个竞争性货币具有更大吸引力的时候（往往是国际储备货币甚至是霸权货币），本币增发面临贬值压力，从而形成外部的约束。货币国定学说成立的先决条件是一国政府拥有货币发行的主权，即发行主权货币的规模与相对价格只由财政货币当局决定。这就要求在一个经济体系中不能存在竞争性货币，主权货币既要与黄金脱钩，也要与外币脱钩。历史上存在过的金本位制和固定汇率制显然都是与这一前提假设相冲突的。纯浮动汇率制国家并不存在，各国央行出于对外汇储备充足性及金融体系稳定性的考虑，都会对外汇市场进行干预，从而使得汇率成为影响货币供给的重要因素。即使是美国，依然存在黄金这类的替代货币。因此，完全意义上的无竞争货币是不存在的。

金融风险约束在于政府过多发债可能会加剧金融风险。财政赤字货币化的本质是政府部门可以无限加杠杆，也正是政府的主动加杠杆才使得私人部门获得净积累。而 2008 年国际金融危机后的一个重要反思就是，政府杠杆率对宏观经济的破坏作用，政府杠杆率过高既拉低了经济增速，也推升了发生金融风险的概率[①]。关于金融风险约束这一点，实际上是明斯基最为强调的，但在现代货币理论中却常常被忽视（如下面提到的零利率政策）。

2. 零利率政策并不现实

现代货币理论基于大政府的角度，认为高能货币等于国债，用不付息的高能货币代替国债，政府无利息负担。央行的唯一职责就是将银行间隔夜利率一直保持为零。这就是所谓的零利率政策。

零利率货币政策是日本自 2001 年就开始提出的货币政策目标，2008 年国际金融危机之后美国和欧洲也纷纷开启了零利率货币政策。在面临凯恩斯所谓"流动性陷阱"的情况下，有时候零利率甚至负利率政策也都没有办法扩大需求，于是有了非常规的货币政策（如量化宽松等）。可见，零利率政策只能是非常规时期的权宜之计，不应该成为货币政策的常规目标。因为，如果在常规时期也维持超低利率或零利率，必然会带来通胀特别是资产价格泡沫，这已经被 2008 年国际金融危机所证明。

与零利率政策相关的是央行服从于财政，中央银行的独立性完全没有了。但一个不可忽略的事实是，具有更高

---

① Reinhart, C. M., and Rogoff, K. S., 2010, "Growth in a Time of Debt", *American Economic Review*, 100 (2), 573–578.

独立性的央行，其通胀问题往往也能控制得更好①。这是因为央行的独立地位可以有效地限制财政赤字，并在赤字和货币之间建立一道防火墙。我们沿着现代货币理论的逻辑继续推演，不但货币当局可以与财政当局合并在一起，甚至商业银行和中央银行也可以合并，但这完全忽略了不同机构之间的竞争和权衡关系，并不具有可行性。

3. 最后雇佣者计划缺乏理论基础

最后雇佣者计划强调了仅依靠财政政策便实现无通胀环境下的充分就业。其理论基础是全社会由瓦尔拉斯一般均衡决定一套相对价格体系，只要政府可以控制其中一个价格——最后雇佣者计划下的最低工资水平——整个商品体系的价格便都可以被决定下来，此时通胀水平是可以被政府控制的。但这种推论与菲利普斯曲线产生了明显的冲突，菲利普斯曲线强调了失业率与通胀率之间的反向关系，随着失业率的下降，通胀率无疑都会产生上涨的压力。但现代货币理论框架下却无法体现出这种关系，其供给曲线只有零弹性和无限弹性这两种状态，在未实现充分就业时供给曲线具有无限弹性，总需求的上升只能抬升总产出而并不影响价格水平；但当到达充分就业点后，需求的提升便不能再提高产出，而只能使价格上升。这种供给曲线的假设方式忽视了现实经济中的复杂性，缺乏经验事实的支撑。

现代货币理论建议财政当局设立最后雇佣者计划，将

---

① Bayoumi, M. T., et al., 2014, "Monetary Policy in the New Normal", IMF Staff Discussion Note, No. 14/3.

有意愿但在私人部门找不到工作的劳动者全都雇佣到政府部门，并将这个计划的劳动报酬定在低于普通公共部门劳动者的工资。这种政策安排显然没有考虑到公共部门相对于私人部门的低效率，大量经验事实已经说明了公共部门在经济活动中的占比越高，整体经济的生产效率就越低。结构复杂的产业结构也并没有被现代货币理论所考虑。微观上的瓦尔拉斯一般均衡要求要素之间既具有完全可替代性，也要能够充分流动。但现实中不同产业的生产要素并没有完全替代性，往往是某些部门已经实现了充分就业，甚至劳动力不够用，同时另一些产业还存在大量剩余劳动力。这就使得不同产业中，充分就业和非充分就业并存。在充分竞争的市场环境下，这部分未就业劳动力可能会面临失业压力而进行职业培训，以此来适应产业结构的变迁升级。但最后雇佣者计划可能会阻断这一产业结构升级的动力，造成某些产业的产能过剩。

（二）现代货币理论的启示

虽然存在诸多问题，但现代货币理论仍包含很多有价值的内容，特别是对于认识货币的本质，丰富和完善宏观经济学研究范式，以及解决实际问题方面都具有很重要的启示。

1. 后凯恩斯学派重视存流量一致的分析方法

存流量一致方法有两个主要含义。其一，同时强调经济存量和经济流量。传统经济学较为重视消费、投资、GDP等这类经济流量，而对由流量积累所形成的存量重视不够。其二，强调"一致性"，即将整体宏观经济看作一个体系后，从流量角度看一笔支出一定对应着一笔来源，从存量角度看一笔债务一定对应着相应的一笔资产。从全社会角度来看，全部金融资产和负债是可以相互抵消的。现代货币理论借鉴了后凯恩斯存流量一致的分析方法，用其构造了全社会收入支出恒等式和央行的资产负债表。这种分析方法与IMF所倡导的国家资产负债表研究方法有异曲同工之妙。一个完整的资产与负债相对应的国家资产负债表可以展示出传统主流经济学所不具备的一些经济特性，尤其是在表现政府和私人部门净财富的相对地位上更具实际意义[①]。资产负债表方法的兴起也使得存流量一致方法获得了新的关注。尽管二者背后的理念不尽相同，但对于资金流量表以及资产负债表的重视改变了传统的宏观经济分析范式。只关注流量忽视存量的分析，以及资产与负债只顾及一端而未能将二者关联起来的分析，都是非常片面的，对现代经济金融的复杂性、关联性与潜在风险将缺乏足够的理解。这是现代货币理论所推崇的存流量一致方法所带来的重要启示。

以中国为例，从存流量一致角度出发，能够更好地把握和理解现实。国际比较发现，分部门来看，区别最大的是政府部门的净金融头寸。如图8-2所示，当前中国政府的净金融资产已接近GDP的100%，而其他发达经济体政府部门净金融资产均为负值。根据现代货币理论所给出的国民经济各部门净金融积累恒等式：私人部门储蓄+政府部门储蓄+国外部门储蓄=0，由于政府部门有大量的净金融

[①] 张晓晶、刘磊：《国家资产负债表视角下的金融稳定》，《经济学动态》2017年第8期。

资产，必然导致私人部门形成负的金融积累（负债），这也是中国非金融企业部门杠杆率过高的原因之一。

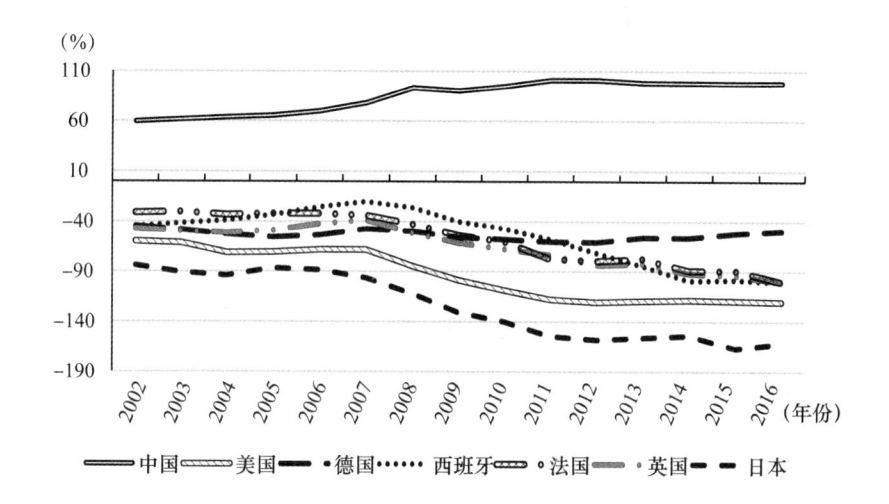

图 8-2 各国政府部门净金融资产/GDP

资料来源：李扬、张晓晶、常欣等：《中国国家资产负债表2018》，中国社会科学出版社2018年版；Eurostat。

根据存流量一致的原则，存量是流量积累的结果。中国政府部门形成如此高的净金融资产的背后必然对应着政府历年的"财政盈余"①，政府金融资产增加的规模高于负债增加的规模，这一点如图8-3所示。可以看出，广义政府历年在负债方新发行债券，同时也在资产方新形成了大量金融资产，其中有很大一笔存款和现金沉淀在了政府部门

---

① 这里所谓的"财政盈余"并非一般意义上的公共财政收支之差，而是从广义政府部门的资产负债表角度来看政府净金融资产的增加。

的账户中。甚至在很多年份，政府存款的上升规模要高于新增债券的规模。根据现代货币理论的推论，在国外部门不能贡献更多负储蓄的环境下，这意味着私人部门金融资产的净下降，尤其是非金融企业部门净负债的上升。

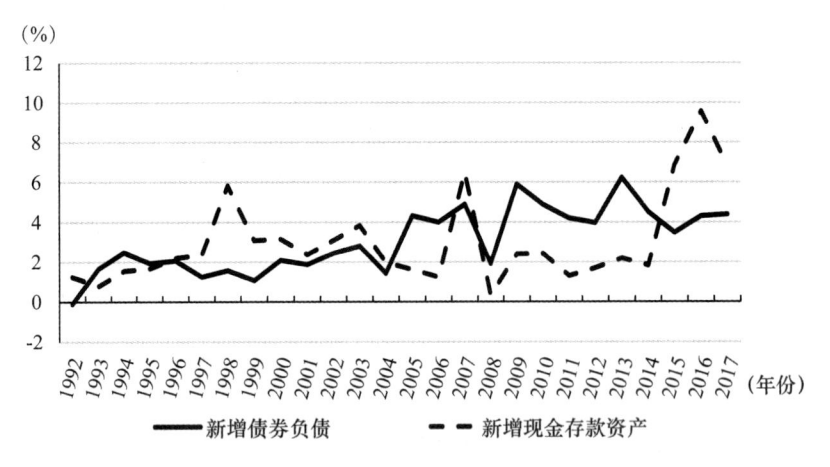

图 8-3　中国政府部门新增债券负债和新增现金存款资产/GDP
资料来源：国家统计局。

2. 银行从属财政是经济发展的阶段性特征

现代货币理论强调央行与财政"合体"，从而能更好地实现最后雇佣者计划。尽管这一说法无视近几十年来央行独立的实践以及由此带来的治理通胀的成效，从而显得有些不接地气，但如果以历史的眼光来考察，银行与财政的合体并不是什么新鲜事，相反，这是一国经济发展重要的阶段性特征。

Vernengo 对英国大国崛起过程的分析中指出，17 世纪末英格兰银行最初成立的目的就是通过掌握货币发行权而为政府提供融资，这为当时英国的军事扩张和经济发展提供了非常关键的支持;当19世纪中期英国已经成为全球制造业中心后,其转向了平衡财政预算和金本位制度①。因而,发展中国家应充分利用中央银行所代表的货币发行主权为经济赶超提供条件,而不是一味效仿发达国家的独立央行制度。Goodhart 也列举了各国中央银行演进过程的大量事实来说明其独立性往往都是在完成了经济高速增长后才逐步实现的②。张晓晶等也强调主导信贷配置是发展型政府的共性③。这等于把央行的独立性抛在一边了。

如果结合中国传统计划经济时代的实践,以及20世纪八九十年代关于财政与银行关系的探讨,就会发现,现代货币理论并不陌生,中国甚至将其认真付诸了实践。银行从属于财政是中国计划经济时代的重要特征。1978年以前,中国实行的是高度集中统一的计划经济体制,财政作为实现国家计划的重要手段,在社会资源配置中充当了重要角色。国家财政不但承担了从国防、外交、行政到教育、文化、卫生等各项政府职能的经费,而且社会再生产的各个环节都由财政统收统支,担负了国有企业的固定资产投资和定额流动资金供给。中国人民银行只提供给企业超定额流动资金,虽然行政上与财政部是平级关系,但由于财政在资金、政策上都处于突出地位,银行只是"总会

---

① Vernengo, M., 2016, "Kicking away the Ladder, Too: Inside Central Banks", *Journal of Economic Issues*, 50 (2), 452-460.

② Goodhart, C., 1988, *The Evolution of Central Banks*, The MIT Press.

③ 张晓晶、刘学良、王佳:《债务高企、风险集聚与体制改革——对发展型政府的反思与超越》,《经济研究》2019年第6期。

计、总出纳",长期服从于财政,甚至在"文化大革命"期间被并入财政部,与之合署办公①。

李扬也指出,中国过去存在着"财政出赤字,银行发票子""财政和银行穿连裆裤""财政和银行是国家的两个钱口袋"等说法②。如果说这些表述非常形象地概括了计划经济体制下财政政策和货币政策之间关系的话,那么,在市场经济条件下,对其却应当重新审视。这是因为,从市场经济的运行来看,货币当局的调控对象——货币供求,和财政当局的调控对象——政府收支,并不是同一个层面上的问题。这是从动态演进的角度来看待银行与财政的关系,既承认了银行从属财政的事实,也强调了新时期需要对于二者关系重新审视。这也引出二者协调配合的重要性。

3. 财政政策与货币政策的协调配合

无论是从主流宏观经济学理论出发,还是从经济政策的实践出发,财政政策与货币政策的协调配合都是极其重要的,现代货币理论只是将这样的配合推向了极致——合二为一,于是配合的问题可以直接取消了。

现代货币理论的这一论调随着欧债危机的爆发而得以加强。他们认为,欧债危机表明,财政货币要一体,不能截然分开。从欧洲货币联盟(EMU)的角度来看,财政政策与货币政策分开并不是缺陷,而是一个设计特色——分

---

① 王柯敬、于光耀:《我国财政与银行关系的演进与定位》,《中央财经大学学报》2011年第1期。

② 李扬:《货币政策与财政政策的配合:理论与实践》,《财贸经济》1999年第11期。

离的目的是确保没有成员国可以操纵欧洲央行,使其敲敲键盘就可以得到资助。不然,这些国家的预算赤字可能会肆无忌惮地出现。欧洲货币联盟相信,如果迫使成员国到市场上去寻求资金,市场规则会将预算赤字保持在合理范围内。如果政府想借入的资金过多,利率就会上升,这会迫使政府削减支出,提高税收。因此,放弃货币主权理应有利于遏制某些国家的挥霍无度。但实际上,这样的市场约束并没有阻止一些国家(如希腊等)过度借债。结果是:政府借了很多债(搭了欧元债的便车,因为如果是希腊的本币债而非欧元债,可能就没有那么多人买了),却不能由本币来偿还(因为本币已经没有,货币主权让渡给了统一的欧元)。这样,原来的精致设计(将财政与货币分开)就出现了矛盾。现在欧元区货币是统一的,但财政却是分割的。这种现实与理想的矛盾终于导致了欧债危机的爆发。事实上,欧洲需要一个统一的财政部,但要实现这一点,还有太长的路要走。欧债危机对于如何正确对待财政与货币间的协调提出了新的挑战。现代货币理论由此宣称自己的理论是正确的,财政与货币本应是一家,这样就不会产生欧债危机了。

就国内而言,如何推进财政、货币政策的协调,早在20世纪90年代就有了初步构想。王传纶认为,即使从财政—银行关系这一方面来看,政策协调也不能仅限于财政政策和货币金融政策之间的协调,涉及的范围要广得多[1]。仅仅在

---

[1] 王传纶:《关于宏观经济管理中财政—银行关系的几点考虑》,《财贸经济》1992年第11期。

中央银行和财政部门之间达成一个协议——如 20 世纪 40 年代美国所做的那样，是不足以处理好政策协调问题的。这样的协议往往是暂时的，难以持久，难以认真实施。我们是社会主义国家，宏观经济政策的协调具有良好的条件。吸取经验和教训，有必要在国务院下设一个财政金融委员会或办公室，既在体制上，也在日常运行上谋求财政政策和货币金融政策以及其他经济政策的协调。在这样的制度前提下，加强中央银行的独立性方是可行的，中央银行方能较好地行使其职能，财政部门和中央银行工作上的协调才可能实现。

最近关于"财政风险金融化"和"金融风险财政化"的讨论往往成为央行和财政部相互指责的依据。这实际上也表明，财政与金融二者是难以分开的，"相互指责"不过是相互配合不力的镜像而已。

当然，发展到今天，财政与货币（金融）政策的协调配合已经有了很多升级版。而现代货币理论的启示正在于：以其极端性即财政央行合二为一，突出了财政、货币政策千丝万缕的联系以及充分协调的重要性；仅仅强调央行的独立性是远远不够的，现实经济的复杂性、关联性要求央行与财政更加紧密地合作，共同应对经济运行中的问题和挑战。

五 非主流经济学的突围与中国经济学的机遇

一直作为非主流经济学的后凯恩斯主义以及本章论及的现代货币理论，其生存之道与发展轨迹让我们对于经济学的融合与发展有了一番新的认识，对于中国经济学的发

第八章 MMT 与非主流经济学的"突围"

展亦将有所启示。

2008 年国际金融危机以来，西方主流经济学遭受重创，大量文献对此展开评析、讨论和反思①。Romer 更是直指主流经济学严重脱离现实②。他写道："宏观经济学家所言与事实不相一致并不那么严重，真正严重的问题是其他经济学家并不关心这些宏观研究者不理会现实的状况。"也就是说，第一，宏观经济学与现实不符；第二，对于这样一个事实，很多追随者们却视而不见（或者说并不在意）。这才是要命的。经济学要面向现实而不能躲在象牙塔里，在国内也掀起了争论③。经济学是经世致用之学，脱离现实，实际上是忘了"初心"。

直面现实、问题导向一直是经济学发展的基本动力和方向。所谓主流与非主流，也需要在这样一个大的原则下从分野走向融合与发展。现代货币理论的兴起恰好为我们

---

① Blanchard, O., Dell'Ariccia, G., and Mauro, P., 2010, "Rethinking Macroeconomic Policy", IMF Statt Position Note SPN/10/03; Fullbrook, E., 2011, "Toxic Textbooks", INET Blog, Nov. 08; 张晓晶：《主流宏观经济学的危机与未来》，《经济学动态》2009 年第 12 期；张晓晶：《主流经济学危机与中国经济学的话语权》，《经济学动态》2013 年第 12 期。

② Romer, P., 2016, "The Trouble with Macroeconomics", *The American Economist*, 20, 1–20.

③ 金碚：《试论经济学的域观范式——兼议经济学中国学派研究》，《管理世界》2019 年第 2 期；金碚：《经济学：睁开眼睛，把脉现实！——敬答黄有光教授》，《管理世界》2019 年第 5 期；黄有光：《经济学何去何从？——兼与金碚商榷》，《管理世界》2019 年第 4 期。

提供了一个典型的分析样本。

（一）主流与非主流构成经济学发展的完整生态

现代货币理论因为顶着"非主流"的帽子，受到嘲讽与批评是再自然不过的了。但必须强调的是，主流与非主流构成经济学发展的完整生态，没有了非主流的存在，经济学的创新和发展是不可想象的。贾根良和崔学锋认为，主流与非主流经济学的对立不过是历史的产物，是19世纪末以来随着经济生活在社会生活中地位的上升和职业经济学家共同体的建立而出现的①。在任何情况下，非主流经济学的存在都是非常必要的。多元主义是避免理论僵化的前提条件。

发展了几百年的经济学构建起了宏伟的经济学大厦。动不动想要重构这一大厦是很困难的，毕竟，它已经有了硬核与保护层。如果说主流经济学侧重于在保持大厦结构不变情况下，只是在内装修上做些文章，那么，非主流经济学则可能使得大厦的结构做出调整。但是非主流的努力有时候不能起到这样大的作用，因此只能在大厦边上盖一个不起眼的小楼。而主流的办法是偶尔到小楼里参观一下，如果觉得不错，就会按这个小楼的样式来改变一下大厦的内部结构，比如说改造一下厨房或者卧室之类。而且，这样做了之后，一般也就会暗示这个非主流的小楼可以拆了，因为你的好想法已经纳入主流了。

----

① 贾根良、崔学锋：《经济学中的主流与非主流：历史考察与中国情境》，《湖北经济学院学报》2006年第2期。

经济学世界一定要有大厦，但小楼也是必需的，它是经济学生态的一个重要组成部分。非主流所坚持的视角、方法和主张往往是被主流所忽视、漠视甚至故意抛弃的。因此，非主流存在的本身就是保证了经济学分析的全面性以及经济学生态的完整性。在经济学的历史长河中，一定会有一些思想被淘汰，有一些思想经过岁月的冲刷更见光彩，有一些思想经过后世的发展进入新的境界；但有意思的是，那些所谓被淘汰的思想又可能在新的历史语境中被重新解读而获得重生。所谓经济学的发展，或者说人文社会学科的发展，并没有随着时间的推移而有所谓的落后与先进之分。正是在这个意义上，主流与非主流也并没有先进与落后之分。

（二）主流与非主流的此消彼长折射出时代潮流变化

2008年国际金融危机以来，马克思主义经济学的兴起、《21世纪资本论》的风靡以及现代货币理论的流行都一再表明，到了非常时期，非主流就格外活跃起来。进一步分析会发现，长期以来，主流与非主流似乎形成了一定的分工。非主流关注的焦点往往是非正常时期的经济，如大危机、大萧条、经济波动和周期下行等，尽管这可能并不是非主流的初衷。但随着主流经济学完全占据正常时期经济学解释的话语权，非主流就只能退缩到这个"非常时期"的领域，去努力解决为主流所忽视或取消了的问题。这是非主流的命运，却也是非主流得以生存的一个契机。比如现代货币理论就被认为是应对萧条时期的一个政策工具箱。

不过，没有一成不变的主流和非主流，二者此消彼长、相互更替亦属常态。比如，凯恩斯主义相对于之前的经济学也算是非主流。所谓凯恩斯主义革命就是革主流的命。逐渐地，凯恩斯主义经济学占据主流很多年；再然后，新古典经济学一统天下的时候，凯恩斯主义也在寻找出路，才又出现了新凯恩斯主义。从这个意义上讲，所有的非主流都是未来主流的候选者（或"备胎"），但能否成功问鼎，取决于时代变化与潮流变化，最为根本的是能否解决时代提出的问题。

（三）中国经济学的发展机遇

如果承认有这么一个经济学主流的话，那么，中国经济学恐怕只能算作是非主流了。不过，这并不是一件令人沮丧的事情。相反，认真学习借鉴非主流经济学的生存与发展之道，中国经济学将能够为现代经济学的发展做出独特的贡献。

非主流经济学往往是从问题出发，立足现实，而并不刻意追求方法的"先进"、形式的漂亮（如模型化）、理论的完美。中国经济学也是首先要解决好中国自己的问题，在此基础上讲好中国故事，再逐步将中国发展经验概念化、理论化、体系化。在中华大地上展开的伟大的经济实践，提出了很多重大的理论和现实问题，需要我们做出回答；而这份答卷无疑将形成中国经济学的基本内核。

曾经有那么一个时期，为了与"国际接轨"，中国经济学一度非常崇尚数学化、模型化，这造成经济学论文往往不能直面问题，倒更像是在完成一份展示经济学专业技能的课后作业。缺少了历史制度背景，缺少了强烈的问题意识，在向"主流"靠拢的过程中，中国经济学一度迷失了方向。2008年国际金融危机以来主流经济学的反思以及一些非主流经济学的突围给我们带来重要启示：形式上的完美并不一定能解决实际问题。就中国而言，解决问题比获得国际顶刊或国际大奖的认可不知道要重要多少倍。

危机给了非主流经济学机会，也给中国经济学创造了机遇。展望未来，我们要以马克思主义政治经济学的开放体系为基础，借鉴西方经济学（包括主流与非主流）的有益成分，总结升华中华人民共和国成立以来特别是改革开放以来的伟大叙事，立足中华五千年文明探寻中国特色，翻开新时代中国经济学发展的崭新篇章。

第九章

新范式宏观经济学

2008年国际金融危机以来，宏观经济理论及其分析范式受到前所未有的冲击。呼吁改造宏观经济学和推进范式革命的主张也不断涌现[①]。

严格说来，为主流所承认的宏观经济学的范式革命只有两次。在Vines和Wills看来，第一次是凯恩斯创立宏观经济学，第二次是20世纪70年代以来开始的微观基础革命[②]。

---

① Blanchard, O. J., Giovanni, D., and Paolo, M., 2010, "Rethinking Macroeconomic Policy", IMF Staff Position Note, No. SPN/10/03; Fullbrook, E., 2011, "Toxic Textbooks", INET Blog; Romer, P., 2016, "The Trouble with Macroeconomics", *The American Economist*, 20, 1-20; Stiglitz, J. E., 2017, "Where Modern Macroeconomics Went Wrong", NBER Working Paper, No. 23795; 张晓晶：《主流宏观经济学的危机与未来》，《经济学动态》2009年第12期；张晓晶：《主流经济学危机与中国经济学的话语权》，《经济学动态》2013年12期；张晓晶等：《2020与黑天鹅共舞：新分析范式下稳增长与防风险的平衡》，中国社会科学出版社2020年版。

② Vines, D., and Wills, S., 2018, "The Rebuilding Macroeconomic Theory Project: An Analytical Assessment", *Oxford Review of Economic Policy*, 34 (1-2), 1-42.

第九章　新范式宏观经济学

德弗洛埃认为，宏观经济学的历史大致可分为两个时代：20世纪40—70年代为第一个时代，在此期间凯恩斯主义宏观经济学在学界占据主流；20世纪70年代中期以后至今为第二个时代，在此期间"动态随机一般均衡（DSGE）宏观经济学"逐渐演变为主流范式①。尽管这两种分法各有侧重，但其基本指向是一致的。至于当前是否处在第三次范式革命的前夜，恐怕还有太多的争论。虽然现代货币理论（MMT）在政策层面备受青睐，并且也包含了（后）凯恩斯主义的一些合理要素；但就其涵盖的问题及其模型、方法的严谨性、"普适性"（可以作为基准的、可扩展的分析框架）而言，还远不能担当范式革命的重任。

为什么需要新范式宏观经济学？或者说为什么出现了对于范式革命［有的用范式转换（paradigm shift）］的呼唤？从库恩②的范式革命出发，根本原因在于"反常"现象（即原有范式无法解释从而归为"反常"）的出现。20世纪30年代的大萧条，为马歇尔经济学所无法解释，产生了现代意义上的宏观经济学，这是第一次范式革命——凯恩斯革命；而20世纪70年代的滞胀则严重冲击了传统凯恩斯主义经济学，导致了第二次范式革命，或可称之为卢卡斯革命；2008年爆发的国际金融危机及其所引致的大衰退，则令主流的DSGE宏观经济学（有着凯恩斯主义外表，内核却是新古典

---

① ［比］米歇尔·德弗洛埃：《宏观经济学史：从凯恩斯到卢卡斯及其后》，房誉等译，北京大学出版社2019年版。

② ［美］托马斯·库恩：《科学革命的结构》，金吾伦、胡新和译，北京大学出版社2004年版。

主义的所谓新凯恩斯主义宏观经济学）颜面扫地，因为在金融危机面前，主流宏观理论完全失语；金融危机早在主流宏观经济理论还未分析之前就已经被提前"假定"掉了。

2008年国际金融危机后学界方才意识到，宏观经济学没有金融，堪比《哈姆雷特》中没有王子。如何把金融找回来，构筑宏观经济学的金融支柱，是通向宏观经济学新范式的正途。

一　主流宏观经济学的自我救赎

从科学范式的革命来看，一种理论遇到危机，基本有两种应对方式，一种是革命，另一种是改良。当前的主流宏观经济学也面临同样的命运。

在 Romer[①]、Stiglitz[②] 等人看来，当前基于 DSGE 的宏观经济学需要根本性改造，类似于"革命派"。后凯恩斯主义、奥地利学派等非主流经济学家，则属于天然的"革命派"，一直以来要求彻底变革当前的主流经济学。而 Blanchard 和 Summers[③]、Galí[④] 等人则认为，大衰退并未从

---

①　Romer, P., 2016, "The Trouble with Macroeconomics", *The American Economist*, 20, 1–20.

②　Stiglitz, J. E., 2017, "Where Modern Macroeconomics Went Wrong", NBER Working Paper, No. 23795.

③　Blanchard, O. J., and Summers, L. H., 2017, "Rethinking Stabilization Policy: Evolution or Revolution?", NBER Working Paper, No. 24179.

④　Galí, J., 2018, "The State of New Keynesian Economics: A Partial Assessment", *Journal of Economic Perspectives*, 32 (3), 87–112.

根本上动摇 DSGE 宏观经济学，他们类似于"改良派"。革命派也好，改良派也好，就他们对当前宏观经济学症结的判断来说，是比较接近的。只是革命派认为，仍然基于 DSGE，这些问题无解；而改良派则认为，DSGE 是可以救药的，而且已经取得了实质性进展。

关于主流宏观经济学的不足，可以拉出一个长长的清单。这里择要论之。Stiglitz 强调，一是微观基础出了问题，比如未能从信息经济学和行为经济学的角度来理解金融的复杂影响；二是 DSGE 模型假定冲击是外生的，且通过风险分散化来消除风险的方式，将凯恩斯经济学中至为重要的不确定性问题消解了；三是代表性代理人假设，没有办法处理异质性问题[1]。正是这三条，使得主流宏观经济学在解释金融危机方面无能为力。Blanchard 和 Summers 的观点一定程度上可以看作是对诸多批评的回应，他们归纳出至少有两大问题需要认真解决，一个是如何在主流模型中充分反映金融的中心作用；另一个是如何准确刻画出"波动的性质"[2]。

关于金融的中心位置。发展到今天的金融，早就摆脱了曾经的"两分法""面纱论"（强调金融对实体经济没有根本性的影响），其在宏观经济中的中心位置无可争议。Akerlof 回顾道，20 世纪 30 年代的银行业改革之后，

---

[1] Stiglitz, J. E., 2017, "Where Modern Macroeconomics Went Wrong", NBER Working Paper, No. 23795.

[2] Blanchard, O. J., and Summers, L. H., 2017, "Rethinking Stabilization Policy: Evolution or Revolution?", NBER Working Paper, No. 24179.

只要银行主导金融体系，宏观经济学和金融之间的分工就可能是合理的[①]。那个时候，对金融稳定的主要威胁来自银行挤兑，而存款保险的出现以及银行监管的加强则使得银行挤兑和破产变得不太可能。由此，缺乏金融体系细节的宏观模型几乎不会造成什么损害。但众所周知，后来的金融体系与监管发生了根本性改变，标准宏观经济学对于金融的"处理"不仅显得粗糙，并且是大大脱离现实了。正是主流宏观经济学缺乏金融模块（financial block），才无法预测危机。

关于波动性质的变化。DSGE 模型假定冲击是给定的（外生的），冲击的传播机制很大程度上是线性的，即经济体在受到冲击后最终都会恢复到其潜在水平。基于这样的假设，人们将向量自回归（VAR）视为捕获这些动力机制的简化形式，可以构建动态随机一般均衡（DSGE）模型以拟合和解释该简化形式，并进行更为深入的结构性解释。但金融危机在许多维度上都不符合这种对波动的描述。Romer 批评道，那种将冲击视为外生的做法类似于存在了上百年的"燃素说"（phlogistons，认为物体之所以会燃烧是因为含有燃素），这种做法是可笑的，应该从经济主体自发行为出发，从内生因素来解释经济波动[②]。进一步，金融危机的特征是基本的非线性和

---

① Akerlof, G. A., 2019, "What They Were Thinking Then: The Consequences for Macroeconomics during the Past 60 Years", *The Journal of Economic Perspectives*, 33 (4), 171–186.

② Romer, P., 2016, "The Trouble with Macroeconomics", *The American Economist*, 20, 1–20.

正反馈，因此冲击被强烈放大而不是随其传播而衰减。最典型的例子是银行挤兑，其中小幅震荡，甚至根本没有震荡，导致债权人或储户挤兑，并使他们的恐惧自我实现。金融动荡或危机与多重均衡相关，或者至少与小规模冲击的巨大影响相关。

面对诸多批评，主流学界积极回应。最有影响的莫过于《经济展望杂志》(*Journal of Economic Perspectives*) 2018 年夏季号的专题讨论"危机 10 年后的宏观经济学"，以及《牛津经济政策评论杂志》(*Oxford Economic Policy Review*) 2018 年春季号组织的"重建宏观经济学理论项目"[1]。尽管相关讨论见仁见智，未必都令人信服，但其努力是值得称许的。

关于金融的中心作用，Gertler 和 Gilchrist 从金融摩擦的内生性，金融加速器（或信贷周期）的作用机制，杠杆的作用，居民、企业、银行资产负债表的互动，金融危机的非线性影响等方面，从理论与经验两方面梳理了近十年来学界对于"大衰退中的金融因素"的探讨，呈现宏观经济学的最新进展[2]。

Kaplan 和 Giovanni 回应了代表性代理人假定，梳理了

---

[1] Vines, D., and Wills, S., 2018, "The Rebuilding Macroeconomic Theory Project: An Analytical Assessment", *Oxford Review of Economic Policy*, 34 (1-2), 1-42.

[2] Gertler, M., and Gilchrist, S., 2018, "What Happened: Financial Factors in the Great Recession", *Journal of Economic Perspectives*, 32 (3), 3-30.

异质性代理人新凯恩斯主义模型（HANK）的进展[①]。大衰退源于住房与信贷市场。而住房价格的崩溃对于不同居民的影响是有差异的，这取决于其资产负债表的构成。（因房价下跌导致）财富缩减转化为支出下降的程度，取决于边际消费倾向，而后者异质性很强且与居民获得流动性的能力有关。最终，总消费需求的下降以及与此同时银行向企业贷款的下降，导致对劳动力需求的急剧收缩，这对于不同职业与技术水平的劳动力的影响是非常不平衡的。基于收入与财富不平衡长期上升背景，这一效应会凸显。由此，资产组合的构成、信贷、流动性、边际消费倾向、失业风险以及不平衡，所有这些问题都构成大衰退的原因。而所有这些问题，都无法在传统的代表性代理人模型中讨论。HANK的主要经验之一可总结为：不可保险的特定冲击，加上借贷约束的存在，意味着不同的家庭，即使他们在冲击之前看起来是一样的，在任何时间点可能都有非常不同的边际消费倾向。结果，总冲击的宏观经济影响将被放大或减弱，这取决于冲击（及其引发的变化）影响家庭收入和财富分配的方式。

关于小冲击大影响。Boissay 等分析了拥有银行间市场信息不对称特征的真实模型，其中一系列小规模冲击可能会使经济朝着多重均衡的区间发展，包括以银行间

[①] Kaplan, G., and Giovanni, L. V., 2018, "Microeconomic Heterogeneity and Macroeconomic Shocks", *Journal of Economic Perspectives*, 32 (3), 167–194.

市场冻结、信贷紧缩和长期衰退为特征的均衡[1]。Galí 探索了交叠世代新凯恩斯模型中由随机泡沫驱动波动的可能性[2]。Basu 和 Bundick 分析了新凯恩斯主义模型的非线性版本,巨大而持续的下滑是由于总需求和(内生)波动之间的强烈反馈,而这又是由预防性储蓄与零利率下限的相互作用所引起[3]。

以上是主流宏观经济学自身的救赎。但在冲击内生性问题上,对于不确定性问题的处理,目前似乎还没有找到很好的解决办法。

二 新范式宏观经济学:"把金融找回来"

主流经济学的危机及其救赎,主要是围绕金融展开的。无论是金融的中心位置,对波动性质的重新认识,还是引入异质性代理人,都旨在更好地理解金融的作用,以及金融危机的形成机制与影响机制;而对于不确定性或风险的处理,冲击内生性的认识,总体上,都是与金融特质相关。因此,把金融找回来,是新范式最主要的方向。

---

[1] Boissay, F., Collard F., and Smets, F., 2016, "Booms and Banking Crises", *Journal of Political Economy*, 124 (2), 489–538.

[2] Galí, J., 2021, "Monetary Policy and Bubbles in a New Keynesian Model with Overlapping Generations", *American Economic Journal: Macroeconomics*, 13 (2), 121–167.

[3] Basu, S., and Bundick, B., 2017, "Uncertainty Shocks in a Model of Effective Demand", *Econometrica*, 85 (3), 937–958.

如果说以上分析更侧重于理论方面，那么，接下来的讨论则更注重于实践方面，即如何在政策分析与政策操作层面，更多地关注金融的冲击和影响。金融周期、金融网络以及宏观金融关联等方面的研究，可以说是实践宏观分析新范式的重要进展。这些研究主要是由国际货币基金组织、国际清算银行、美联储、欧央行等金融机构完成，问题导向、政策导向非常明显。

（一）金融周期研究

自 20 世纪 70 年代实际经济周期（RBC）理论盛行以来，周期研究中的金融因素就完全被排除了。2008 年国际金融危机成为金融周期理论兴起的最重要的现实背景。直接以金融周期作为主题词进行研究的文献近年来开始大量出现。其中，有不少来自诸如国际清算银行、国际货币基金组织等国际机构。它们对此问题的关注凸显了金融周期理论对于理解现实经济运行的重要性。金融周期突出了房地产和信贷的重要作用，可以说抓住了 20 世纪 80 年代金融自由化、金融全球化大发展以来经济运行的重要特征。Drehmann 等的研究发现，经济周期的跨度一般是 1—8 年，而金融周期则平均会跨越 16 年[①]。并且，金融周期的波幅要明显超过经济周期。金融的周期性变化，不简单是实体经济周期的直接反映。金融的

---

① Drehmann, M., Borio, C. E., and Tsatsaronis, K., 2012, "Characterising the Financial Cycle: Don't Lose Sight of the Medium Term!", BIS Working Paper, No. 380.

相对独立性，使得金融的高涨衰退，引起资源配置的巨大波动，不可避免地出现资源错配，这反过来对实体经济产生负面冲击。金融繁荣期，一般会出现信贷扩张、杠杆率上升，这是金融约束弱化的直接体现。乐观情绪加上金融约束弱化，使得大量资源配置（包括资本和劳动力）到表面繁荣但实际上却是效率低下的部门，这就形成资源错配，并在无形中拖累了生产率增速。看似强劲的经济掩盖了资源错配。当繁荣转向崩溃时，资产价格和现金流下降，债务变成主导变量，同时经济中的个体为了修复其资产负债表而削减支出。金融繁荣周期中出现的资源错配更难以扭转，太多资本集中在过度增长部门会阻碍复苏[①]。金融周期研究，大大拓宽了人们看待金融影响的视野。

（二）金融网络分析

所谓金融网络研究，是将金融网络分析方法与宏观部门间的资产负债表相结合，全面考察各部门的系统性风险。这一研究有两点突出特征：一是强调网络关联性，金融机构"太关联而不能倒"（too-connected-to-fail）的风险与"太大而不能倒"（too-big-to-fail）的风险同等重要。二是强调分部门资产负债表之间的内在关联。因为一个部门的资产往往可能就是另一个部门的负债，多个部门资产负债交织关联在一起，会形成牵一发而动全身的效应。欧央

---

① BIS, 2016, *86th Annual Report*, Basel.

行在金融网络方面的研究具有开创性[①]。决定一个部门金融风险的因素有三点：其自身的风险程度、与其他部门的关联程度，以及与其有关联的部门风险。对部门间关联度的考察，需要建立反映各部门普遍联系的金融网络。Castrén 和 Kavonius 根据国家资产负债表的分类，将宏观经济分为居民、非金融企业、银行、保险、其他金融机构、政府、国外等几大部门，并依据各部门的资产负债表数据构建了描述部门自身风险的指标以及风险在部门间传染的模型[②]。金融网络分析进一步拓展了对于金融复杂性的认识，并重新定义了金融系统性风险。

（三）宏观金融关联（macro-financial linkages）分析

2008 年国际金融危机以来，宏观与金融之间的关联成为理论界与政策当局所关注的焦点。这一点尤为国际货币基金组织所重视。国际货币基金组织的旗舰报告之一的《全球金融稳定报告》（GFSR），其分析框架就建立在宏观—金融关联分析之上，关注金融部门和宏观经济增长与稳定之间的关联，特别是金融部门如何传播和放大冲击。如果说金融周期研究与金融网络研究，还将侧重点放在讨论剖析金融的中心作用以及金融自身的复杂性，那么宏观

[①] Castrén, O., and Kavonius, I. K., 2009, "Balance Sheet Interlinkages and Macro-financial Risk Analysis in the Euro Area", ECB Working Paper, No. 1124.

[②] Castrén, O., and Kavonius, I. K., 2009, "Balance Sheet Interlinkages and Macro-financial Risk Analysis in the Euro Area", ECB Working Paper, No. 1124.

金融关联分析，则试图将金融与宏观经济、实体经济结合起来进行研究。其中，基于在险价值（Value at Risk）而创造出的在险增长（Growth at Risk，GaR），就是用于衡量金融风险如何对未来的增长产生影响。

从国际清算银行强调的金融周期分析，欧央行推进的金融网络分析，以及国际货币基金组织建立的宏观—金融关联分析框架，都旨在更好地探讨宏观经济与金融之间的关联与传播效应，并努力构筑宏观经济学的"金融支柱"。这些研究，尽管还缺乏较成熟的理论模型支撑，但其在政策分析中的运用，已使得实践走在了理论前面，从而也为新的理论范式形成准备了条件，是宏观经济学领域新的学术增长点。

三 新范式宏观经济学的运用

近些年来，我们的宏观经济研究团队一直致力于新范式宏观经济学的研究和运用，并取得了丰硕的成果。这包括国家资产负债表研究①、金融周期研究②、债务与宏观杠杆

---

① 李扬、张晓晶、常欣等：《中国国家资产负债表2013：理论、方法与风险评估》，中国社会科学出版社2013年版；李扬、张晓晶、常欣等：《中国国家资产负债表2015：杠杆调整与风险管理》，中国社会科学出版社2015年版；李扬、张晓晶、常欣等：《中国国家资产负债表2018》，中国社会科学出版社2018年版；李扬、张晓晶等：《中国国家资产负债表2020》，中国社会科学出版社2020年版。

② 张晓晶、王宇：《金融周期与创新宏观调控新维度》，《经济学动态》2016年第7期。

率研究[1]、金融网络研究[2]，以及宏观分析新范式的探讨[3]。以下对宏观经济学新范式的运用作一下简要介绍。

（一）在险增长（GaR）

2008年国际金融危机给政策制定者的启示在于，金融环境能够为未来增长风险提供有价值的信息，从而为采取精准的预防措施奠定基础。在2008年国际金融危机爆发前，政策当局与专家学者大都忽视了宏观—金融关联。在过去的金融危机中，我们常常可以发现某些金融脆弱性，例如高杠杆率或金融机构的大量期限错配。国际货币基金组织在《全球金融稳定报告》中提出了一个对金融稳定风险的衡量指标——GaR[4]，用于衡量经济下行风险[5]。金融稳定风险常常被表述成银行发生危机的概率，但这一风险并没有以严谨的方式置换成其他宏观政策制定者使用的术

---

[1] 张晓晶、常欣、刘磊：《结构性去杠杆——进程、逻辑与前景》，《经济学动态》2018年第5期；张晓晶、刘学良、王佳：《债务高企、风险集聚与体制改革——对发展型政府的反思与超越》，《经济研究》2019年第6期。

[2] 刘磊、刘健、郭晓旭：《金融风险与风险传染——基于CCA方法的宏观金融网络分析》，《金融监管研究》2019年第9期。

[3] 汤铎铎等：《后危机时期中国经济周期波动与宏观调控研究》，中国社会科学出版社2019年版；张晓晶等：《2020与黑天鹅共舞：新分析范式下稳增长与防风险的平衡》，中国社会科学出版社2020年版。

[4] 即在险经济增长率，简称在险增长。

[5] IMF, 2017, "Getting the Policy Mix Right", Global Financial Stability Report.

语。GaR 从产出增长的风险角度衡量了宏观金融的系统性风险，因此可以将关键的宏观金融稳定风险纳入到更广泛的宏观经济学模型。

将金融风险与经济增长放到统一框架下分析，还需要同时考虑两种不对称性。第一类不对称性体现在经济增长的概率分布上。无论是理论基础，还是实证文献，都体现出了金融风险对经济增长的分布具有不对称性。真正的风险，不仅体现在未来经济增长的均值上，更应该体现在出现下行风险的概率、出现经济衰退的概率等一整套描述经济增长概率分布的描述中。对于市场参与者以及政策制定者来说，对表示均值的期望的了解固然重要，但远远不够。我们一定要通盘考虑包括上行风险、下行风险，以及未来不同时期风险的整体图景后才能做出更为理性的选择。例如，美联储的公开市场委员会（FOMC）在每一次的货币政策会议中都会讨论到未来经济的下行风险，在中国更是突出强调要守住系统性风险的底线。第二类不对称性体现在对未来经济增长的短期和长期作用上。一个较为宽松的金融条件和较低的杠杆率会在短期内促进经济增长，降低发生经济衰退的概率，但同时也会造成金融风险的积累，导致宏观金融脆弱性上升，从而降低中长期经济增长的预期。金融条件和宏观金融脆弱性都会对经济增长产生作用，并且金融条件宽松本身也会影响到金融脆弱性（典型地，长期低利率往往会带来金融风险的积累），从而产生期限上的不对称性。

一个统一的分析框架要同时考虑这两类不对称性，这显然是普通的点估计所无法实现的。由于普遍的计量经济学技术只能实现点预测,即只能考虑金融环境对于经济增长"期望"的影响,而这并非金融风险的全部,尤其是无法表现所谓"金融风险"是如何起作用的。此外,还要在对金融环境的考察中同时加入金融条件和宏观金融脆弱性这两大类指标,来体现期限上的不对称性。

国际货币基金组织提出的 GaR 方法对此提供了一个有效的分析工具。不同于传统的点预测,GaR 考虑的是一国金融条件和宏观金融脆弱性对于未来经济增长的整条概率分布曲线预测。从这个概率分布曲线中,既能观察出传统计量技术所实现的"点预测",也能表现出分布的非线性特征。其主要优点在于对这种非线性特征的直观表现,同时也有利于展示宏观经济与金融体系之间的关联。尽管还很难将在险增长作为政策决策的通行基准(就如很难用绿色 GDP 替代一般 GDP 那样),但作为一个参考性指标纳入政策当局的视野,显然是非常必要的。

如果结合中国当前稳增长与防风险的政策考量,那么,在险增长实际上为在一个统一的框架中讨论稳增长与防风险提供了新的分析理路。金融于增长是双刃剑。没有金融的支撑,经济增长难以有较好的表现,尤其短期内金融信贷扩张的刺激作用更是各国政策当局的法宝(如今天发达经济体的无限量化宽松)。但水能载舟,亦能覆舟。金融信贷的过度扩张,会导致金融失衡与金融脆弱性的增加,往往导致经济下行风险甚至埋下危机的种子。

(二)跨周期调节

跨周期调节的重要目标就是实现稳增长与防风险的长

期动态均衡。宏观杠杆率是衡量风险的综合性指标，高杠杆率是金融脆弱性的总根源。正是基于宏观杠杆率的演进动态，才"发现"了跨周期调节的重要意义。

国际货币基金组织的旗舰刊物《全球金融稳定报告》的经验结果表明：宽松的金融条件指数（这往往与杠杆率的攀升相关）在边际上能显著降低经济下行风险，但这一效果不可持续，在中期内会显著减弱。该结果强调了"跨期替代效应"：宽松的金融条件在短期内提高经济增长并减少经济波动，但由于内生的脆弱性不断积累，中期经济增长的波动加大。这和笔者近期的研究发现是一致的：以债务增速反映的新增债务流量会显著刺激经济增长，但这种刺激作用是短期的（滞后两期就不再显著），而以宏观杠杆率反映的债务累积存量则会抑制未来的经济增长。这实际上揭示了债务驱动经济效果的复杂性，并凸显了跨周期调节的意义。

自 2008 年国际金融危机爆发，中国进入快速加杠杆阶段。从 2008 年底的 141.2% 上升到 2015 年的 227.3%，共攀升了 86.1 个百分点，年均增幅为 12.3 个百分点。面对危机，加杠杆是一种不得已的选择。今天来看，危机应对及当时的"四万亿"有正反两方面的经验教训。正面经验就是：面对危机，政策出台"快准狠"，提振信心，中国经济率先复苏，这也是对世界经济的贡献。反面教训就是：各种手段一起上，有些不计成本，不顾后果，特别是对于好不容易建立起来并努力坚守的风险监管原则、央行独立性、财政纪律等制度，均有较大"突破"，并带来诸如产能过剩、"僵尸企业"、融资平台债务累积、影子银行扩张，以及房地产业作为刺激经济工具的使用等问题。换言之，快速加杠杆短期效应显著，但动态来看，所积累的风险直到今天还处在"消化"阶段。

2015年10月中央提出降杠杆任务，中国进入强制性去杠杆阶段。从去杠杆进程来看，2016年并未能控制住，杠杆率仍大幅攀升11.5个百分点。究其原因，2016年第一季度GDP增长6.7%，创28个季度新低，这让政策当局在去杠杆时产生顾忌，有放水之嫌，仅2016年第一季度杠杆率增幅就达到5.4个百分点。但2017年杠杆率仅增长2.4个百分点，2018年出现首次下降，降幅为1.9个百分点。至此，宏观杠杆率的攀升态势得到了有效抑制，初步实现了去（稳）杠杆的目标。值得指出的是，去（稳）杠杆过程并非没有负面效果，比如企业的违约率明显上升，特别是民营企业"哀鸿遍野"，受到了较大的冲击。不过，"跨周期"看，去（稳）杠杆的积极作用不容忽视。一是去（稳）杠杆降低金融脆弱性，创造了政策空间。试想，如果没有始于2017年的去杠杆成效，2020年应对新冠肺炎疫情就会非常被动。2020年第一季度的企业杠杆率大幅攀升近10个百分点，达到161.8%，但仅比2017年第一季度160.4%的历史高点多了1.4个百分点。之所以如此，是因为经历了将近3年的去杠杆，中国非金融企业杠杆率已由2017年第一季度末的160.4%，降至2019年底的151.9%。这表明过去几年的稳（去）杠杆政策客观上为当前的扩张创造了条件。二是去（稳）杠杆政策提高了投资效率。我们一般用增量资本产出比（Incremental Capital-Output Ratio, ICOR）来衡量投资的效率，即多少个单位的增量资本带来

1个单位的增量产出。该数值越高,表明投资效率越低。2016年以来,ICOR出现了下降,换句话说,投资效率有所提高,而这一变化与2015年10月中央提出降杠杆的时间点是完全吻合的。概言之,去杠杆短痛难免,但跨周期的积极效应也非常明显。

面对外部不确定性的冲击,跨周期调节更显重要。受新冠肺炎疫情影响,2020年中国的经济增长率仅为2.3%;国际货币基金组织预测:2021年中国增长率将大幅反弹至8.1%,2022年又回落到5.6%[①]。这样的大起大落,如果仅从年度或季度看,宏观政策必然做出过度反应。比如,由于2020年第一季度经济下滑6.8%的基数效应,2021年第一季度的增长率将达到两位数,超出潜在增长率很多。那么,政策需要对这样的经济"过热"马上做出反应吗?事实上,只看见季度增长的跃升是不够的,如果看全年则要低得多。并且,从2020—2022这三年平均来看,增长率不过是5.3%,这才是政策调控的立足点,跨周期的含义也一目了然。

面对新冠肺炎疫情的冲击,政策层面的反应也是超常规的。当前经济在较快恢复中,但疫情影响仍然存在。从这个角度来讲,针对疫情的一些权宜安排,也不可能完全退出,政策正常化需要有一个过程。因此,政策要有连续性、稳定性,不能急转弯。从跨周期角度出发,政策还需要保持可持续性。相较于主要发达经济体,无论是政府的赤字率、债务占比、宏观杠杆率、利率水平,还是政府的

---

① IMF, 2021, *World Economic Outlook Update*, Jan.

家底，中国的政策空间都相对充裕。但这并不意味着我们可以"挥霍"。考虑到国内外形势的复杂多变，不确定性大大增强，保持宏观政策的可持续性，最重要的就是政策要留有余地，子弹不能一下子打光。

（三）资产负债表方法

资产负债表方法为剖析宏观—金融关联提供了重要的分析工具（如前面提到的宏观金融网络分析）；而资产负债表数据则成为定量讨论宏观—金融关联的重要依凭。

资产负债表方法（Balance Sheet Approach，BSA），即利用国家（及部门）资产负债表来从事经济金融分析的方法。资产负债表方法的兴起与金融危机紧密相连。早在1979年，美国学者克鲁格曼就采用了资产负债表方法来分析财政赤字的货币化对固定汇率的影响。这可以看作现代经济学应用资产负债表方法的开端。自20世纪90年代拉美（如墨西哥、巴西等）和亚洲地区相继爆发大规模金融危机以来，关于国家资产负债表编制和研究方法的讨论日趋活跃，其功能也超越单纯的统计核算，逐渐显示出成为宏观经济分析基本方法之一的强劲势头。其中尤为值得注意的是，国际货币基金组织在推广这一方法上的努力。2002—2005年的短短3年间，国际货币基金组织发表了十余篇国别资产负债表分析，极大地推动了相关研究的发展。2008年的金融海啸席卷全球，资产负债表分析方法进一步得到了学界、政府以及国际机构的广泛重视与认可，国内也有学者敏锐地跟上潮流，并用之对中国经济问题展

第九章 新范式宏观经济学

开了初步分析。辜朝明提出了著名的资产负债表式衰退，这也使得资产负债表方法得以在更大范围内传播①。

资产负债表分析方法作为新的分析范式，具有以下几个方面的特点和优势。

首先，资产负债表本质上是一种存量分析框架。长期以来，无论国内、国外，对于宏观经济形势的判断和宏观政策的制定，往往基于GDP、投资、消费、贸易额、财政收支等流量指标，而对宏观层面的资产、负债、财富等经济存量有所忽视。然而，对于决策者而言，仅有流量视角，显然不足以全面审视经济发展的长期累积效应与发展路径。更为重要的是，对于衡量宏观经济风险，特别是金融系统风险时，必须对可动用的经济资源和负有的债务责任两方面的存量规模、项目结构、相互关联，以及变化趋势有清晰的把握，并需要对国民经济各部门内部以及各部门之间各项债权债务的逻辑关联与传导机制有深刻认识。而国民经济整体和部门的资产负债表分析，正是为理解、讨论、评价宏观政策考量提供了一个不可替代的重要存量视角。

其次，资产负债表方法在分析金融风险方面具有特定优势。通过这一方法，可以清晰地界定出四类主要的金融风险，即期限错配、货币错配、资本结构错配以及清偿力缺失。分析考察这四类问题，则是揭示危机根源，认识危机的传导机制，理解微观经济主体应对危机的行为方式，

---

① ［美］辜朝明：《大衰退：如何在金融危机中幸存和发展》，喻海翔译，东方出版社2008年版。

以及研判应对政策的关键所在。

再次，资产负债表分析改变了对传统货币、财政政策的理解角度，并提出了新的政策选择。如在货币方面，以往的政策往往仅限于通过调节利率控制通胀。但这种单一目标与单一工具的政策设计忽视了金融部门高杠杆化操作等结构失衡风险。这也是导致此次危机的重要因素之一。只有通过对资产负债表进行分析与介入，揭示其中的结构问题，才能及时发掘风险，并防范化解。而2008年国际金融危机中的量化宽松等非传统手段，则也可以理解为央行资产负债表的扩张以及央行同其他部门的资产置换过程。又如在财政方面，通过对政府部门资产负债表的剖析，能够更为全面地评测财政负债压力与财政操作空间，从而为相关政策工具的选择做出指导。

最后，资产负债表分析也有助于提高宏观调控与宏观审慎政策水平。这不仅是因为通过这一框架可以对经济整体风险水平与趋势有全面的判断，还因为资产负债表视角为理解部门间金融风险的传导扩散机制提供了新的思路，同时也利于相关调控政策的制定与效果评估。

此外，资产负债表方法的"第二代"，即国民财富方法（National Wealth Approach, NWA），为研究金融稳定提供了新视角。当银行发现并减记一笔非金融企业的违约贷款时，在国家资产负债表中所反映的是一笔净资产从银行部门向非金融企业部门的转移。国民净财富并未发生变化，而只是在部门间转移了。NWA方法的一个核心观点是金融风险孕育于无效投资中。无效投资虚增了国民生产总值，其本质是由金融部门的自有资本向企业部门的转移，既无真实的投资收益，还伤害了金融稳定性。因此，以 NWA 方法为核心，应加强对无效投资的监督，并用估算的银行坏账来修正 GDP。国民财富方法对于金融稳定性研究具有重要意义，主要体现在：第一，甄别无效投资从而提前预警金融风险；第二，矫正传统方法对金融危机损失的过高估计；第三，避免在应对危机的过程中反应过度。这三点分别在事前、事中和事后提出了对传统对策的矫正。

第十章

中国版发展经济学[*]

中华人民共和国成立 70 多年来，我们创造了世所罕见的经济快速发展奇迹和社会长期稳定奇迹。我们用几十年时间走完了发达国家几百年走过的工业化历程。在中国共产党成立一百周年之际如期全面建成小康社会，历史性地解决了绝对贫困问题。2021 年中国人均 GDP 超过世界人均 GDP 水平，中国很可能在 2022 年跨越高收入国家门槛。

但中国仍处于并将长期处于社会主义初级阶段的基本国情没有变，中国仍是世界最大发展中国家的国际地位没有变。统筹两个大局，实现第二个百年目标，发展仍是第一要务，是解决中国一切问题的基础和关键。要推动中国经济从低收入阶段的高速增长迈向中高收入阶段的高质量发展，必须立足中国经济发展实践，构建适合中国当前发展阶段的新发展理论——中国版发展经济学。

---

[*] 本章的很多思想来源于笔者主持的中财办重大委托课题"适应我国发展阶段的新发展经济理论"。

第十章　中国版发展经济学

一　发展经济学的生存空间

广义而言，关于后发国家发展的经济学可以统称为发展经济学。在工业革命之前、现代经济增长尚未出现之际，虽然有着霸权的兴衰更替，有强国与弱国，但还谈不上有先发国家与后发国家之分。随着"西方世界的兴起"，特别是英国成为第一个工业化（现代化）国家，先进国家与落后国家才有了分野。而对落后国家如何发展和赶超的理论思考，就产生了发展经济学的萌芽；真正意义上的发展经济学直至20世纪40年代末才出现。

（一）"单一经济学"与"经济学的三个世界"

最早对于不同经济学的认识，或者说具有自觉意识的，当属德国的李斯特。他强调国民经济学，以区别于亚当·斯密放之四海而皆准的世界经济学。也是从那个时候起，就有了所谓发达经济体的经济学与后发经济体的经济学的区分。经济学的发展一直有两条线，一条是主流的，强调均衡的经济学，如边际学派、马歇尔、罗宾斯等的新古典经济学；另一条是非主流的，强调制度的、历史的、演进的经济学，如美国制度学派、德国历史学派、奥地利的演化经济学等。前者往往是针对先发国家的，后者则往往是针对后发国家的。

经济学家罗宾斯主张只有一种经济学，即所谓"单一经济学"。一方面，他认为，诸如历史学派等经济学思潮，都"不入流"，可以休矣。比如他写道，"最近十年，在制度主义、数量经济学、动态经济学等名称之下这类尝试大量出现。可这种研究大都从一开始就注定是徒劳无益的,还不如不研究……在这一百年的末尾,发生了历史上最大的经济萧条,但制度学派对此却束手无策,提不出有用的见解——他们因此也就失势了"①。另一方面,经济发展的动态问题被取消了(实际上取消了对增长或发展问题的研究)。因为,这是经济学无法处理的领域。"经济学研究一方面向我们展示了一个有经济规律、有人类行为必须服务的必然性的领域,同时也向我们展示了一个这种必然性不起作用的领域。这并不是说在后一领域中没有规律,没有必然性,我们不探究这一问题,而只是说,至少从经济学观点看,必须把某些事物视为最终的事实。"②

罗宾斯进而指出,经济学是一整体,是不可分割的。"有人宣称,经济学的原理具有历史性和相对性,它们的有效性是受某些历史条件限制的,而且它们没有相关性……这种观点是一种很危险的误解。实际上,谁都不会对以下一些假设的普遍性适用性提出疑问,即假设存在着相对估价比例表,存在着不同的生产要素,或存在着有关未来的不同程度的不确定性……只是由于未能认识到这一点,由于把注意力都集中在次要的假设上,才导致人们接受了这样一种观点,即经济学规律是受时间和空间等条件

---

① [英]莱昂内尔·罗宾斯:《经济科学的性质和意义》,朱泱译,商务印书馆2001年版,第95页。

② [英]莱昂内尔·罗宾斯:《经济科学的性质和意义》,朱泱译,商务印书馆2001年版,第110页。

第十章 中国版发展经济学

限制的。"①

罗宾斯关于经济学的定义尽管影响深远，但他关于"单一经济学"的看法并没有持续多久。甚至就在他倡导一种纯经济学理论的时候，凯恩斯主义革命正在酝酿，并且很快席卷了欧美。第二次世界大战后经济学界对于增长和发展的兴趣，显然超越了罗宾斯的稀缺资源的配置。按照雷诺兹的说法，出现了"经济学的三个世界"②，即资本主义经济、社会主义经济以及欠发达经济。这种区分，既有发展阶段的不同，也有社会制度的不同。由于经济各有不同，因此经济学也要有不同。那么一个自然的结果，就是要有三种经济学，即资本主义经济学（主流经济学），社会主义经济学（苏联、东欧国家以及中国对于社会主义经济的有益探索和理论总结），以及欠发达国家经济学（发展经济学）。

雷诺兹认为，"现代经济学主要是在西欧和美国培育出来的，尽管它渴望具有普遍性，它却带有这些地区所特有的制度和问题的印记。但是经济世界已不再围绕伦敦和纽约旋转。几十个新兴国家在迥然不同于西方的制度安排下，正在为经济独立和工业增长而奋斗"③。无论是哈罗德—多马模型，还是新古典主义的增长模型，都是发达国

---

① 转引自［美］劳埃德·G.雷诺兹《经济学的三个世界》，朱泱等译，商务印书馆1990年版，第23页。
② ［美］劳埃德·G.雷诺兹：《经济学的三个世界》，朱泱等译，商务印书馆1990年版。
③ ［美］劳埃德·G.雷诺兹：《经济学的三个世界》，朱泱等译，商务印书馆1990年版，第1页。

家的模型，对欠发达国家没有什么用处。原因之一是它们都假设增长过程"在帷幕升起之前"已经开始，而不涉及这样的问题，即经济增长是如何开始的。此外，它们也过于综合了。这对于结合得较紧密的经济来说不那么严重，因为对于这种经济并非完全不能假设资源在各部门之间的配置是顺畅的，各部门的增长是同步的。但不发达的实质却是现代生产和传统生产之间存在鸿沟。这实际上相当于强调，发达经济体是相对匀质、均衡的，而不发达经济体是异质性和非均衡的。正是基于以上的考察，他质疑是否只有一种经济学，从而提出了"经济学的三个世界"。

罗宾斯的"单一经济学"与雷诺兹的"经济学的三个世界"，实际上已经揭示出世界发展的多样性与经济学单一性（或通用性）之间的矛盾，这样的"较量"或冲突将在经济学演进中不断出现。

（二）发展经济学与新古典经济学

第二次世界大战以后，对于增长与发展的研究几乎是同时进行的，这两种思潮之间的互动与影响也非常明显。

从思想史角度来看，增长或发展一直也是古典经济学家关注的主题，但这一兴趣随着19世纪70年代的边际革命，特别是到罗宾斯那里基本结束。20世纪50年代前后，涌现出了大量关注增长或发展的文献，而这距离约翰·穆勒1848年发表的《政治经济学原理》[①] 已经过

---

① ［英］约翰·穆勒：《政治经济学原理：及其在社会哲学上的若干应用》，赵荣潜等译，商务印书馆1991年版。

去了一个世纪。这些文献包括：着眼于发达经济体的，称之为增长理论，如哈罗德—多马模型、索洛—斯旺模型、库兹涅茨关于现代经济增长的经验分析和理论概括等；而着眼于发展中国家的，称之为发展经济学，如罗森斯坦—罗丹的大推进理论、刘易斯二元结构模型、纳克斯的贫困陷阱理论、罗斯托的起飞理论、格申克龙的后发优势理论等。不过，当时的情形是，即便是发展经济学，也主要是由发达国家学者且大多从发达经济体的视角出发来研究的。

不过，最初增长与发展问题的分野并不那么泾渭分明。而且，这两个领域的专家也常常是互有交叉、相互影响。

索洛曾回顾，20世纪50年代，他借鉴了哈罗德和多马的试验性工作，以及刘易斯略有不同的工作。而罗斯托提出起飞理论之后，国际经济协会在1960年专门为此举办了一场讨论会，请了各路英豪，这就包括了诺斯、库兹涅茨、格申克龙、都留重人等。罗斯托还提到与索洛[①]的交流。可见，当时的这些经济学大家差不多是在同一个"朋友圈"中，尽管观点各有不同。比如对于"起飞"的提法，库兹涅茨和索洛提的意见就很尖锐，甚至是反对的。库兹涅茨更愿意以"现代增长的早期阶段"来代替"起飞"，这表明，他更倾向于认为整个增长是一个相对平滑的过程，没有"飞跃"。而索洛的问题是：可以将"起飞"概念表达成经济理论家能够理解并对之进行讨论的某种事物吗？区分"起飞"与以前时期的初始条件、参数和行为规则及其

---

① 索洛本人没有参加那次讨论会。

变化的是什么?① 索洛的质疑，实际上与后来主流经济学家们的观点颇为一致：20世纪50年代的发展经济学家开始是不能，后来是不愿把他们的见识清晰地整理成内部逻辑一致的模型。同时，经济思想中严谨标准的期望不断上升。结果，独具特色的发展经济学被排挤出主流经济学。

再回想到新增长理论的重要代表卢卡斯，就能进一步印证增长与发展的不可分割。卢卡斯以前是研究历史的，在大学时开过发展经济学的选修课。1983年他在做马歇尔讲座之前，本来是准备讲理性预期的，因为当时这个主题很时髦。不过，他突然想改变一下题目，进入一个新领域（这体现出一个伟大经济学家的魄力）。他选择了经济增长（之前，他更多讨论的是周期问题）②。尽管他的理论被认为是增长理论，但他的开创性论文的题目却是《论经济发展的机制》③。并且，他还说：我猜想我们之所以将"增长"与"发展"视为不同领域，是因为增长理论被界定为经济增长中我们已有所理解的方面，而发展理论被界定为我们尚未理解的方面。在卢卡斯那里，发展问题更为复杂。

增长与发展研究的"蜜月期"并不长。很快地，冲突就产生了。

20世纪50年代的发展经济学是强烈地反新古典主义

---

① [美] W. W. 罗斯托编：《从起飞进入持续增长的经济学》，贺力平等译，四川人民出版社2000年版。

② [美] 小罗伯特·E. 卢卡斯：《经济发展讲座》，罗汉、应洪基译，江苏人民出版社2003年版，第2页。

③ Lucas, R., 1998, "On the Mechanics of Economic Development", *Journal of Monetary Economics*, 22 (1), 3–42.

的。当时一致的看法是：经济发展问题基本上是"动态的"，不能从"静态的"新古典主义的资源配置理论做出满意的考虑。人们相信，只依靠市场力量，经济发展不会发生，而需通过大规模投资的发展计划去推动。发展经济学这门年轻学科在其产生以后的 20 多年间，其思想主流是结构主义的，即强调发展中国家经济社会结构的异质性、非均衡性。结构的特殊性使价格机制和市场调节的均衡作用难以顺利实现，于是，需要政府的作用，通过政府来动员资源，进行物质资本积累，利用农业剩余劳动的储备实行内向的进口替代工业化，等等。不过，这些结构主义的理论与政策最终并没有指导发展中国家走出困境，发展经济学面临第一波危机，这才有了新古典主义的复兴。

第一代发展经济学家的模型和政策建议后来都受到了批判。一些学者甚至强调新古典经济学的普适性，反对第一代发展经济学家所主张的发展经济学是专门的独立分支学科的观点，这就促成了"单一经济学"的回归：一旦承认个人对刺激的反应，并且认识到市场失败是不恰当刺激的结果，而不是对刺激无反应，那么发展经济学作为一个独立学科在很大程度上就消失了。取而代之的是成为一个应用领域，在这个领域中，劳动经济学、农业经济学、国际经济学、公共财政以及其他领域的工具和观点都将被用来解决发展环境下出现的特殊问题和政策争议。这表明，新古典主义的复兴，不是简单地要求发展经济学方法的改变（从结构主义转向新古典主义），实际上是要取消发展经济学。

今天看来，发展经济学经历了新古典主义的抨击和洗礼，尽管遭遇了危机，但也获得了一次重生。第二代的发展经济学，就更加注重价格机制、市场机制，新古典主义复兴是重新肯定市场力量对促进经济发展的影响。应当承认，新古典主义复兴揭示了20世纪60年代中期以前经济发展理论的片面性，它的出现也顺应了发展中国家改革开放的历史潮流。60年代开始，一些发展中国家和地区相继从僵硬的、低效率的、缺少活力的计划管理、国家指令模式的束缚中解脱出来，逐步走向开放的市场经济。

尽管后来的发展经济学在新古典主义的阴影下也有一些进展，但总的来说是相对缓慢的。从大的思潮看，20世纪70年代以后，特别是滞胀危机导致凯恩斯主义全面溃败，新古典主义定于一尊。无论是80年代初里根、撒切尔夫人领导的新自由主义的改革（或私有化运动），新增长理论的崛起，苏联、东欧国家的巨大挫折，还是后来着眼于拉美发展的"华盛顿共识"的形成，似乎都在昭示：新古典主义一统天下的时代已经到来！不过，2008年国际金融危机所带来的冲击使之颜面扫地，主流的新古典主义经济学遭遇前所未有的挑战，经济学的多元化又成为新的话题。

（三）新发展经济学的突围

发展经济学命运多舛。总的来看，无论是第二次世界大战后风靡一时的结构主义发展理论，还是20世纪80年代之后侧重于市场作用的新古典主义，关于发展经济学与发展理论的评判标准始终在于它是否成功指导发展中国家实现经济赶超和持续增长。相较于其他的经济学分支，发展经济学是更加"功利的"，其前途与发展中国家的命运紧密联系。当某些发展中国家成功实现持续的经济增长和发展时，

第十章 中国版发展经济学

该国采纳的发展理论就备受推崇；相反，当某些国家发展停滞甚至倒退时，相应的发展理论也遭到冷遇。遗憾的是，发展经济学在 70 多年的发展历程中，更多的是受到批判而非获得赞扬。在这样的背景下，发展经济学试图突破传统的结构主义与新古典主义二者之间看似泾渭分明、实则有些粗糙草率的争议，在多个方向实现新的突围。

斯蒂格利茨等学者深刻反思经济转轨与发展中的信息不对称、机会主义与腐败、政府管理职能等问题，提出了新发展经济学（the new development economics）。斯蒂格利茨从"市场和制度失灵"的角度批判"华盛顿共识"，认为它不仅是不完善的，甚至有所误导[1]。在批判和反思华盛顿共识的基础上，他提出了取代"华盛顿共识"的"后华盛顿共识"发展战略。他认为 21 世纪发展的实质是实现社会的变革与转型，从这个意义而言，发展不仅仅是技术调整所能解决的问题，发展的目标是要实现整体社会的转型，即从传统关系、传统文化、社会习俗及传统生产方式向更现代方式的转变。发展和转型路径上的文化差异性和路径多元性，不同的文化传统和意识形态可能导致和要求完全不同的变迁路径。霍夫和斯蒂格利茨从信息不对称和协调失灵出发，指出市场力量不能自动实现资源的最优配置[2]。

---

[1] Stiglitz, J., 1998, "More Instruments and Broader Goals: Moving towards the Post-Washington Consensus", Wider Annual Lecture, Helsinki.

[2] ［美］卡拉·霍夫、［美］约瑟夫·斯蒂格利茨：《现代经济理论与发展》，载［美］杰拉尔德·迈耶、［美］约瑟夫·斯蒂格利茨主编《发展经济学前沿：未来展望》，中国财政经济出版社 2003 年版，第 277—327 页。

林毅夫试图借鉴结构主义与新古典主义发展理论，提出新的发展经济学理论体系——新结构经济学[①]。新结构经济学侧重于以新古典主义的方法来研究一国的技术、产业、基础设施和制度安排等经济结构的决定因素和变迁原因，强调要素禀赋是研究经济增长与发展的逻辑起点，正确的发展战略应是根据禀赋结构所决定的比较优势发展产业。为了让企业进入该国具有比较优势的产业，要素相对价格必须充分反映这些要素的相对稀缺程度，但是政府仍应在发展过程中积极主动发挥作用，为产业升级和多样化提供便利。因此，既要有"有效的市场"，也要有"有为的政府"。承认发展中国家与发达国家之间存在经济结构上的差异，却以新古典主义的思维鼓励发展中国家顺应比较优势，新结构经济学试图将原本对立的结构主义与新古典主义进行综合。

20世纪80年代以来，通过将经济发展纳入政治、社会、文化、制度、历史过程的分析，新发展经济学建构出一套完整的发展的政治经济学理论。其内容包括经济发展中的新发展观、新增长理论、政府理论、制度理论、社会资本理论、发展决策的政治经济学、收入分配理论和对外开放理论[②]。

[①] 林毅夫：《新结构经济学：反思经济发展与政策的理论框架》，苏剑译，北京大学出版社2014年版。

[②] 黄新华：《发展的政治经济学理论——新发展经济学研究述评》，《天津社会科学》2006年第3期。

(四) 统一增长理论的"野心"

尽管新发展经济学的突围有了一定起色，但统一增长理论的兴起，实际上又开始了新一轮的较量。

2000年以来，以盖勒（Galor）为代表的经济学家创立并发展了统一增长理论。与之前的新古典主义增长理论或者内生增长理论不同的是，统一增长理论旨在解释整个人类历史所经历的经济发展过程。按照Galor的解释[1]，"统一"（unified）这一名称具有双重含义：一是宏观经济学模型与其微观基础的统一；二是长期经济发展过程中的不同状态或阶段统一在同一个模型中，即传统的发展经济学与增长经济学研究领域的统一。因此，一个完整的统一增长理论，首先应该明确设定经济个体的行为，即坚实的微观基础；其次，这一理论揭示出来的稳态和转移动态特征应该与人类经济发展的长期历史相一致。毫无疑问，统一增长理论是新古典主义的。

Hansen和Prescott在《从马尔萨斯到索洛》一文中指出，有关经济增长的现有文献大都与现代工业化经济体的特征相符，但与工业革命之前的增长事实不符[2]。这其中既包括基于外生技术的增长模型，如索洛模型，也包括近期内生增长模型。当然，也存在一些理论，与前期增长事

---

[1] Galor, O., 2010, "The 2008 Lawrence R. Klenin Lecture—Comparative Economic Development: Insights from Unified Growth Theory", *International Economic Review*, 51 (1), 1-44.

[2] Hansen, G. D., and Prescott, E. C., 2002, "Malthus to Solow", *The American Economic Review*, 92 (4), 1205-1217.

实相符，但与近期特征不符。文章所呈现的经济理论，可以同时很好地拟合这两个时期的经济增长。从前工业时期向工业时期的转变，即工业革命，只是我们理论所描述的均衡增长路径的一个特例而已。

统一增长理论首次突破了马尔萨斯理论、新古典主义增长理论以及内生增长理论仅着眼于某一个发展过程的限制，对整个人类社会经济发展的内生转型机制提供了一个简洁的理论框架，为审视人类历史的发展提供了新的视角。

蔡昉尝试贯通各种经济发展理论，形成一个统一的分析框架[①]。他认为，从一个相当长期的世界经济史跨度出发，人类所经历过并在各国分别正在经历的经济增长类型或阶段，可以分别被概括为马尔萨斯式的贫困陷阱（"M"形增长）、刘易斯式的二元经济发展（"L"形增长）、刘易斯转折点（"T"形增长）和索洛式的新古典主义增长（"S"形增长）。虽然这几种增长类型具有本质上相异的自身特征，经济激励和增长源泉不尽相同，所产生的对制度和政策的需求也大相径庭，但是，由于它们相互之间的历史的和逻辑的联系，完全可以并且应该用一个统一的经济理论框架予以解释。他把中国经济发展问题嵌入相应的增长类型和阶段，对每个阶段相关的重大中国命题，如"李约瑟之谜""刘易斯转折点"和"中等收入陷阱"等进行实证分析，为统一增长理论做出了贡献。

统一增长理论尽管一直宣称它具有贯通性，不同阶

---

① 蔡昉：《理解中国经济发展的过去、现在和将来——基于一个贯通的增长理论框架》，《经济研究》2013年第11期。

段的发展都只是它的一个特例或特性,从而传统发展经济学失去了存在的"合法性",但实际上,发展经济学的很多重要特征并没有被完全整合进统一增长理论的模型中。

从纵向角度看,每个国家都会经历从传统社会到现代社会的转型;从截面角度看,处于转型时期的国家,都同时兼有传统部门和现代部门。统一增长理论研究的正是一个较长时间跨度下不同经济发展阶段之间的演进,而发展经济学两部门模型研究的则是处于过渡时期国家的结构转型。因此,两个理论之间有着密切联系,但显然各有侧重。一是时间向度。发展经济学以两部门并存作为逻辑起点,统一增长理论更加关注现代部门的兴起以及整个经济的长期动态演进。二是劳动力转移。发展经济学强调剩余劳动概念,但统一增长理论模型中不存在剩余劳动,人口从传统部门向现代部门转移是一个内生演化过程。三是资本积累。总体上,发展经济学对于物质资本积累比较关注,而较为忽略人力资本;而统一增长理论强调人力资本,但基本上忽略了物质资本的重要性,认为人力资本积累与技术进步在经济转型中发挥了巨大作用。四是人口增长与转型。发展经济学以二元结构转型为对象,侧重于劳动力资源在部门间的流动,把人口增长看作是外生的。统一增长理论则在宏观模型中纳入了家户决策的微观基础,从后代相对成本变化着手,探讨人口转型及其对经济长期动态演进的影响,认为人口转型是经济从停滞到增长的根本驱动力。突破马尔萨斯人口陷阱是统一增长理论的一个重要研究领域,而这一研究,很大程度上是得益于人口转型理论的①。

以上讨论，中心是围绕着一种经济学还是两种经济学展开。虽然看起来是主流新古典经济学想一统天下，而发展经济学一直在挣扎、突围，但双方的质疑与辩护，仍然推动了经济学的发展，深化了对于历史与现实的认识；特别是对于增长或发展机制的诠释，有了新的突破和进展。

二 中国版发展经济学的特质

"'十四五'时期是我国全面建成小康社会、实现第一个百年奋斗目标之后，乘势而上开启全面建设社会主义现代化国家新征程、向第二个百年奋斗目标进军的第一个五年"②，中国将进入新发展阶段。新发展阶段呼唤"新"发展经济学。

（一）新发展阶段的内涵

对新发展阶段的理解显然不局限于单纯的经济维度，或者通常以收入水平（如人均GDP）来衡量的经济发展阶段，它至少有以下三个方面的内涵。

横向而言，中国GDP的规模已经是世界第二（按PPP

---

① 郭熙保、谷萌菲：《统一增长理论的拓展：两部门模型分析——兼论与发展经济学的关系》，《经济学动态》2015年第10期。

② 《中共中央关于制定国民经济和社会发展第十四个五年规划和二〇三五年远景目标的建议》，人民出版社2020年版，第1页。

是世界第一），但人均水平还较低，基本上处在中等收入阶段（向高收入迈进），是最大的发展中国家。作为后发经济体，中国一直面临更为强大的发达经济体的竞争和挤压；作为社会主义国家，中国面临资本主义在意识形态与制度方面的激烈竞争。中华民族伟大复兴进入到不可逆转的历史进程的关键阶段，使得两个大局之间的张力凸显。

纵向比较，中国现在比历史上任何时期都更接近实现中华民族伟大复兴的目标，发展水平大大提高，实力与地位处于上升变化关键阶段。到"十三五"规划收官之时，中国经济实力、科技实力、综合国力和人民生活水平跃上了新的大台阶，成为世界第二大经济体、第一大工业国、第一大货物贸易国、第一大外汇储备国，国内生产总值超过100万亿元，占世界经济比重升至17%[①]，人均国内生产总值超过1万美元，城镇化率超过60%，中等收入群体超过4亿人。特别是全面建成小康社会取得伟大历史成

[①] 这是按现价美元估算。如果以 PPP 衡量，则比重会有所上升。根据世界银行测算，中国 2017 年 PPP 为 4.184，也就是说 1 美元与 4.184 元人民币的购买力相当，同期汇率为 1 美元兑换 6.76 元人民币。中国 2017 年 GDP 为 82.1 万亿元人民币（未按照中国第四次全国经济普查结果修订后的数据进行更新），经 PPP 转换后为 19.6 万亿美元，占 176 个国际比较项目（ICP）参与经济体经济总量的 16.4%，相当于美国的 100.5%，居世界第 1 位。与之对照，按汇率法计算，中国 2017 年 GDP 为 12.1 万亿美元，占世界的 15.2%，相当于美国的 62.2%，居世界第 2 位。参见 World Bank, 2021, *Purchasing Power Parities for Policy Making: A Visual Guide to Using Data from the International Comparison Program*, World Bank Group。

果，解决困扰中华民族几千年的绝对贫困问题取得历史性成就。

从大时代判断，新发展阶段是中国社会主义发展进程中的一个重要阶段。一方面，新发展阶段是社会主义初级阶段中的一个特定历史阶段，同时也是经过几十年积累、站到了新的起点上的一个阶段。另一方面，新发展阶段是中国社会主义发展进程中的一个重要阶段，是日益接近质的飞跃的量的积累阶段，是实现社会主义从初级阶段向更高阶段迈进的阶段。

新发展阶段中国发展的主要任务是破解人民日益增长的美好生活需要和不平衡不充分的发展之间的矛盾。说到底，不平衡不充分本质上就是发展质量不高。在新阶段，中国生产函数发生变化。必须更多依靠技术创新、优化资源要素配置发展生产力。同时，经济发展的硬约束增多。生态环保的天花板、防风险的底线、反腐败的红线等各种行为约束框架已经搭建起来，必须在多重约束下实现高质量发展。如果说在实现第一个百年奋斗目标过程中，我们主要解决的经济问题是量的积累问题，那么进入新发展阶段后，站在新的历史起点上，我们则必须解决好质的问题，在质的大幅提升中实现量的持续增长[①]。简言之，高质量发展是新发展阶段全面建设社会主义现代化国家的需要。提高发展质量的时代要求呼唤着我们通过深化改革、扩大开放，形成与高质量发展相配套的体制机制。另外，

---

① 刘鹤：《必须实现高质量发展》，《人民日报》2021年11月24日。

人民的美好生活需要日益广泛，不仅对物质文化生活提出了更高要求，而且在民主、法治、公平、正义、安全、环境等方面的要求日益增长。新发展阶段的发展必须回应人们对美好生活向往所产生的直接诉求，必然超越物质文化生活层面，而顾及曾经被大大忽略的物质与经济之外的发展维度。

要推动中国经济从低收入阶段的高速增长转变到中高收入阶段的高质量发展，必须立足中国经济发展实践，创新适合中国新发展阶段的经济学理论。

（二）中国版发展经济学的特质

适应中国新发展阶段的发展经济理论或可称之为中国版发展经济学。其初衷，概括地说，就是要解决中国经济"起飞"（take-off）之后、进入新常态、站在新的历史起点上所面临的种种问题和挑战，以及如何应用新的战略思想、发展理念、制度安排和政策导向引领中国经济迈向高收入经济体的行列，实现中华民族的伟大复兴。这里要特别强调，在作为研究对象的发展阶段"谱系"中，中国当前及今后一段时期所处的发展阶段，恰恰为现代经济学所忽视。

正如前述，随着发展经济学的兴起，出现了"两种经济学"——发展经济学与西方主流经济学。它们主要的关注对象是世界范围内全部收入谱系的两端：底端的低收入经济体，中心任务是如何突破贫困陷阱实现经济"起飞"，也就是传统的发展中国家如何走上工业化道路，依据的是发展经济学；顶端的高收入经济体，致力于在均衡理论的框架内研究持续增长的决定因素,突出人力资本、知识、创新是增长的根本源泉,依据的是主流经济学特别是其中的新增长理论。根据罗斯托的理论,一个经济体实现"起飞"之后,会直接进入到自我持续的(self-sustained)增长阶段,也就是进入到发达经济体的新古典增长阶段。如果罗斯托的说法成立,那么有两种经济学就够了。但现实世界却是,实现"起飞"后的经济体,还需要经历较长时期,才有可能进入持续增长阶段。并且,有很多经济体虽然走出了贫困陷阱,却又跌入到中等收入陷阱,从而无法进入到更高收入阶段。也就是说,在后发经济体的"起飞"到发达经济体的新古典增长之间还有一个断层或者说理论空白。这就是我们所需要的新的发展经济理论。

与传统发展经济学不同,中国版发展经济学所关心的不再是经济体的低收入阶段,而是中高收入阶段;不再是启动增长,而是如何应对结构性减速;不再是突破贫困陷阱,而是避免跌入中等收入陷阱;不再依赖不平衡发展战略,而是转向均衡和可持续增长;更重要的,是如何建构这样一种机制,引入新的生产函数,使经济能够进入自我持续增长的轨道。这种自我持续增长单靠经济机制可能无法实现,而需要一种社会经济范式的变革。这就是中国版发展经济学的特质或者说需要解决的中心问题。

三 中国版发展经济学的灵魂

发展是一个不断变化的进程,发展环境不会一成不变,发展条件不会一成不变,发展理念自然也不会一成不变。党的十八届五中全会提出创新、协调、绿色、开放、共享的发展理念，是对百年未有之大变局与中国经济新常态的战略回应，是引领中国未来发展的基本遵循和行动指南。

从经济思想史的高度看，新发展理念是对过去70多年来发展经济学、过去两三百年来近现代经济学关于发展认识的重新阐释与全面升华，是习近平治国理政思想的重要组成部分，是中国特色社会主义政治经济学的丰富和发展。从中国的发展实践看，新发展理念是对改革开放以来提出的从根本上转变经济增长方式、贯彻落实科学发展观，以及加快转变经济发展方式的拓展和深化。五大新发展理念[①]完全超越了经济发展的维度，其内涵之丰富厚重、涉及面之广阔辽远，以及以人为中心的发展内核，堪称中国版发展经济学的灵魂。

（一）新发展理念引领中国未来发展

关于发展的理论探索已经数百年。特定发展时期的主要矛盾决定了特定发展理念的形成。发展理念正是在尝试解决经济社会所面临的种种问题中不断修正、演进和升华的。

发展最初是关于一国的发展，如《国富论》讨论的就是国家发展与财富积累问题。而且，早期对发展的理解还局限在经济总量的扩大，因此发展问题就简化成增长问

[①] 还可以加上统筹发展和安全。因此，也有人提出六大新发展理论，即创新、协调、绿色、开放、共享、安全。

题。但国富国穷最终是要落实到普通百姓即人的身上，这才使得理论的关注点从国家发展延伸到人的发展。这一重要转变在马克思的经典著作中得以完成。第二次世界大战以来发展经济学与现代增长理论的同时兴起，以及世界各国的发展实践，生动演绎了发展理念的变迁。20世纪五六十年代重视经济增长，七八十年代向贫困宣战和注重环境与可持续发展，90年代推出人类发展指数，21世纪提出包容性发展，发展理念经历了从只关注经济增长的数量到重视经济发展的质量、从经济发展到社会发展、再到注重人的发展的一系列重大转变。

创新、协调、绿色、开放、共享五大发展理念不是凭空得来的，是在深刻总结国内外发展经验教训基础上形成的，也是在深刻分析国内外发展大势基础上形成的，是针对中国发展中的突出矛盾和问题提出来的。

（二）全面深入理解新发展理念

理念是行动的先导，一定的发展实践都是由一定的发展理念来引领的。"发展理念是否对头，从根本上决定着发展成效乃至成败……新发展理念是一个系统的理论体系，回答了关于发展的目的、动力、方式、路径等一系列理论和实践问题，阐明了我们党关于发展的政治立场、价值导向、发展模式、发展道路等重大政治问题。"[①] 只有全面深入理解新发展理念，并认真贯彻落实，未来中国发展

[①] 习近平：《论把握新发展阶段、贯彻新发展理念、构建新发展格局》，中央文献出版社2021年版，第500页。

才不会走偏。

1. 创新发展要更加注重理论、制度与文化领域的软创新

创新发展注重解决发展动力问题。从历史经验看，创新是历次重大危机后世界经济走出困境、实现复苏的根本。从国别教训看，许多国家在类似发展阶段上，传统增长源泉逐渐消失，又未能培养出必要的创新能力，失去了经济增长的持续动力，因而跌入中等收入陷阱。近世以来的世界发展历程也清楚表明，一个国家和民族的创新能力，从根本上影响甚至决定国家和民族前途命运。抓住了创新，就抓住了牵动经济社会发展全局的"牛鼻子"。要实现高水平的科技自立自强，防止被人"卡脖子"，保证产业链供应链的稳定和安全，科技创新首当其冲。不过，完全聚焦于科技领域的硬创新是对创新发展的片面理解。全面创新还需要关注理论、制度与文化领域的软创新。目前阻碍创新的因素很多，但主要是制度上的障碍，是思想不够解放。因此，尽管科技创新是增长的直接推动力，但缺少理论、制度与文化创新，科技创新也难有起色。事实上，一个经济体在面临转型与发展的双重任务、处在全面深化改革的攻坚阶段，理论、制度、文化层面的软创新就显得更为重要。正是在这个意义上，推动创新发展要解放思想，更加注重理论创新、制度创新以及对于传统文化进行创造性转化的文化创新。

2. 协调发展应从源头上解决各类扭曲和不平衡

过去很多年，我们走的是一条赶超的道路。赶超型发展往往是一种不平衡发展。这样的战略，难免会造成

有些部门或产业发展得快些，另一些部门或产业发展得慢些；一些地区发展得快些，另一些地区发展得慢些；一些问题得到重视，另一些问题却有所忽视。因此，我们会看到产业之间、区域之间、城乡之间、经济与社会发展之间、人与自然生态之间、物质文明与精神文明之间、国防与经济建设之间、政府与市场之间，等等，均存在着不平衡、不匹配与不协调的问题。在经济发展水平落后的情况下，一段时间的主要任务是要跑得快，但跑过一定路程后，就要注意调整关系，注重发展的整体效应，否则"木桶"效应就会愈加显现，一系列社会矛盾会不断加深。这实际上是从赶超战略角度来认识当前的种种扭曲和不平衡。而促进协调发展就应从源头上解决赶超发展中的各类扭曲和不平衡问题。协调不是对于一些结构性参数的人为调整（如服务业占比、教育经费占比、研发费用占比、城镇化率等），而是需要依靠市场和价格信号以及激励机制来逐步实现的。有些协调是市场能够完成的，如产业结构、城乡结构等（只要破除制度性障碍）；但有些是市场不能很好解决的，如收入分配；还有硬实力与软实力、经济与社会、国防与经济建设等，这些结构关系超出了经济学意义上的协调，因此，还需要政府这只"有形的手"，这也是政府的职责所在，是更好发挥政府作用的舞台。总体上，不协调的根源，不是干预少了，而是干预多了。要从源头上解决不协调的问题，就是要充分发挥市场的决定性作用，充分发挥社会自身的协调机能，不以赶超为借口制造新的扭曲和不平衡，政府应做到不越位、不缺位。

3. 绿色发展将保护生产力与发展生产力统一起来

绿色发展，就其要义来讲，是要解决好人与自然和谐共生问题。人类发展活动必须尊重自然、顺应自然、保护自然，否则就会遭到大自然的报复，这个规律谁也无法抗拒。无论从先发国家的历史来看，还是从后发国家的实践来看，都面临这样的难题，即如何将发展问题与环境问题协调统一起来。长期以来，这二者都被视为是对立的，比如著名的罗马俱乐部为保护生态平衡而提出的零增长方案。中国也是在先发展后治理或边发展边治理的思想指导下，因片面追求发展速度而牺牲了环境生态，造成各类环境污染呈高发态势，成为民生之患、民心之痛。绿色发展理念的提出，就是将发展问题与环境问题统一起来，将保护生产力与发展生产力统一起来。生态环境没有替代品，用之不觉，失之难存。环境就是民生，青山就是美丽，蓝天也是幸福，"绿水青山就是金山银山"。生产力中最活跃的因素是人。恶劣生态环境严重影响人的健康，这是对人力资本的极大破坏；而优美生态环境带来人的身心愉悦和寿命延长，则会大大促进人力资本的积累和效率。正是从这个角度，我们才能更好地理解保护环境就是保护生产力，改善环境就是发展生产力。绿色发展强调自然生态的健康、人与自然的和谐是人类永续发展的根本保障。这是回归到可持续发展的本源含义，其时间跨度和历史蕴含完全超越了经济增长的范围。并且，绿色发展也是对人类命运共同体这样一种认识的呼应，其诉求完全超越了国界。

4. 开放发展强调了开放体系与开放竞争的重要性

开放发展注重解决发展内外联动问题。一般而言，开放系统比封闭系统更安全。根据"熵定律",开放系统将导致有序并产生新的活力,封闭系统会导致无序而走向死亡。封闭一般会形成暂时的稳定,一种静态的安全。但从动态角度看,由于封闭导致制度僵化与社会惰性,最终会引致系统走向动荡甚至崩溃。开放就是要破除各种偏见和歧视、门槛与障碍,让各种观念相互碰撞,各类资源要素自由流动;在比较中发现落差,以落差促进要素流动,从而取长补短、求同存异和缩小差距。全球化红利正是经由弥合这种结构性"落差"而实现。开放发展强调要更好利用国内国际两个市场、两种资源,提高全球治理中的制度性话语权,在新发展阶段获取新的全球化红利。开放发展必然面临开放竞争。开放竞争不仅包括国别之间的经济竞争,更会有制度竞争。从全球范围看,制度的竞争以及为获得制度优势而衍生的改革竞争将是一种常态。而开放竞争是推动制度改革、保持制度活力的内生动力所在。值得强调的是,开放发展不仅仅局限于经济开放,还涉及社会开放、政治开放。因此,开放发展的意义,就完全超越了建立一个新型开放经济体,也超越了"一带一路"倡议引领下的新开放秩序,是将开放发展扩展到开放社会的新跨越。

5. 共享发展体现了以人民为中心的发展理念

共享发展注重解决社会公平正义问题。发展成果只有更多更公平惠及全体人民,才算真正实现了发展目标。共享发展的实质是坚持以人民为中心的发展理念,体现的是逐步实现共同富裕的要求。以人民为中心,就是要坚持人民主体地位,顺应人民群众对美好生活的向往,不断实现好、维护好、发展好最广大人民根本利益,做到发展为了人民、发展依靠人民、发展成果由人民共享。新发展阶段,需要努力推进社会公平正义,加紧建设对保障社会公平正义具有重大作用的制度,保证人民平等参与、平等发展权利,有效促进共享发展。从国际经验看,那些跌入中等收入陷阱的国家,往往是与收入差距拉大、社会不公加剧、未能促进共享发展有密切关系。因此,共享发展既是发展的初衷,也是实现可持续增长的重要保证。共享不是简单的共富。共同参与、共同分享,是共享的最基本含义。而这个参与、共享也绝不限于经济,同样包括政治、社会等层面。从这个意义上来理解,共享就不仅仅是精准扶贫、普惠金融、教育社保医疗等基本公共服务的均等化等内容所能涵盖的。共享当包括更广泛的社会参与和政治参与。而唯有人民的真正参与,以人民为中心的发展理念才能最终得以贯彻。

四 结语

中国是当今世界上最大的发展中国家,也是过去近半个世纪以来取得最骄人成就的发展中国家。正因为如此,中国最有资格、最有能力写出自己的发展经济学。前文回顾了第二次世界大战以来发展经济学的演进轨迹,并探讨了新发展阶段中国版发展经济学的特质和灵魂,在这方面做出了初步尝试。

展望未来,还应基于以下的方法论来复兴发展经济学:"依据经济发展实践形成的新的经验,对已有各种理论流派进行重新认识、再定位和集成,从而提出替代性的认识体系,是经济理论特别是发展经济学演进应有的逻辑以及源泉所在……这就需要着眼于把中国发展的独特路径予以一般化,回应其对主流经济理论或其隐含假设的挑战,同时给出既能解释自身全过程,也能为更一般的发展问题提供借鉴的理论答案。"[1]

---

[1] 蔡昉:《中国经济发展的世界意义》,中国社会科学出版社2019年版,第32—33页。

第十一章

中国经验与中国经济学

"当代中国正经历着我国历史上最为广泛而深刻的社会变革,也正在进行着人类历史上最为宏大而独特的实践创新。"[①] 在这样一个伟大时代,在中国创造了举世瞩目的增长奇迹、减贫奇迹以及中国式现代化呼之欲出的语境中,中国经济学迎来了前所未有的发展机遇。

一 中国经济学的发展契机

对中国而言,经济学是舶来品。自20世纪初严复翻译《原富》以来,经济学作为西学之一支传播到中国,至今已逾百年。长期以来,中国都是经济学的小学生,中国经济学的发展历程基本上可以归结为学习借鉴之路,学习的对象既包括马克思主义经济学,也包括西方经济学。随着中国发展的经验为世界所关注,中国经济学开始有了自己的灵魂,真正意义上的中国经济学才有了可能。

[①] 习近平:《在哲学社会科学工作座谈会上的讲话》,人民出版社2016年版,第8页。

中国经验与中国经济学

关于中国经济学的探索早已有之。20世纪40年代,王亚南明确提出"中国经济学",即"特别有利于中国人阅读,特别引起中国人的兴趣,特别能指出中国社会经济改造途径的经济理论教程","创立一种特别具有改造中国社会经济,解除中国思想束缚的性质与内容的政治经济学"[①]。

改革开放以来,对于中国经济学的探讨再次成为热点。不符合主流经济学教科书的中国改革开放经验的价值开始得到重视。按照西方的标准,我们做的都不那么规范,但是,我们的经济却就是这样发展起来了,有一些被西方人认为不可能的事情就在我们这里发生了……这种矛盾的现象促使人们思索:可能就是在这些现象的背后,潜藏着有别于西方经济学的中国经济学的逻辑;我们的任务就是把它们发掘出来,并加以系统化[②]。

检索大量文献我们发现,早期对于中国经济学的探讨是一种自发的努力,其中更多地强调制度基础、发展阶段的不同,因此西方经济学难以派上用场,需要"改造";直至20世纪90年代中期,特别是苏联、东欧国家的休克疗法导致衰退,而中国改革彰显奇迹的时候,才逐步认识到中国经验的价值。但那个时候,对于西方经济学还主要处在学习借鉴阶段,指出其中的一些片面性倒是有的,但还意识不到西方经济学的危机。然而,次贷危机爆发后的

---

① 王亚南:《政治经济学在中国》,《新建设》1941年第2卷第10期。
② 李扬:《中国金融改革30年》,社会科学文献出版社2008年版,第8页。

讨论则完全不同。一方面，西方主流学者从自己的阵营中开始批驳西方经济学的问题[①]；另一方面，中国经济在危机后的率先复苏以及改革开放创造的增长奇迹，使得"中国发展模式"成为国际学界热门探讨的话题。这些为中国经济学突破所谓主流经济学[②]的重围创造了新的契机。

党的十八大以来，构建中国特色社会主义政治经济学成为中国经济学的共识和方向。张卓元认为，中国特色社会主义政治经济学的主要支柱是社会主义市场经济论，主线则是社会主义与市场经济的结合、公有制与市场经济的结合[③]。蔡昉和张晓晶认为，以人民为中心的发展思想，新时代社会主要矛盾变化，社会主义的根本任务是解放和发展生产力，社会主义与市场的有机结合，正确处理政府和市场关系和发挥市场的决定性作用，协调利益矛盾调动各方面积极性，促进公平正义实现共同富裕构成中国特色政治经济学的主体内容[④]。谢伏瞻沿用中国经济学的提法，将其来源归纳为四个方面，即马克思主义政治经济学的中国化与时代化，中国共产党领导社会主义经济建设实践的

[①] Blanchard O., Dell'Ariccia, G., and Mauro, P., 2010, "Rethinking Macroeconomic Policy", IMF Staff Position Note, SPN/10/03；[美] 约瑟夫·斯蒂格利茨：《自由市场的坠落》，李俊青、杨玲玲译，机械工业出版社2011年版。

[②] 这里所说的主流经济学一般是指西方主流经济学。

[③] 张卓元、张晓晶主编：《新中国经济学研究70年》，中国社会科学出版社2019年版，第1038页。

[④] 蔡昉、张晓晶：《构建新时代中国特色社会主义政治经济学》，中国社会科学出版社2019年版，第51页。

成功经验,国外经济理论和政策合理成分的科学借鉴,中国传统优秀经济思想的汲取融通①。在这四个来源中,除了国外经济理论来源(也包含国外经验),其他三个都可以说与中国经验直接相关。

其实,无论是中国特色社会主义政治经济学,还是一般意义上的中国经济学,都是实践导向、问题导向,其根基和内核都是中国经验。

(一)新兴经济体特别是中国的崛起将会贡献有别于主流认知的全新经验

自20世纪90年代以来到21世纪,随着经济全球化的发展,新兴经济体的经济实力迅速增强。而2007年次贷危机爆发以后,新兴经济体的强劲复苏更是成为全球经济增长不可或缺的动力。新兴经济体的崛起改变了全球发展格局,也赢得了西方主流世界的关注和尊敬。美国全球发展中心主席南希·伯索尔与美国斯坦福大学高级研究员弗朗西斯·福山认为:美国、欧洲和日本将继续充当经济资源与思想的重要来源,但是新兴市场国家正在进入这一领域,并将成为重要的参与者。尽管世界上的很多穷人生活在新兴市场国家,但这些国家就经济、政策和知识而言,已经在全球舞台上获得了新的尊重②。

---

① 谢伏瞻:《中国经济学的形成发展与经济学人的使命——〈中国经济学手册·导言〉》,《经济研究》2022年第1期。

② Birdsall, N., and Fukuyama, F., 2011, "The Post-Washington Consensus: Development after the Crisis", *Foreign Affairs*, 90 (2), 45–53.

第十一章 中国经验与中国经济学

时任世界银行行长佐立克（Zoellick）则强调：随着第三世界这个过时概念的终结，第一世界必须向观念和经验的竞争打开自己的大门。知识的流动不再只是由北向南、由西向东、由富向穷。"新兴的经济体带来了新方法和新的解决方案。印度向非洲提供有关乳品业的建议；中国向非洲取经，学习加纳和尼日利亚行之有效的社区推动发展方式；美国向中国吸取有关高速铁路的经验……"他因此呼吁："新的多极世界需要多极知识。"[1]

如果说以前知识的流动都是单向的，即发达经济体是老师，向那些后发国家灌输他们的经验；那么今天，在老师们出问题的时候，原先作为学生的后发国家的经验也将具有重要的借鉴意义。这就是为什么哈佛经济学家弗兰科（Frankel）提出，要通过总结新兴市场的经验来拯救主流宏观经济理论[2]。前摩根士丹利亚洲区主席史蒂芬·罗奇更是直截了当地指出要"向中国学习宏观调控"：中国在管理经济方面的表现仍远远胜过多数人对它的肯定。中国甚至在宏观政策战略方面给世人上了一课，这一课是世界其他地区应该聆听的[3]。

---

[1] Zoellick, R. B., 2010, "Democratizing Development Economics", Speech at Georgetown University, September 29.

[2] Frankel, J., 2010, "Monetary Policy in Emerging Markets", in Friedman, B. M., and Woodford, M. (eds.), *Handbook of Monetary Economics*, Vol. 3, Elsevier.

[3] [美]史蒂芬·罗奇：《向中国学习宏观调控》，《金融时报》中文网，2012年3月9日。

（二）经济学的多元化为中国经济学的发展创造了条件

由于主流经济学的统治地位，似乎经济学仅此一种。但事实上，在主流之外，一直有非主流的存在。2008年国际金融危机之后，非主流经济学的声音才逐步为社会所听到；而且难能可贵的是，在这些声音里，原本为主流所忽视或消解了的问题（如新古典经济学的模型根本推导不出危机）恰恰能够得到合适地反映。经济学的多元化显然成为未来经济学发展的一个重要方向，这也为中国经济学的突围创造了条件。

非主流经济学是缺少话语权的。在曼昆的博客中，曾有学生问及他对米塞斯《人的行为》[①]一书的看法。他的回答是他没有读过这本书。接下来他讲了两点理由：首先，大多数经济学家关注的都是最近的研究工作（其言外之意，对于思想史较少涉及）。二三十年前的著作一般都被视作无关的、过时的或者已经吸纳到最近的研究工作中了。现在很少有人关注米塞斯的书（写于1949年）与现在的物理学家不读牛顿的原著是一样的道理。其次，在曼昆所受教育及工作的主流学校中（如普林斯顿、麻省理工以及哈佛），像米塞斯这样的奥地利学派经济学家常常被当作边缘人物。不管这么做是否合适，他们的名字确实很少出现在推荐书目中。曼昆的回答真实体现了非主流经济学的命运。非主流除了在课堂上被忽视或遗忘，在学术刊物的把持上，也

---

① ［奥］路德维希·冯·米塞斯：《人的行为》，夏道平译，上海社会科学出版社2015年版。

有着与非主流的明显分野。非主流的文章想发在主流杂志如《美国经济学评论》(AER)、《政治经济学杂志》(JPE)上几乎是不可能的。

正由于非主流或异端经济学一直处于被"压制"的局面，对于社会经济运行理解的另一面（非主流的一面）就被取消了，这使得学生们抱怨的经济学教育的片面性和狭隘性得以呈现。因此，未来经济学的发展应走向多元化。这不仅意味着新古典主义与新凯恩斯主义要有某种整合，而且更重要的是应该平等公正地对待那些所谓非主流的思想，其中包括马克思主义经济学、凯恩斯关于不确定性与动物精神的洞见、奥地利学派关于市场过程的思想、演化经济学关于转轨过渡的分析、后凯恩斯主义金融不稳定假说（如明斯基）以及分配影响增长与波动的理论（如卡莱茨基等），等等。正处在蓬勃发展中的中国经济学也将有机会为经济学的多元化做出贡献。

（三）没有普适的世界主义经济学，对后发国家真正有用的是国民经济学

主流经济学标榜自己的普适性，但实际上，经济学的发展从来就离不开其所依托的特定阶段的历史环境。比如，斯密经济学在其流行之时，被誉为世界主义经济学，似乎放之四海而皆准，任何国家都可以依照《国富论》的逻辑而走上富强之路。但事实却是，英国在强盛之前，却并不推崇"看不见的手"和自由贸易。李斯特指出，英国能够获得优势地位，是因为采取了一系列的歧视性政策，这包括对于进出口商品类别的限制，对本国工业品的

补贴等，可以说是"小心谨慎地抚育和保护生产力的发展"①。他曾写道："这些准则都是过去英国的大臣和议会发言人所直认不讳的。1721年，乔治一世的大臣们当禁止印度工业品输入的时候，曾公开宣称，情况很明显，只有输入原料、输出工业品，才能使国家富强，甚至到了查坦勋爵和诺思勋爵的时候，他们还毫不迟疑地在议会公开声明，在北美洲就是一只马蹄钉也不应当允许制造。"②他指出，"这是一个极寻常的巧妙手法。一个人当他已攀上了高峰以后，就会把他逐步攀高时所使用的那个梯子一脚踢开，免得别人跟着他上来。亚当·斯密的世界主义学说的秘密就在这里"③。

由此，李斯特提出了他的政治经济学的国民体系，强调国民经济学，强调国家利益。李斯特重视国家利益和幼稚产业保护的观点其实可以追溯到美国建国时的第一任财长汉密尔顿。我们或许应该这样来看待经济学潮流的变迁：英国只是在其崛起之后，斯密的世界主义经济学才占据主要地位；在英国发展起来，而德国、美国、日本还是后发国家的时候，在德国占统治地位的是历史学派，在美国占统治地位的是美国政治经济学派，在日本占主导地位的是马克思主义经济学。一个后发国家在

---

① ［德］弗里德里希·李斯特：《政治经济学的国民体系》，陈万煦译，商务印书馆1997年版，第342页。

② ［德］弗里德里希·李斯特：《政治经济学的国民体系》，陈万煦译，商务印书馆1997年版，第343页。

③ ［德］弗里德里希·李斯特：《政治经济学的国民体系》，陈万煦译，商务印书馆1997年版，第343页。

赶超过程中，她的经济学一定和先发国家倡导的主流经济学是不一致的。对后发国家真正有价值的恰恰是国民经济学，即基于本国国情以及历史文化制度特点所展开分析的经济学。

人们熟知自斯密开始到边际学派、马歇尔以及新古典经济学这样一条主流经济学的演进道路，却往往忽视了一个事实，即还存在这样一条包括重商主义、美国学派、德国历史学派、马克思主义经济学、美国制度主义和熊彼特经济学等非主流经济学的思想脉络。而这条非主流的思想脉络往往是针对后发国家所形成的，是对后发国家更具价值的国民经济学。

构建中国经济学一直是中国经济学人的向往。或许有人要问：有英国经济学、德国经济学、美国经济学吗？如果我们证之以上述的非主流经济思想史，还真能寻出一些蛛丝马迹。也就是说，提出中国自己的国民经济学，并不是一种狂妄；相反，是一种必要且务实的选择。

二 中国经验的独特价值

中国经济发展具有世界意义，这是对中国经验价值的最好概括。首先，中国经济以同期世界上最快的增长速度以及不断扩大的总规模，成为总量第二和增量贡献最大的经济体，发挥了世界经济发动机和稳定器的作用。其次，占世界人口五分之一的中国人民的成功实践，为广大发展中国家提供了弥足珍贵的经济分享和智慧借鉴。最后，中国经济发展探索中所体现的具有共性的发展规律，以及把一般规律与特殊国情相结合的方法论，为修正、丰富和创新经济理论提供了有益的素材①。

（一）主流经济学概括的是西方经验，摆脱西方中心论成为构建中国经济学的前提

无论从起源来看，还是从发展来看，经济学都与"西方"息息相关。因此，主流经济学存在"西方中心论"也就司空见惯甚至是理所当然了。主流经济理论以及其所依赖的经验大都来自发达经济体，但由于经过经济学的抽象看起来是一些"通用"的道理，人们往往注意不到"西方"标签的存在。尽管主流经济学也会涉及新兴市场经济体，但这种关注往往以负面总结为主，如拉美债务危机、亚洲金融危机等。主流经济学成为一种"现代性的霸权话语"，对于这个问题的明确认识，以《后殖民主义遭遇经济学》一书的出版为标志性事件。它指出，作为一门学科，经济学已经建立起了它作为对被殖民地区的理论构建核心的"发展"叙事，它假定了现代欧洲社会在本体论上的优越性②。

一位西方学者这样反思："我们过去两个世纪雄踞的支配地位——先是欧洲后是美国——培养出了一种以西方为中心的思维定式，即西方才是所有智慧的源泉。我们觉得自己思想开明，但我们的优越感蒙蔽了我们的心智。我

---

① 蔡昉：《中国经济发展的世界意义》，中国社会科学出版社 2019 年版，第 5 页。

② Davis, J. B., 2004, "Economics as a Colonial Discourse of Modernity", in Charusheela, S., and Zein-Elabdin, E. (eds.), *Postcolonialism Meets Economics*, Routledge.

们从来没有考虑过中国可能有一天超过美国。落后、缺乏民主、不懂启蒙运动的信条，中国是一个完全不同环境下的产物，它不是西方的。所以怎么可能？其他任何人要想成功，我们的模式才是放之四海而皆准的。现代化唯一有效的方式就是西方化。中国将不可避免地失败——它的成功是不可持续的。"[1]

就理论角度而言，无论是后殖民理论，还是历史研究中的"加州学派"，都指出西方中心论是西方学者有意无意"构造"的。这一思想的有害之处不仅在于它有违历史真实，更在于它的影响会投射到非西方（主要是外围的发展中国家）学者的研究与创作之中，甚至将西方中心论变成他们根深蒂固的潜意识。就现实角度而言，根据国际货币基金组织的数据，2008 年新兴经济体的产出（以购买力平价来衡量）首次超过了发达经济体[2]。因此，西方中心论以及从西方经验总结出来的基本理念和逻辑都应发生改变。现在是到了应该觉醒和摆脱西方中心论的时候了，这应该成为构建中国经济学的基本前提。

（二）古典经济学的中国渊源表明中国经验的价值早在历史上就有呈现

由于经济学是舶来品，中国经验在经济学早期发展中

---

[1] Jacques, M., 2012, "Why do We Continue to Ignore China's Rise? Arrogance", *The Observer*, March 25.

[2] IMF, 2019, *World Economic Outlook: Global Manufacturing Downturn, Rising Trade Barriers*, IMF Publishing.

中国经验与中国经济学

的贡献往往被文献所忽略。事实上，重农学派代表、古典经济学的奠基人之一魁奈深受中国影响。魁奈被誉为"欧洲的孔子"，他的大作《中华帝国的专制制度》标志着"中国典范的影响达到了它的顶点"。尽管不少专家认为，是强调自然秩序的中国古典哲学影响了古典经济学，但如果从更宽泛的意义上来看，还是中国发展的经验影响了古典经济学。就统计数据[①]来看，在魁奈生活的时代，中华帝国的产出超过整个西欧的产出，一些西方学者对中华帝国心生崇拜就顺理成章了。尽管由传教士转述的中国经验是要打折扣的（有时甚至是一种误读），但基于中国的强盛繁荣而产生对中国制度、文化、哲学包括国家治理方式的青睐，却在情理之中。这使得中国经验成为古典经济学思想形成的一个重要的智力支持。具体来说，魁奈在考察中国的自然法时，明确指出中国人是以"理性之光"作为其指导思想，称赞那里对于自然法则的研究，"臻于最高程度的完善"，应"将中国置于其他各国之上"。他还把中国古代教育制度引入自然秩序学说，认为"除中国以外，所有的国家都没有重视这种作为统治工作基础的设施的必要性"，因此，"一个巩固的繁荣的政府应当按照中华帝国的榜样，把深刻研究和长期地普遍学习作为社会制度的基础的自然规律，作为自己的统治工作的主要目标"。这种认为国家教育对于研习和遵守自然规律具有重要意义的观点，在欧洲传统思想中并无反映，所以西方学

---

① ［英］安格斯·麦迪森：《世界经济千年史》，伍晓鹰等译，北京大学出版社2003年版。

者中有人认为重农学派自然秩序思想中的教育含义,"明显参考了中国的模式"①。

(三)中国问题研究具有独特价值,不应盲目追踪西方学术前沿

中国的改革开放是人类历史上前所未有的伟大试验。对于过去 40 多年增长奇迹的总结,以及未来如何跨入高收入经济体的行列,无论是对中国,还是对世界,都具有非常重要的理论价值和实践意义。正如帕金斯所说:"中国在经历一系列重大结构性变化,在过去 20 年里尤其如此,而这些变化在高收入的后工业化国家中已不再出现。"② 因此,中国经济学人应将研究的重心放在结构性变革这一真正有意义的重大问题上,而不是致力于研究经济中的细节问题,特别是不应盲目追踪西方的学术前沿。

为什么中国问题研究有着更为特别的意义呢?一方面是因为中国是"超级大国",这里所发生的事情能够很大程度上影响整个世界;另一方面,是由于相对于其他大多数发展中国家而言,中国在短时期内经历了更加巨大的变化。因此,研究中国经济之重要,其原因并不仅仅在于中国经济的增长速度快,更在于中国经济的高速增

---

① 谈敏:《重农学派经济学说的中国渊源》,《经济研究》1990 年第 6 期。

② [美]德怀特·帕金斯、贾拥民:《中国经济带给中国经济学家的挑战》,《社会科学战线》2010 年第 1 期。

长与彻底的经济体制变革相伴而生。帕金斯乐观地预测："我相信，如果你们做得足够出色，这种研究策略会帮助你们赢得一个或更多的诺贝尔经济学奖。"① 或许，我们的目标并不是诺贝尔经济学奖。但我们必须清楚：中国拥有能够解决自身问题的中国经济学，不仅是必要的，也是可能的；并且，这无疑也是中国经济学人对现代经济学的一大贡献。

三 中国经验与中国经济学

就经济学的演进历程而言，往往是一国强则其经济学强。中国经济学的发展和兴盛，显然离不开中国的强大以及对中国走向富强的经验的总结。

中国发展经验无疑是中国经济学的基本内核。今天，世界范围内都在关注和讨论中国的发展，创造出中国模式、中国道路、中国因素等以中国经验为核心的概念。其根本只在于中国已经上升到世界第二大经济体，并且在不远的将来会毫无悬念地替代美国成为世界第一。这是"中国概念"陡然盛行的最主要原因。中国改革开放伟大实践当中涌现出大量传统经济理论难以解释的新现象、新问题，进一步增加了中国经济发展经验的独特性和理论价值。不过，中国经济学人自己似乎都还没有做好准备。甚至也只能用国外学者的话语来讲述中国自身的故事，如

---

① [美] 德怀特·帕金斯、贾拥民：《中国经济带给中国经济学家的挑战》，《社会科学战线》2010 年第 1 期。

"北京共识"（the Beijing Consensus）①就很典型。

中国发展的经验有着更为丰富的内涵和更加多维的层面，全面总结非笔者能力所及。这里仅以中国经济发展为例，做一些简要的概括。

（一）实现社会主义和市场经济的有机结合

在社会主义条件下发展市场经济，是前无古人的伟大创举。以往的市场经济都建立在私有制基础上，传统的经济理论都认为市场经济是排斥公有制的，因此以公有制为主体的社会主义不能与市场经济相结合。中国的改革实践否定了这一理论。改革开放以来，中国逐步引入市场机制，1992年进一步把社会主义市场经济体制确立为经济体制改革的目标，明确了发展中国特色社会主义经济就是发展社会主义市场经济。社会主义与市场经济的结合、公有制与市场经济的结合是有机的、相互渗透的。一方面，公有制特别是国有制要通过股份制等现代企业组织形式成为市场经济主体，允许个体、私营、外资经济存在和发展，形成多元市场主体；另一方面，市场经济的发展要适应社会主义实现公平正义、共同富裕的目标。总之，要努力使社会主义和市场经济各自的优势很好地发挥出来。

过往的社会主义市场经济体制建设，侧重于强调市场经济一面，过去数十年中国社会主义市场经济的发展，正是在突破传统社会主义体制的前提下实现的。而新时代的

---

① Ramo J., 2004, "The Beijing Consensus", Foreign Policy Center, May.

社会主义市场经济建设则要求在强调市场经济一般规律的同时更加注重中国市场经济的"社会主义"特征和价值内涵,即一方面是建立高水平、高标准的市场经济体系,推动生产力的解放和发展;另一方面是更加彰显公平正义、共同富裕等社会主义的本质规定。

如果说,之前对于社会主义与市场经济相冲突的一面,要么不严重尚可忽视,要么尽管有所严重,但却可以社会主义初级阶段为理由,认为还不得不如此;那么,在新发展阶段,社会主义与市场经济二者冲突所带来的问题不能不被重视,而且也不能以社会主义初级阶段作为挡箭牌了。因此,新时代的中国发展还必须直面社会主义与市场经济的冲突,实现二者在新发展阶段的有机结合。这是一项艰巨的任务,需要直面一系列重大理论和现实问题,例如,如何协调公有制经济的多元化目标与市场经济的效率原则之间的冲突,继续推动生产力发展(效率问题)?如何在发挥市场经济在资源配置中起决定性作用的同时避免两极分化和贫富差距扩大(公平问题)?如何在坚持中国共产党领导这一中国特色社会主义最本质特征的前提下利用好市场经济体制中的分散化与多元化决策机制(政治与经济的平衡问题)?

可见,社会主义与市场经济的结合是发展社会主义市场经济的核心,贯穿于社会主义市场经济活动的方方面面,社会主义市场经济体制就是在推进这种有机结合中不断完善和成熟的,也是在这一过程中推动经济社会发展的。因此,我们在总结中国经验、构建中国经济学的时候,要把社会主义与市场经济的结合作为主线贯穿始终,形成逻辑严密、结构有序的理论体系。

（二）坚持改革、发展与稳定的三维统一

中国发展的历程，是改革、发展与稳定三维统一的进程。在社会主义初级阶段，发展是国家的核心战略任务，改革是促进发展的主要手段，稳定是改革顺利推进的前提。需要看到，同时兼顾改革、发展、稳定三重目标可能付出一些成本，也会牺牲一些效率（比如改得不太快，因为考虑稳定问题而制约了改革速度），但是实践证明，这一看似低效率的做法最终为中国带来了经济快速增长和社会长期稳定两大奇迹。其中的秘诀就在于三者协同发力、协调配合：只有社会稳定，改革发展才能不断推进；只有改革发展不断推进，社会稳定才具有坚实基础。离开社会稳定，不仅改革发展不可能顺利推进，而且已经取得的成果也可能会丧失。这就是为什么中国会选择渐进式改革，会允许双轨制的存在，会容忍由此所带来的政策套利与效率损失。这些问题常常为人所诟病。特别是，一些集团利益的固化也被认为是这样一种不彻底的改革所带来。然而，与休克式疗法以及"华盛顿共识"相比，人们会发现，中国能够取得长期稳定增长的局面，恰恰是和坚持改革、发展、稳定的统一从而实施有效的改革路径有着密切的关系。这种三维的统一与主流经济学强调效率的一维视角迥然相异，单纯强调效率可能导致对其他方面重要政策目标的忽视。

事实证明，在多目标之间实现动态平衡是中国发展道路的一条重要经验。正因如此，习近平总书记在庆祝改革开放40周年大会强调，"必须坚持辩证唯物主义和历史唯

物主义世界观和方法论，正确处理改革发展稳定关系"①，这是中国长期探索得出的宝贵经验。

（三）实施"三位一体"的宏观调控

宏观经济政策常常被理解成更多地关注短期波动，这就是为什么被誉为宏观经济学鼻祖的凯恩斯有句名言，长期而言我们都将死去。事实上，以财政与货币政策为最主要组成的西方稳定化政策（stabilization policy），也确实以熨平短期波动为主要任务。随着增长经济学以及新增长理论的出现，宏观经济学及宏观政策也把目光聚焦到中长期问题上。不过，在主流教科书中还没有一个"专管"长期的相应政策（及部门）。

在中国，宏观调控由"三驾马车"组成，即国家发展和改革委员会（以下简称"国家发改委"）、财政部和中国人民银行。这就不仅有传统上的财政货币政策，而且增加了专管长期的战略规划。这样，就实现了远近结合、短期与中长期衔接，延展了宏观调控的视野。从位次上看，"三驾马车"中，国家发改委是领头者、主导者，其职能覆盖了国民经济运行中的大部分宏观和微观领域，财政部和中国人民银行无论是制定政策，还是实施政策，都要受国家发改委的指导和约束，经济政策都要服从国家战略规划。

这种由规划、财政、货币政策构成的"三位一体"的

---

① 习近平：《在庆祝改革开放40周年大会上的讲话》，人民出版社2018年版，第36页。

调控模式具有强烈的中国色彩,强调"以国家发展战略和规划为导向、以财政政策和货币政策为主要手段的宏观调控体系……加强财政政策、货币政策与产业、价格等政策手段协调配合"①,远比西方主流教科书中讲到的稳定性政策内容要丰富得多。值得注意的是,现在连一些发达经济体也开始强调战略规划、产业政策,而不再像以前那样把政府的这些做法看作是对市场的一种扭曲,可以说与中国的做法是暗合的。

美国学者杰弗里·萨克斯明确提出:有一种思想,被华盛顿视为异类,但值得深思。世界上增长最快的经济体中国依赖公共投资的"五年规划",该规划由国家发改委负责管理。美国没有类似的机构,或者说确实没有系统性地负责公共投资战略的机构。但如今所有国家都需要五年规划甚至更多;它们需要20年、跨越一代人的战略以构建21世纪的技能、基础设施和低碳经济②。

(四) 激励地方竞争调动地方积极性

促进地方竞争、激发地方活力曾经是改革开放以来中国经济成功的秘诀之一,这也是国际上公认的"中国特色"③。

---

① 《中共中央关于全面深化改革若干重大问题的决定》,人民出版社2013年版,第16页。

② Sachs, J. D., 2014, "Sustainable Development Economics", *Project Syndicate*, Nov. 25.

③ Xu, C., 2011, "The Fundamental Institutions of China's Reforms and Development", *Journal of Economic Literature*, 49 (4), 1076–1151.

尽管地方竞争产生了一系列不良后果，如恶性竞争、地方保护、市场分割、结构扭曲、产能过剩等，但是地方竞争所激发的活力以及创造出中国增长的奇迹这一点却是不能抹杀的。倒洗澡水不能把孩子一起倒掉。我们今天反思地方恶性竞争所带来的负面影响时，尤其不能将地方竞争这样一种充满活力的机制也反掉。

过去的地区间竞争模式，是现行中国制度体系下地方政府的自然、理性选择，这一制度体系包括"GDP 为纲"的政绩考核和官员选拔框架、以间接税为主过于依赖企业税收的财政体系等。新型的地方竞争模式就是要超越传统的 GDP 竞争，从以下两方面着手来激发地方竞争活力。

一是由竞争 GDP 转变为竞争公共产品和服务。这是经济发展到一定阶段、城镇化快速推进对地方政府提出的新要求，也是贯彻新发展理念的需要。就赶超型国家的地方政府而言，在发展初期更重要的是经济功能，包括经济增长、产业发展、税收创造等。这在中国过去主要表现为围绕 GDP 的竞争。社会经济发展到今天，特别是在城镇化快速推进过程中，公共产品和服务的提供成为短板，这包括治安、教育、医疗、社区服务、社会保障（包括保障性住房）等。由提供公共产品和服务所引发的地方竞争一般被概括为"用脚投票"理论，即哪个地方提供的公共产品和服务最适合需要，人们就会选择去哪个地方居住。这种"用脚投票"的方式会激励地方政府努力提供满足居民偏好的公共产品和服务。尽管这一理论并不完全契合中国实际（如人口在地区间流动并不十分便利），但其着眼于提供公共产品和服务的种类、数量与质量来衡量地方政府治理水平，是值得我们借鉴的。从竞争 GDP 到竞争公共产品和服务，意味着弱化对地方政府的 GDP 考核，而将公共服务、市场监管、就业水平、社会保障、治安维护、人民健康、环境保护等指标置于更为突出的位置。

二是理顺中央和地方权责关系。一些地方没有动力做事情，在很大程度上与缺乏财力和自主权有关。当前需要地方政府做的事情多、责任大，但相应的财权财力不够。比如在税收方面，以前依赖的是土地财政、增值税分成以及营业税等。现在土地财政难以持续，营改增也削弱了地方的税收来源。同时，尽管地方承担支出比重高，但在具体事项上自主权不足。这就使得中央和地方财政安排出现了激励不相容。对此，需要做出相应调整，以调动中央和地方两个积极性，这包括：提供给地方更多的主体税源（如房地产税等），加快建立基于消费的地方税体系，提高地方在增值税中的分成比例，充实省市财政事权以降低基层财政压力；进一步扩大地方立法权等，增强地方处置辖区事宜的积极主动性。

（五）把握政府与市场之间的平衡

实现政府与市场之间的完美组合与微妙平衡，一直是人类在经济制度建构上孜孜以求的目标。主流经济学曾经一度自以为解决了这个问题，即由市场来决定一切，政府只是一个守夜人。但危机给这样的看法当头一棒。

回顾中国的发展历程，尽管在处理政府与市场的关系上一直纠结，但市场化改革在稳步推进，市场在资源配置中发挥着越来越重要的作用，比如由"基础性"到"决定性",就是一个新的飞跃。切不可忘记的是,即便如此,政府并不是消失了,或者成为甩手掌柜,而是要"更好"地发挥作用。这既体现了一种务实的态度,也可以说把握了政府与市场关系的精髓。中国的实践表明,政府与市场之间不是新古典经济学教科书中所说的对立互斥关系,二者的作用是互补的。中国在改革发展中始终坚持辩证法、两点论,把"看不见的手"和"看得见的手"都用好。数十年来,中国一直致力于寻找市场功能和政府行为的最佳结合点,切实把市场和政府的优势都充分发挥出来,更好地体现社会主义市场经济体制的特色和优势,努力形成有效市场与有为政府的有机统一。

政府与市场之间的关系是动态演进的。在经济发展的不同阶段中,政府与市场之间的互补形式有着很大的不同。在后发赶超阶段,中国面临着市场体系发育程度不高、结构性扭曲严重、要素资源稀缺的局面。同时,我们还一直面临着发达经济体的竞争压力,在特定时期还会遭受发达经济体的刻意打压与扼制。要在处处落后的情况下实现比发达经济体更快的经济发展速度,就要求政府在动员资源方面发挥主导作用,强政府与举国体制确有其存在的必要性。但随着中国经济的快速发展,我们逐渐告别贫困陷阱,即将跨越中等收入阶段,迈向高收入经济体行列,政府过度干预导致的各种扭曲成为中国实现高质量发展的障碍。在这一历史进程中,中国摆脱了传统发展经济学理论的羁绊,一方面始终发挥政府在宏观调控和引导经济结构变化方面的重要作用,另一方面逐步减少政府对经济活动的直接干预,让市场机制更加充分地发挥作用。

总之,与西方经济学中占据主流地位的自由放任主义传统截然不同,自秦汉以来中国政府的干预作用就非常凸显。政府显然不是越小越好;实现高质量发展需要有为政府与有限政府的统一。更好发挥政府作用要以市场发挥决定性作用为前提,法治政府、责任政府和服务型政府是"十四五"以及未来更长一个时期政府转型的方向。着眼于中国的伟大实践,提炼出政府与市场关系变迁的典型化事实,将为中国经济学的创新发展做出贡献。

四 中华五千年文明与中国特色

中国经济学一定有着中国特色,而中国特色离不开历史底色。"如果没有中华五千年文明,哪里有什么中国特色?"[①]这里尝试讨论一下中国历史的特质如何塑造了今天的中国与中国特色,又怎样为中国经济学的生长提供传统营养。

(一) 中国"文明早熟"及其带来的问题

相比于西方文明,中华五千年文明的一个重要特点恐怕是"早熟"(premature)。

一是梁漱溟提出的"文化早熟"。他认为,中西文化之不同,源于对"意欲"(即"欲求")的解决方式之不同:第一,"本来的"路向。以西方文化为代表,通过对

[①] 本书编写组:《〈中共中央关于党的百年奋斗重大成就和历史经验的决议〉辅导读本》,人民出版社2021年版,第290页。

现实世界的改造，满足自身需要。第二，"调和"的路向。以中国文化代表，从变化自身入手，通过对自身"意欲"的变换，寻求内心的满足以及与外界的和谐。第三，"向后"的路向。以印度文化为代表，遇到问题就想从根本上取消问题，对欲望持禁绝态度，转身"向后"去要求。这三种路向即梁氏的"文化三路向"说。在他看来，中国文化不是原始、野蛮的，而是早熟的。他说："人类文化之初，都不能不走第一条路，中国人自然也这样，他却不待把这条路走完，便中途拐弯到第二条路上来；把以后方要走到的提前走了，成为人类文化的早熟。"① 在另一部著作《中国文化要义》中，梁漱溟又从"理性"（心、灵性）的角度指出："西洋文化是从身体出发，慢慢发展到心的，中国却有些径直从心发出来，而影响了全局。前者是循序而进，后者便是早熟。"②

二是侯家驹提出的"经济早熟"。他认为，西欧中世纪以来，以及中国古代，其所经历的经济发展过程，大致可分为以下几个阶段（见表11-1）。由此看来，中国经济是早熟形态，于纪元前即已完成西欧中世纪以还的经济演变历程，却因汉武帝采取国营政策，使资本主义在中国刚刚萌芽即告夭折③。

---

① 梁漱溟：《东西文化及其哲学》，上海世纪出版集团2006年版，第188页。

② 梁漱溟：《中国文化要义》，上海世纪出版集团2005年版，第227页。

③ 侯家驹：《中国经济史》（上、下），新星出版社2008年版，第38页。

表 11-1　　　　　　　中国与西欧发展时期比较

时期	西欧	中国
封建时期	900—1300 年	西周
灰暗时代	1300—1500 年	春秋
重商主义	1500—1750 年	战国
重农主张	1750—1780 年	秦汉之际
资本主义	1780 年至今	文景之治

资料来源：侯家驹：《中国经济史》（上、下），新星出版社2008年版，第38页。

三是王家范概括的"文明早熟"。进一步看，就农业起源、农业经营方式（多肥多耨、精耕细作）、工商业水平、城市集聚程度以及中央集权体制、意识形态化文化确立等社会要素而论，都显示出较之世界其他民族早熟[1]。福山也指出，在耶稣诞生的几个世纪之前，即西汉时期，中国已有中央集权政府，呈现出马克斯·韦伯所说的现代官僚体系的很多特性[2]。因此，中国的现代国家比普鲁士、瑞典、丹麦、法国和日本的国家几乎早了两千年[3]。这体现出政治制度的早熟。

文化早熟、经济早熟、政治早熟，或统称为文明早熟，均反映出中华文明的早期繁盛，以及由此所积累的重要经验和价值。典型的如法国重农学派的中国渊源、早期

---

[1] 王家范：《中国历史通论》，生活·读书·新知三联书店2012年版，第9页。

[2] ［美］弗朗西斯·福山：《政治秩序与政治衰败：从工业革命到民主全球化》，毛俊杰译，广西师范大学出版社2015年版，第370页。

[3] ［美］弗朗西斯·福山：《政治秩序与政治衰败：从工业革命到民主全球化》，毛俊杰译，广西师范大学出版社2015年版，第71页。

货币经济以及中国文人画更注重内心情感的投射而不是描摹现实等，都是非常"超前"的。"早熟"的判断体现出中华文明并未按"自然的、常规的"演进路径去发展。而这个所谓"自然的、常规的"路径往往就是作为参照系的西方文明的演进轨迹。但这并不意味着又回到了"西方中心论"，更不必强调只有西方的演进路径才是唯一"正确的"。事实上，如果我们要谈中华文明以及中国特色，不把它放在世界范围内进行比较是不可能的；"特色"一定是比较视野下的产物。

需要强调的是，文明早熟铸就了曾经的辉煌，但也带来了问题。诚如《周易》所言，泰极否来，从长处着眼即可觉察其中潜伏着的弊端。比如，中国古代农业部门劳动生产率很高，11世纪初到13世纪更是处于世界最高水平。伊懋可（Elvin）和赵冈（Chao）认为，正是这种高水平带来了过快的人口增长，限制了农业剩余的积累和工商业的发展，也削弱了对劳动替代型技术的需求，从而导致中国技术创新的停滞[1]。这一理论也就是所谓"高水平均衡陷阱"[2]。

---

[1] Elvin, M., 1973, *The Pattern of the Chinese Past: A Social and Economic Interpretation*, Stanford University Press; Chao, K., 1986, *Man and Land in Chinese History: An Economic Analysis*, Stanford University Press.

[2] 不过，很多学者都认为该理论存在较大问题。相关批评参见林毅夫《李约瑟之谜、韦伯疑问及中国的奇迹——自宋以来的长期经济发展》，《北京大学学报》（哲学社会科学版）2007年第4期；蔡昉《理解中国经济发展的过去、现在和将来——基于一个贯通的增长理论框架》，《经济研究》2013年第11期。

过度的发达，犹如长臂猿最难进化为人一样，"早熟的孩子长不大"。这就注定了中国向现代社会转型要经历漫长的难产期①。

（二）中国传统经济思想的"富矿"

经济学界早已认识到，在中华文明五千年的悠久历史中，中华民族的先哲们同样积累了深刻而丰富的经济思想，与西方世界的古希腊、古罗马经济思想交相辉映、各具特色。

仅以"经济"一词内涵的中西差异为例，就可以看出中国古代经济思想与西方大异其趣的独特理论风格。西方的"经济"含义比较微观，所含范围很窄。根据熊彼特的考证，"欧洲人的文化祖先古希腊人留给我们的遗产中，初步的经济分析是一个微小的，甚至很微小的成分……他们的经济学未能取得独立的地位，甚至没有与其他学科相区别的标签：他们的所谓经济，仅指管理家庭的实际智慧……他们把经济推理与他们有关国家与社会的一般哲学思想糅在一起，很少为经济课题本身而研究经济课题"②。可见，西方人所使用的"经济"概念早先主要局限在家庭理财层面，并无国家繁荣层面的含义。这或许与西方人先有政府，后有国家，其国家观念形成

---

① 王家范：《中国历史通论》，生活·读书·新知三联书店2012年版，第9页。

② ［美］约瑟夫·熊彼特：《经济分析史》（第一卷），商务印书馆1996年版，第91页。

较晚有关①。在中国，先秦时期就已经形成天下为公的家国天下观和民为邦本的国家政治经济观，国家观念的形成远早于西方。于是，中国古代的经济思想家也将国家财富的创造与分配作为关注的焦点。"经济"一词也被赋予了经世济民的含义。根据中国经济思想史专家的考证，早在4世纪初的西晋已正式使用"经济"概念，《晋书》中便有记载。宋以来"经济"不仅普遍使用，而且出现了不少以此命名的书籍。"经济"的内涵基本不出"经国济民"等传统含义，并有不少是供科考用的，说明入仕要求懂"经济"②。

中国传统经济思想不仅对古代中国经济长期领先于世界起到了重要作用，而且对西方现代经济学有所启迪。凯恩斯在1912年为《孔门理财学》所作的书评中曾花了约三分之一的篇幅来转述中国的货币制度和思想，并指出汉代贾谊、宋代袁燮、明代叶子奇等"中国学者早就懂得格雷欣法则和数量理论"③。除了儒家经典的经济思想广受宣扬，道家老子的治理哲学和经济思想及司马迁的自由放任思想，也在国际上得到了较大范围的传播和认可。哈耶克就曾指出，《老子》第57章的"我无为，

---

① 钱穆：《晚学盲言》，生活·读书·新知三联书店2018年版，第343页。

② 蔡昉、张晓晶：《构建新时代中国特色社会主义政治经济学》，中国社会科学出版社2019年版，第29—30页。

③ Keynes, J. M., 1912, "Chen Huan-Chang. The Economic Principles of Confucius and His School", *The Economic Journal*, 22 (88), 584-588.

而民自化；我好静，而民自正"这句话，正代表了他"自发社会秩序"理论的精髓[①]。著名货币史专家彭信威也指出，汉代法家的国定说（作为早期的货币理论），以为货币本身是没有价值的东西，其所以能流通，是因为帝王或政府所倡导或制定。这种说法和近代克纳普等人的学说很接近[②]。如果进一步延伸，它甚至可以被看作当前非常时髦的现代货币理论（MMT）的鼻祖。中国传统经济思想是一座富矿，其价值不在于它曾经非常"领先"，而在于它植根于中国深厚的历史土壤，体现了中国人几千年来积累的知识智慧和理性思辨，能够为中国经济学的探索提供滋养。

（三）探寻中国特色改革开放道路的"历史基因"

中国改革开放的理论逻辑与实践路径无疑具有鲜明的中国特色。学者们尝试从不同的角度给出解释，寻找历史基因就是其中一个重要的维度。

布兰特（Brandt）等基于"大历史观"的宽宏视野，将中国近期的发展与历史上重要因素联系起来，在一个统一的"制度+政治经济学"框架内解释了中国经济从落后到赶超的完整历史。他们认为，一个国家的既有制度内生于该国的历史、社会习俗、文化、禀赋和技术等因素之

[①] 转引自程霖、陈旭东、张申《中国传统经济思想的历史地位》，《中国经济史研究》2016年第2期。

[②] 彭信威：《中国货币史》，上海人民出版社2015年版，第14页。

中，制度的变迁具有路径依赖性。要理解中国非传统式的发展路径，就必须从历史上考察中国制度变迁的源头。他们将晚唐、宋、明和清帝国体制与改革开放前后的中华人民共和国比较后指出，一方面许多非传统的发展战略均有深刻的历史制度根源，另一方面改革开放后中国经济取得的巨大成就也离不开之前长久形成的制度土壤。他们以家庭联产承包责任制为例，这种自下而上的制度创新过程其实在历史上已有先例可循。迟至晚唐时期的经济改革已经将皇室的主要税收来源从劳动力转移到土地，这就迫使国家放弃对土地所有权的控制，在事实上支持了土地的家庭所有权，形成了主导下一个千年的帝国经济模式[①]。从世界历史上看，土地私有产权的发展是沿着使用权（或可称经营权）、占有权（罗马法称"收益权"）和所有权（罗马法称"处置权"）这样三个层次的次序由浅入深地演进的，但就中国传统社会总体状况而言，产权的"国有"性质根深蒂固；土地产权（长期被看作"私有"形态）模糊且富有弹性，其收益权和处置权既不独立，也不完全。直到明清时期，三种权力仍处在被分割的状态[②]。应该说，从今天农村土地的三权（土地所有权、承包权与经营权）分置当中，我们仍能看到中国传统社会留下的历史印迹。

关于中国特色的"历史基因"，案例俯拾皆是。比如

---

① Brandt, L., Ma, D., and Rawski, T. G., 2014, "From Divergence to Convergence: Reevaluating the History Behind China's Economic Boom", *Journal of Economic Literature*, 52 (1), 45–123.

② 王家范：《中国历史通论》，生活·读书·新知三联书店2012年版，第9页。

第十一章　中国经验与中国经济学

中国地方（官员）竞争。如前所述，地方竞争（无论是GDP，还是多元考核标准）为中国改革开放以来的经济发展提供了源源不断的活力。在激励相容的前提下，地方政府和官员"撸起袖子""开动脑筋"①，敢于"特事特办"②，搞活地方经济、服务一方百姓。这背后显然与中国悠久的地方（官员）竞争的政治传统有关。比如，中国早在先秦就有官吏考课，以考课结果的优劣来决定对官员的赏罚黜陟。到了秦代形成"上计制度"，郡臣于年初将一年的赋税收入预算写在木券上呈送给国君，国君把木券一分为二，国君执右券，臣下执左券；到了年底，合乎标准的留任，不合乎标准的则罢免③。再比如，清代中央政府以"冲、繁、疲、难"④为标准划定府、州、县的等级，四个字集字越多者，地位越重要，越为"要缺"⑤。同等条件下，政府会遴选更优秀的人才出任"要缺"，实际上是

---

① 周黎安：《中国地方官员的晋升锦标赛模式研究》，《经济研究》2007年第7期；张军、周黎安：《为增长而竞争：中国增长的政治经济学》，上海人民出版社2008年版。

② Bai, C., Hsieh, C., Song, Z. M., and Wang, X., 2020, "The Rise of State-connected Private Owners in China", NBER Working Papers, No. 28170.

③ 卜宪群：《秦汉官僚制度》，社会科学文献出版社2002年版。

④ 冲，指州县位处交通要冲；繁，指州县政务多而繁杂；疲，指州县经常拖欠税赋，财政呈疲态；难，指州县民风狡猾强悍，较难治理。

⑤ 周振鹤：《中国地方行政制度史》，上海人民出版社2005年版，第308—332页。

· 323 ·

期待这些官员更好地收税和维护治安。

　　总之，不能把改革开放四十多年的经验与中华五千年文明的经验割裂开来。虽然我们呼吸着新社会新时代的空气，但是，我们很多的思维方式、价值观以及行为模式等，都有着中华文明五千年的烙印。这也决定了所谓中国特色，蕴含着以千年为单位所形成的"长时段"（借用布罗代尔的概念）的特色。如果拘泥于概括一时（十年或几十年为单位）的特点，反而不能把握本质。此外，中国的历史传统并不都能代表中国的优势，特别是在不同的时空、从不同的角度来审视的时候。如实用主义、经验主义、整体论思维、中庸思想、秩序伦理和威权主义等，这些均被视为中国的经验（或价值）；但并不意味着这些都是应该一成不变地被继承和发扬。实际上一定有很多方面，是需要我们反思、修正和进行创造性转化的。

五　中国式现代化与中国经济学的历史使命

　　中国式现代化既有各国现代化的共同特征，更有基于国情的中国特色。中国要实现的现代化，"是中国共产党领导的社会主义现代化……是人口规模巨大的现代化，是全体人民共同富裕的现代化，是物质文明和精神文明相协调的现代化，是人与自然和谐共生的现代化，是走和平发展道路的现代化"[①]。

[①] 《高举中国特色社会主义伟大旗帜　为全面建设社会主义现代化国家而团结奋斗——习近平同志代表第十九届中央委员会向大会作的报告摘登》，《人民日报》2022年10月17日第2版。

全面把握中国式现代化是中国经济学的历史使命。

习近平总书记指出,"我们用几十年时间走完了发达国家几百年走过的工业化历程"①。这一典型的赶超型发展揭示了中国式现代化的重要特征②。赶超型发展创造了增长奇迹、减贫奇迹,但也带来了一个直接后果,即经济社会发展诸种形态的高度浓缩与叠加,从而不可避免地导致跨越、叠加过程中的扭曲、张力以及各种不平衡、不协调的矛盾。这些既是"快速成长"的烦恼,也是对后发赶超型现代化面临挑战的真实写照。中国经济学需要对此做出理论回应。

(一) 历时性与共时性构成经济社会发展的时空坐标

历时性与共时性的概念最早是由语言学家索绪尔所提出的一对术语③,指对系统观察研究的两个不同方向。历时性,就是一个系统发展的历史性变化(过去—现在—将来),强调过程演化和历史维度。而共时性,就是在某一特定时刻该系统内部各因素之间的关系。这些因素,可能是经过不同的历史演变而形成甚至属于不同的历史发展阶段,但既然它们共处一个系统之中,那么它们自

---

① 习近平:《在庆祝改革开放40周年大会上的讲话》,人民出版社2018年版,第19页。
② 后发赶超与前述的文明早熟相呼应,恰恰印证了那句俗语:起了个大早,赶了个晚集。无论是早熟,还是赶超,都是指中国的发展没有走"寻常路",这本身就是中国特色,但也不可避免地会带来这样那样的问题。
③ [瑞士]费尔迪南·德·索绪尔:《普通语言学教程》,高名凯译,商务印书馆1980年版。

身的历史演变情况就暂居背景地位，显现的是各因素共时并存而形成的系统关系。历时与共时并不能截然分开，往往是你中有我，我中有你。共时结构同样隐含了历史维度。比如树木的"横断面"——一棵树的历时演变浓缩在横断面显现的年轮之上，这即是共时之轴与历时之轴交叉的结果。

历时性强调纵向历史演进，突出了时间性；而共时性强调横向结构关联，突出了空间性。二者共同构成了经济社会发展的时空坐标。

历时性与共时性，可以用"中西之异，古今之别"来说明。五四新文化运动前后，中国知识界出现过一次比较中西方历史文化的高潮[1]。陈独秀、李大钊等强调"中西之异"、民族特性之异[2]，常乃、胡适等则主张"中西之异"即是"古今之别"[3]。其中，胡适认为，各民族走的都是"生活本来的路"，只是"因环境有差异，问题有缓急，所以走的路有迟速的不同"；西方由于近300年来，"受了环境的逼迫，赶上了几步，在征服环境的方面的成绩比较其余各民族确是大的多多"；而中国和印度，由于"缺乏那些逼迫和鞭策的环境与问题"，因此比西方少走了

---

[1] 陈崧主编：《五四前后东西文化问题论战文选》，中国社会科学出版社1985年版，前言。

[2] 陈独秀：《东西民族根本思想之差异》，《青年杂志》1915年第1卷第4号；李大钊：《东西文明根本之异点》，《新潮》1919年第2卷第2号。

[3] 常乃：《东方文明与西方文明》，《国民》1920年第2卷第3号。

第十一章 中国经验与中国经济学

几步路。据此，他得出结论：中西文化的差异"是时间上、空间上的一种程度的差异"，是发展速度的差异，是古今之别①。这与马克思在《资本论》第一卷第一版序言中指出的，"工业较发达的国家向工业较不发达的国家所显示的，只是后者未来的景象"②的论断，逻辑基本相同。其隐含的前提都是，中国与西方终归是要走同样的路（也就是工业化或现代化），只不过，西方走在前面，我们会循着他们的路在走。当然，这类说法带有强烈的西方中心论和辉格史观的色彩（这一点尤其值得警惕），但其也从另一个侧面反映了共时与历时的不可分割，"你中有我，我中有你"。

进一步考察，如果说历时性强调了时间、强调了过程，那么共时性则突出了空间、突出了结构。比如，沃勒斯坦提出的世界体系论③以及中心—外围关系，更多强调的是世界发展的共时性。在共时视角下，有处于中心的发达经济体，也有处于外围的发展中经济体，它们共同构成中心—外围关系这样一种空间结构。共时视角下的空间结构，也可以从历时性角度来理解：无论是中心国家，还是外围国家，自身都是经过不同的历史阶段演变而成的，而

---

① 胡适：《读梁漱溟先生的〈东西方文化及其哲学〉》，《读书杂志》1923年；胡适：《我们对于西洋近代文明的态度》，《现代评论》1926年第4卷第83期。

② 马克思：《资本论》（第一卷），人民出版社2004年版，第8页。

③ ［美］伊曼纽尔·沃勒斯坦：《现代世界体系》，罗荣渠等译，高等教育出版社1998年版。

中心—外围关系的呈现，只不过由于它们各自处在不同的历史发展阶段。

（二）历时维度下的中国式现代化：尊重客观规律，保持历史耐心

历时性侧重于社会经济发展的历程，是将不同时点上（不同历史时期）经济社会发展的状态（或经验）贯穿在一起，以时间为轴铺陈开历史的画卷。历时性考察对中国式现代化的启示在于：一是着眼于把握和总结好历史发展规律，按客观规律办事；二是要有历史耐心，承认发展阶段的制约，不超越历史阶段，凡事"急不得"。

中国特色社会主义道路和中国式现代化都是中国共产党的伟大创举，从这个意义上，我们没有历史经验可循，也没有国际经验可循。但这并不意味着我们在一切方面都只能从头开始，一切做法都是创新。经济社会发展是有规律可循的。马克思主义基本原理就是对人类社会发展规律的科学总结。尊重发展规律就是尊重历史变迁的内在逻辑，这是历时性所带来的重要启迪。无论是早期现代化国家（典型的如英国、美国），还是后来赶超的现代化国家（如德国、日本、亚洲四小龙等），以及100多年前开始的中国自身现代化的艰难曲折的探索，这些都给当前的中国式现代化提供了重要的经验（或教训）。

历时性还提示我们在推进中国式现代化进程中要有历史耐心。这意味着，在经济发展、结构转型、社会变革与制度竞争等长周期的历史变迁过程中，始终认清并尊重历史规律，准确把握中国国情，不妄求超越历史阶段。一些

第十一章　中国经验与中国经济学

地方和部门在制定和执行发展战略时存在急于求成心态，主要源自未能深入分析和准确把握历史演进的规律。人们常常陷入的一个误区是，不顾发展阶段的差异和历史背景的差异，用发达国家较完善的市场经济制度和较高的经济发展水平来直接对比我们当前的某些制度安排上的不足和发展绩效上的局限。沿着这种思路，就会提出各种超越历史的诉求，各种"大跃进"或"体制赶超"的主张也就会层出不穷。事实上，许多我们现在面临的问题，发达国家在历史上与我们类似的发展阶段中同样存在过，只不过是随着制度变革的不断深入和经济结构的不断升级，才逐步化解。

从社会主义发展史角度看，社会主义从初级阶段到高级阶段需要一步一步来，逐步实现从量的积累到质的飞跃。当年的"大跃进""超英赶美""跑步进入共产主义"等，就是目标定得太高，超越了历史发展阶段，罔顾历史发展规律。今天，我们提出共同富裕、"双碳"目标，也要有历史耐心，不能操之过急。习近平总书记指出："共同富裕是一个长远目标，需要一个过程，不可能一蹴而就，对其长期性、艰巨性、复杂性要有充分估计，办好这件事，等不得，也急不得。一些发达国家工业化搞了几百年，但由于社会制度原因，到现在共同富裕问题仍未解决，贫富悬殊问题反而越来越严重。我们要有耐心，实打实地一件事一件事办好，提高实效。"[①]

---

① 习近平：《扎实推动共同富裕》，《求是》2021年第20期。

(三）共时维度下的中国式现代化：赶上时代机遇，直面发展扭曲

从共时性视角来审视中国式现代化，可以获得多重含义。其一，共时性带来的时代机遇。共时性意味着，尽管中国与发达世界处在不同的发展阶段，但面临的大背景、所处的大时代是一致的，"环球同此凉热"。比如2008年国际金融危机爆发前长达20余年的全球化繁荣，实际上也给中国带来了难得的发展机遇。当前中国战略机遇期的内涵和条件的变化，也和共时性有着密切关联。所谓赶上时代（或世界潮流），强调的就是共时性所带来的机遇——在"时代之光"的普照下，无论是发达国家，还是发展中国家，都有同样的机会。比如，中国正在迎头赶上新一轮技术革命浪潮，尤其在大数据、5G、量子计算、智能机器人、新能源、电动汽车等方面，中国与发达国家处在同一起跑线上。这个同一起跑线，强调的就是共时性给中国带来的发展机遇。此外，共时性使得存在发展落差的中国能够充分利用后发优势，以更快的速度发展。但这一点在中美博弈加剧情况下已经大打折扣了。因此，努力避免与美国"脱钩"、避免与时代脱钩才能真正把握好时代机遇。

其二，共时性带来的"三重压力"。共时视角下的后发国家，一直会面临着发达经济体施加的"三重压力"：即技术层面、规则层面以及道义层面的压力。技术上，发达经济体处在技术前沿，掌控着技术制高点，对于技术合作和转让有着很强的控制权。比如中美技术"脱钩"风险，就可能成为阻滞中国现代化进程的重要因素。规则

上，发达经济体是全球治理规则的制定者或者是主导者，制度性话语权主要在他们手上。因此，后发国家在规则上处处受压亦是不可避免。道义上，发达经济体同样占领着制高点，即所谓的"普世价值"，对后发国家"指手画脚"，诸如人权问题、环保问题，往往就是道义批评的对象。事实上从历时性角度看，发达经济体当年在人权、环保方面并不光彩；但就共时性角度而言，现在是发展中国家更容易受到指责，因为发达经济体已经跨过既往，处在一个新的阶段和位势了。

其三，共时性与发展扭曲。共时性带来发展机遇的同时，也带来剧烈的竞争。这表明，后发国家的现代化道路必然是在时代潮流的"裹胁"下往前推进，不可能完全按照自己的意愿和节奏去发展，很多事情"等不得"。比如毛泽东当年就提出不发展会被开除"球籍"。在共时状态下，后发国家的赶超型现代化成为必然选择。而为了实现赶超，就需要发展型政府的强干预，就需要扭曲要素价格，市场就会变得相对弱势；同时，现代化首要任务往往是经济现代化，于是政治发展、社会发展就会被善意忽视。这样一来，现代化进程中的不平衡、不协调的矛盾就会暴露出来。所以，当我们说中国式现代化是跨越式发展、叠加式发展的时候，不能仅仅强调这是我们的特点和优势，还要清醒地认识到，这样一种赶超型现代化模式，必然带来经济、政治、社会各领域不同程度的张力、扭曲、不平衡、不协调等一系列问题，这些是与跨越式发展、叠加式发展相伴而生的。

（四）协调和平衡是中国式现代化亟待解决的首要问题

英国是第一个工业化国家，自马克思起的许多社会理论家都把它当作现代化的典范。作为原生自发型的现代化国家，英国走过的路径相对清晰，即先是经济增长，然后是社会动员、价值观改变，最后是政治发展[①]。能够这样"从容"地实现现代化的国家并不是很多。在欧洲和北美，现代化进程已经持续了几个世纪，在一个时期内一般只解决一个问题或应付一项危机。但第二次世界大战以来后发国家的现代化进程中，中央集权化、国家整合、社会动员、经济发展、政治参与以及社会福利等诸项问题，不是依次而是同时出现在这些国家面前。早期现代化国家对后发赶超国家的"示范作用"大大提高了人们的期望。各国为巩固现代化领导集团的权力所需时间长短可以反映出这种变革速度上的差异。世界上第一个实现了现代化的英国曾为此花费了 183 年（1649—1832 年）；美国是第二个现代化国家，为此花费了 89 年（1776—1865 年）；对拿破仑统治时期（1789—1815 年）开始走向现代化的 13 个国家来说，这个阶段的平均时间为 73 年。但是，20 世纪最初 30 年内走向现代化、60 年代形成现代化领导权威的 26 个国家中，有 21 个国家在此阶段的平均时间仅为 29 年[②]。可见现代化的后发赶超已是常态，而且时间越来越短，这

---

① 对此学界亦有争议。

② Black, C. E., 1967, *The Dynamics of Modernization: A Study in Comparative History*, Harper & Row, pp. 84 – 90.

实际上就会带来现代化的种种问题，从而延缓甚至阻滞现代化的持续推进。

现代化是多维的，不仅仅是工业化，也不仅仅是经济发展。中国要建设一个富强、民主、文明、和谐、美丽的社会主义现代化国家，因此，中国式现代化涵盖了经济、政治、文化、社会、生态文明等多个方面。但经济、政治、社会诸方面的发展，自有其不同的轨道和时间表，没有理由一定会协同推进。成功的现代化需要政治制度、经济、社会和思想的并行发展。绝对不能说，有了发展的某个方面（如经济），其他方面就一定会伴随而来。尤为重要的是，如果现代化的诸方面（或不同组件）不能以协调的方式向前推进，往往会带来社会秩序的不稳定。奥尔森认为，对于一个社会而言，经济体系、社会体系和政治体系很明显是相互依赖的组成部分，如果某个部分发生快速变化，其他方面就必然产生不稳定[①]。就中国而言，经济现代化有了长足进展，创造了举世瞩目的增长奇迹，但其他方面的现代化则相对滞后。这就是为什么我们提出，保持经济、政治、社会发展的协调和平衡，是中国式现代化亟待解决的首要问题。

一是发展和完善社会治理，改变"强国家—弱社会"模式。长期以来，国家治理基本上是"强国家—弱社会"模式。伴随经济较快增长、中产阶层扩大、社会组织发展，社会的权重也在不断增加，自治、参与、多元、扁平化结

---

① ［美］曼库尔·奥尔森：《快速经济增长的不稳定作用》，《比较》2009年第4期。

构等成为社会治理有别于政府治理的重要特征。一方面，社会治理强调市场、社团等社会自治组织的发展，要求将政府的权限控制在宪法框架内，保证社会力量对政府的有效制约；另一方面，社会治理在有效协调社会机制运转、实施危机管理方面还有着政府治理所无法替代的作用。这在中国的新冠肺炎疫情防控中体现得很明显：如果一个地区有好的社会治理，那么在疫情防控方面就会表现得更有韧性，更能够应对各种突发问题；而如果社会治理较弱，完全靠行政命令、政府力量，在疫情面前往往会显得非常被动。这一自然实验充分说明，社会治理不发展，整个国家治理体系是有缺陷的，国家治理的韧性就会大打折扣，也就难以应对现代化建设进程中的重大风险。

二是着力"三元共治"，推进国家治理现代化。国家治理体系与治理能力现代化是中国式现代化的制度保障。现代化国家治理模式将是政府、市场和社会三方力量协调均衡、互相支持、互相制约的格局，这意味着政治、经济、社会三方面发展也要相对均衡，不能跛足。由此，一方面要完善共建共治共享的社会治理制度，实现政府治理同社会调节、居民自治良性互动，建设人人有责、人人尽责、人人享有的社会治理共同体，取得秩序与活力的动态平衡。另一方面，大力推进政府改革，改变政府"一家独强"局面，使得政府无论是对社会还是对市场的介入，都是以社会与市场自身发挥有效作用为前提，给予社会与市场更大的发展空间，实现有为政府与有限政府的有机统一，推动发展型政府向服务型政府、责任型政府、法治政府的转型。

第十一章 中国经验与中国经济学

六 结束语

从王亚南于20世纪40年代提出创造"中国人的政治经济学"[①]以来，中国经济学已经走过了四分之三世纪。虽然坎坎坷坷经历了不少曲折，但取得的成就却是有目共睹的。特别是改革开放后，中国经济学界真正迎来了百家争鸣和理论创新的春天，做出了一系列富有理论价值和实践意义的研究成果，并逐渐形成中国特色社会主义经济理论体系。举其要者有：社会主义市场经济理论、社会主义初级阶段理论、对外开放理论、社会主义基本经济制度理论、按劳分配和按其他生产要素分配相结合理论、中国式经济增长理论、转变经济发展方式理论、渐进式改革理论等[②]。

党的十八大以来，新时代中国特色社会主义政治经济学取得了丰硕的成果，开创了马克思主义经济学的新境界。这包括"关于社会主义本质的理论，关于社会主义初级阶段基本经济制度的理论，关于创新、协调、绿色、开放、共享发展的理论，关于发展社会主义市场经济、使市场在资源配置中起决定性作用和更好发挥政府作用的理论，关于我国经济发展进入新常态、深化供给侧结构性改革、推动经济高质量发展的理论，关于推动新型工业化、

[①] 王亚南：《政治经济学在中国》，《新建设》1941年第2卷第10期。

[②] 张卓元等：《新中国经济学史纲（1949—2011）》，中国社会科学出版社2012年版。

信息化、城镇化、农业现代化同步发展和区域协调发展的理论，关于农民承包的土地具有所有权、承包权、经营权属性的理论，关于用好国际国内两个市场、两种资源的理论，关于加快形成以国内大循环为主体、国内国际双循环相互促进的新发展格局的理论，关于促进社会公平正义、逐步实现全体人民共同富裕的理论，关于统筹发展和安全的理论，等等。这些理论成果，不仅有力指导了我国经济发展实践，而且开拓了马克思主义政治经济学新境界"①。

所有这些理论探索，为新时代中国经济学的发展奠定了坚实的基础。不过，要真正形成中国特色、中国风格、中国气派的经济学，仍任重而道远。

著名经济学家、诺贝尔奖获得者希克斯在1967年威尔士大学的演讲中（讲稿后来扩充成《经济史理论》）提到："令人惊异的是，《资本论》问世后的100年里，社会科学有了巨大发展的一个世纪之后，竟然没有出现什么别的形式。确实就马克思看到逻辑进程在历史上起着作用这一点而言，他可能是对的；但是我们拥有他所没有的关于事实和社会逻辑的许多知识以及可供我们利用的另一个世纪的经验，理应以完全不同的方式来想象上述进程的本来面貌。"②

这段话于希克斯而言，是想以不同于马克思的方式来

---

① 《习近平在经济社会领域专家座谈会上的讲话》，《人民日报》，2020年8月25日。

② ［英］约翰·希克斯：《经济史理论》，厉以平译，商务印书馆1987年版，第5—6页。着重号为引者加。

重构历史进程，尤其是他所经历的 20 世纪的发展经验提供了理论重构的崭新素材。于中国经济学人而言，则意味着我们可以将中华文明五千年的发展起伏带来的历史经验、中华人民共和国成立以来七十多年特别是改革开放四十多年来的当代经验作为推动中国经济学发展的源泉，以开放的心态吸纳人类文明的优秀成果，进而推动中国经济学的大发展、大繁荣。中国经济学的理论建构必将是一项长期而艰巨的任务，它会伴随着中国经济由崛起走向强盛的整个历程。

太史公曰："先人有言：'自周公卒五百岁而有孔子。孔子卒后至于今五百岁，有能绍明世、正《易传》，继《春秋》、本《诗》、《书》、《礼》、《乐》之际？'意在斯乎！意在斯乎！小子何敢让焉！"①

推进中国经济学的创新和发展，是时代赋予我们的历史重任，岁不我与，只争朝夕！

---

① （西汉）司马迁：《史记》，岳麓书社 1988 年版，第 943 页。

参考文献

一 中文文献

马克思：《资本论》（第一卷），人民出版社 2004 年版。

马克思：《政治经济学批判》，人民出版社 1976 年版。

习近平：《扎实推动共同富裕》，《求是》2021 年第 20 期。

习近平：《把握新发展阶段，贯彻新发展理念，构建新发展格局》，《求是》2021 年第 9 期。

习近平：《论把握新发展阶段、贯彻新发展理念、构建新发展格局》，中央文献出版社 2021 年版。

习近平：《习近平谈治国理政》（第一卷），外文出版社 2018 年版。

习近平：《在庆祝改革开放 40 周年大会上的讲话》，人民出版社 2018 年版。

习近平：《在哲学社会科学工作座谈会上的讲话》，人民出版社 2016 年版。

《习近平在经济社会领域专家座谈会上的讲话》，《人民日报》2020 年 8 月 25 日。

《习近平关于社会主义政治建设论述摘编》，中央文献出版社 2017 年版。

本书编写组：《〈中共中央关于党的百年奋斗重大成就和历史经验的决议〉辅导读本》，人民出版社 2021 年版。

参考文献

《中共中央关于党的百年奋斗重大成就和历史经验的决议》，人民出版社 2021 年版。

《中共中央关于制定国民经济和社会发展第十四个五年规划和二〇三五年远景目标的建议》，人民出版社 2020 年版。

《中共中央关于全面推进依法治国若干重大问题的决定》，人民出版社 2014 年版。

《中共中央关于全面深化改革若干重大问题的决定》，人民出版社 2013 年版。

《法治政府建设与责任落实督察工作规定》，人民出版社 2019 年版。

（西汉）司马迁：《史记》，岳麓书社 1988 年版。

卜宪群：《秦汉官僚制度》，社会科学文献出版社 2002 年版。

蔡昉、张晓晶：《构建新时代中国特色社会主义政治经济学》，中国社会科学出版社 2019 年版。

蔡昉：《中国经济发展的世界意义》，中国社会科学出版社 2019 年版。

陈崧主编：《五四前后东西文化问题论战文选》，中国社会科学出版社 1985 年版。

侯家驹：《中国经济史》（上、下），新星出版社 2008 年版。

李扬、张晓晶、常欣等：《中国国家资产负债表 2013：理论、方法与风险评估》，中国社会科学出版社 2013 年版。

李扬、张晓晶、常欣等：《中国国家资产负债表 2015：杠杆调整与风险管理》，中国社会科学出版社 2015 年版。

李扬、张晓晶、常欣等：《中国国家资产负债表 2018》，中国社会科学出版社 2018 年版。

李扬、张晓晶等：《中国国家资产负债表 2020》，中国社会科学出版社 2020 年版。

李扬：《中国金融改革30年》，社会科学文献出版社2008年版。

梁漱溟：《中国文化要义》，上海世纪出版集团2005年版。

梁漱溟：《东西文化及其哲学》，上海世纪出版集团2006年版。

林毅夫：《新结构经济学：反思经济发展与政策的理论框架》，苏剑译，北京大学出版社2014年版。

彭信威：《中国货币史》，上海人民出版社2015年版。

钱穆：《晚学盲言》，生活·读书·新知三联书店2018年版。

汤铎铎等：《后危机时期中国经济周期波动与宏观调控研究》，中国社会科学出版社2019年版。

王家范：《中国历史通论》，生活·读书·新知三联书店2012年版。

张军、周黎安：《为增长而竞争：中国增长的政治经济学》，上海人民出版社2008年版。

张晓晶等：《2020与黑天鹅共舞：新分析范式下稳增长与防风险的平衡》，中国社会科学出版社2020年版。

张卓元等：《新中国经济学史纲（1949—2011）》，中国社会科学出版社2012年版。

张卓元、张晓晶主编：《新中国经济学研究70年》，中国社会科学出版社2019年版。

周振鹤：《中国地方行政制度史》，上海人民出版社2005年版。

［奥］路德维希·冯·米塞斯：《人的行为》，夏道平译，上海社会科学出版社2015年版。

［比］米歇尔·德弗洛埃：《宏观经济学史：从凯恩斯到卢卡斯及其后》，房誉等译，北京大学出版社2019年版。

［德］弗里德里希·李斯特：《政治经济学的国民体系》，陈万煦译，商务印书馆1997年版。

［美］W. W. 罗斯托编：《从起飞进入持续增长的经济学》，贺力平等译，四川人民出版社2000年版。

[美]保罗·克鲁格曼：《发展、地理学与经济理论》，蔡荣译，北京大学出版社 2000 年版。

[美]本·伯南克：《行动的勇气：金融风暴及其余波回忆录》，蒋宗强译，中信出版社 2016 年版。

[美]道格拉斯·R. 霍姆斯：《语控经济：中央银行的沟通规则》，张成思译，东北财经大学出版社 2016 年版。

[美]弗朗西斯·福山：《政治秩序与政治衰败：从工业革命到民主全球化》，毛俊杰译，广西师范大学出版社 2015 年版。

[美]格里高利·曼昆：《经济学原理：宏观经济学分册》，梁小民、梁砾译，北京大学出版社 2015 年版。

[美]辜朝明：《大衰退：如何在金融危机中幸存和发展》，喻海翔译，东方出版社 2008 年版。

[美]哈里·兰德雷斯、[美]大卫·C. 柯南德尔：《经济思想史》，周文译，人民邮电出版社 2011 年版。

[美]赫伯特·西蒙：《现代决策理论的基石》，杨砾、徐立译，北京经济学院出版社 1989 年版。

[美]卡拉·霍夫、[美]约瑟夫·斯蒂格利茨：《现代经济理论与发展》，载[美]杰拉尔德·迈耶、[美]约瑟夫·斯蒂格利茨主编《发展经济学前沿：未来展望》，中国财政经济出版社 2003 年版。

[美]劳埃德·G. 雷诺兹：《经济学的三个世界》，朱泱等译，商务印书馆 1990 年版。

[美]普莱斯·费希拜克等：《美国经济史新论：政府与经济》，张燕等译，中信出版社 2013 年版。

[美]史蒂文·N. 杜尔劳夫、[美]劳伦斯·E. 布卢姆主编：《新帕尔格雷夫经济学大辞典》（第四卷），中国财经出版集团、经济科学出版社 2016 年版。

[美]托马斯·库恩：《科学革命的结构》，金吾伦、胡新和译，北京大学出版社 2004 年版。

[美]威廉·曼彻斯特：《光荣与梦想：1932—1972 美国社会实录》，中信出版社 2015 年版。

[美]小罗伯特·E.卢卡斯：《经济发展讲座》，罗汉、应洪基译，江苏人民出版社 2003 年版。

[美]伊曼纽尔·沃勒斯坦：《现代世界体系》，罗荣渠等译，高等教育出版社 1998 年版。

[美]约翰·米尔斯海默：《大国政治的悲剧》，王义桅、唐小松译，上海人民出版社 2003 年版。

[美]约瑟夫·斯蒂格利茨：《自由市场的坠落》，李俊青、杨玲玲译，机械工业出版社 2011 年版。

[美]约瑟夫·斯蒂格利茨、[美]布鲁斯·格林沃德：《增长的方法：学习型社会与经济增长的新引擎》，陈宇欣译，中信出版社 2017 年版。

[美]约瑟夫·熊彼特：《经济分析史》（第一卷、第三卷），朱泱等译，商务印书馆 1996 年版。

[瑞士]费尔迪南·德·索绪尔：《普通语言学教程》，高名凯译，商务印书馆 1980 年版。

[英]安格斯·麦迪森：《世界经济千年史》，伍晓鹰等译，北京大学出版社 2003 年版。

[英]安格斯·麦迪森：《中国经济的长期表现——公元 960—2030 年》，伍晓鹰、马德斌译，上海人民出版社 2008 年版。

[英]莱昂内尔·罗宾斯：《经济科学的性质和意义》，朱泱译，商务印书馆 2001 年版。

[英]亚当·斯密：《国民财富的性质和原因的研究》（上卷），商务印书馆 1983 年版。

[英]约翰·梅纳德·凯恩斯：《货币论》（上卷），何瑞英译，商务印书馆 1996 年版。

[英]约翰·穆勒：《政治经济学原理：及其在社会哲学上的若干

应用》，赵荣潜等译，商务印书馆 1991 年版。

［英］约翰·希克斯：《经济史理论》，厉以平译，商务印书馆 1987 年版。

卞志村、张义：《央行信息披露、实际干预与通胀预期管理》，《经济研究》2012 年第 12 期。

蔡昉：《理解中国经济发展的过去、现在和将来——基于一个贯通的增长理论框架》，《经济研究》2013 年第 11 期。

蔡昉：《创造与保护：为什么需要更多的再分配》，《世界经济与政治》2020 年第 1 期。

常乃：《东方文明与西方文明》，《国民》1920 年第 2 卷第 3 号。

陈独秀：《东西民族根本思想之差异》，《青年杂志》1915 年第 1 卷第 4 号。

陈雨露、马勇、阮卓阳：《金融周期和金融波动如何影响经济增长与金融稳定?》，《金融研究》2016 年第 2 期。

程霖、陈旭东、张申：《中国传统经济思想的历史地位》，《中国经济史研究》2016 年第 2 期。

樊纲：《渐进与激进：制度变革的若干理论问题》，《经济学动态》1994 年第 9 期。

郭熙保、谷萌菲：《统一增长理论的拓展：两部门模型分析——兼论与发展经济学的关系》，《经济学动态》2015 年第 10 期。

郭豫媚、陈伟泽、陈彦斌：《中国货币政策有效性下降与预期管理研究》，《经济研究》2016 年第 1 期。

胡适：《读梁漱溟先生的〈东西方文化及其哲学〉》，《读书杂志》1923 年。

胡适：《我们对于西洋近代文明的态度》，《现代评论》1926 年第 4 卷第 83 期。

胡资骏：《信息沟通与央行预期管理：基于公众关注度视角》，《金融理论与实践》2016年第10期。

黄涛、郭恺茗：《科技创新举国体制的反思与重建》，《长沙理工大学学报》（社会科学版）2018年第4期。

黄新华：《发展的政治经济学理论——新发展经济学研究述评》，《天津社会科学》2006年第3期。

黄勇：《论中国竞争政策基础性地位的法治保障》，《经贸法律评论》2018年第1期。

黄有光：《经济学何去何从？——兼与金碚商榷》，《管理世界》2019年第4期。

纪敏、严宝玉、李宏瑾：《杠杆率结构、水平和金融稳定：理论分析框架和中国经验》，《金融研究》2017年第2期。

纪洋、王旭、谭语嫣、黄益平：《经济政策不确定性、政府隐性担保与企业杠杆率分化》，《经济学（季刊）》2018年第2期。

贾根良、崔学锋：《经济学中的主流与非主流：历史考察与中国情境》，《湖北经济学院学报》2006年第2期。

江曙霞、罗杰、黄君慈：《信贷集中与扩张、软预算约束竞争和银行系统性风险》，《金融研究》2006年第4期。

金碚：《试论经济学的域观范式——兼议经济学中国学派研究》，《管理世界》2019年第2期。

金碚：《经济学：睁开眼睛，把脉现实！——敬答黄有光教授》，《管理世界》2019年第5期。

李大钊：《东西文明根本之异点》，《新潮》1919年第2卷第2号。

李建军、张书瑶：《税收负担、财政补贴与企业杠杆率》，《财政研究》2018年第5期。

李拉亚：《预期管理理论模式述评》，《经济学动态》2011年第7期。

李扬：《货币政策与财政政策的配合：理论与实践》，《财贸经济》1999年第11期。

林毅夫：《李约瑟之谜、韦伯疑问和中国的奇迹——自宋以来的长期经济发展》,《北京大学学报》(哲学社会科学版) 2007 年第 4 期。

刘鹤:《必须实现高质量发展》,《人民日报》2021 年 11 月 24 日。

刘磊、刘健、郭晓旭:《金融风险与风险传染——基于 CCA 方法的宏观金融网络分析》,《金融监管研究》2019 年第 9 期。

[美] 德怀特·帕金斯、贾拥民:《中国经济带给中国经济学家的挑战》,《社会科学战线》2010 年第 1 期。

[美] 曼库尔·奥尔森:《快速经济增长的不稳定作用》,《比较》2009 年第 4 期。

[美] 史蒂芬·罗奇:《向中国学习宏观调控》,《金融时报》中文网,2012 年 3 月 9 日。

彭文生:《从金融周期看经济走势》,《新金融》2015 年第 3 期。

彭文生:《从"现代货币理论"看逆周期调节》,中国金融四十人论坛年会演讲,2019 年。

钱颖一:《市场与法治》,《经济社会体制比较》2000 年第 3 期。

谈敏:《重农学派经济学说的中国渊源》,《经济研究》1990 年第 6 期。

王传纶:《关于宏观经济管理中财政—银行关系的几点考虑》,《财贸经济》1992 年第 11 期。

王柯敬、于光耀:《我国财政与银行关系的演进与定位》,《中央财经大学学报》2011 年第 1 期。

王亚南:《政治经济学在中国》,《新建设》1941 年第 2 卷第 10 期。

王宇伟、周耿、吴曈、范从来:《央行的言辞沟通、实际行动与企业投资行为》,《中国工业经济》2019 年第 5 期。

肖曼君、周平:《央行信息披露对通货膨胀预期及其偏差的影响——基于人民银行的信息披露指数分析》,《财经理论与实践》2009 年第 5 期。

谢伏瞻:《中国经济学的形成发展与经济学人的使命——〈中国经

济学手册·导言〉》,《经济研究》2022年第1期。

徐亚平:《公众学习、预期引导与货币政策的有效性》,《金融研究》2009年第1期。

伊楠、张斌:《度量中国金融周期》,《国际金融研究》2016年第6期。

张晓晶:《金融经济学与一般经济学之间的距离——评'97诺贝尔经济学奖获得者的贡献》,《国际经济评论》1998年第Z1期。

张晓晶:《加入金融创新的 IS – LM 模型》,《经济研究》2002年第10期。

张晓晶:《主流宏观经济学的危机与未来》,《经济学动态》2009年第12期。

张晓晶:《主流经济学的危机与中国经济学的话语权》,《经济学动态》2013年第12期。

张晓晶:《试论中国宏观调控新常态》,《经济学动态》2015年第4期。

张晓晶、董昀:《重构宏观经济政策框架的探索与争论》,《比较》2013年第3期。

张晓晶、王宇:《金融周期与创新宏观调控新维度》,《经济学动态》2016年第7期。

张晓晶、刘磊:《国家资产负债表视角下的金融稳定》,《经济学动态》2017年第8期。

张晓晶、李成、李育:《扭曲、赶超与可持续增长:对政府与市场关系的重新审视》,《经济研究》2018年第1期。

张晓晶、常欣、刘磊:《结构性去杠杆——进程、逻辑与前景》,《经济学动态》2018年第5期。

张晓晶、刘学良、王佳:《债务高企、风险集聚与体制改革——对发展型政府的反思与超越》,《经济研究》2019年第6期。

张卓元:《中国经济改革的两条主线》,《中国社会科学》2018年第 11 期。

中国金融论坛课题组：《杠杆率结构、水平和金融稳定：理论与经验》，中国人民银行工作论文 2017 年第 1 号。

中国人民银行营业管理部课题组、周学东、李宏瑾、李康、苏乃芳：《预算软约束、融资溢价与杠杆率——供给侧结构性改革的微观机理与经济效应研究》，《经济研究》2017 年第 10 期。

中国社会科学院经济学部：《中国宏观经济政策再思考》，《比较》2013 年第 3 期。

周黎安：《中国地方官员的晋升锦标赛模式研究》，《经济研究》2007 年第 7 期。

周其仁：《中国经济增长的基础》，《北京大学学报》（哲学社会科学版）2010 年第 1 期。

二 英文文献

A Stronger European Industry for Growth and Economic Recovery Industrial Policy Communication Update, 2012, the Commission to the European Parliament.

Acemoglu, D., 2009, "The Crisis of 2008: Structural Lessons for and from Economics", CEPR Policy Insight, No. 28, Jan.

Adrian, T., and Shin, H. S., 2010, "Liquidity and Leverage", *Journal of Financial Intermediation*, 19 (3), 418 – 437.

Akerlof, G. A., 2019, "What They were Thinking Then: The Consequences for Macroeconomics during the Past 60 Years", *The Journal of Economic Perspectives*, 33 (4), 171 – 186.

Akerlof, G. A., and Shiller, R. J., 2009, *Animal Spirits: How Human Psychology Drives the Economy, and Why It Matters for Global Capitalism*, Princeton University Press.

Aoki, M., Murdock, K., and Okuno-Fujiwara, M., 1998, "Beyond the East Asian Miracle: Introducing the Market Enhancing View", in Aoki, M., Okuno-Fujiwara, M. and Kim, H. (eds.), *The Role of Government in East Asian Economic Development: Comparative Institutional Analysis*, Oxford University Press.

Bai, C., Hsieh, C., Song, Z. M., and Wang, X., 2020, "The Rise of State-connected Private Owners in China", NBER Working Papers, No. 28170.

Bardhan, P., 2016, "State and Development: The Need for a Reappraisal of the Current Literature", *Journal of Economic Literature*, 54 (3), 862 – 892.

Barro, R. J., and Gordon, D. B., 1983, "Rules, Discretion and Reputation in a Model of Monetary Policy", NBER Working Paper, No. 1079.

Basu, S., and Bundick, B., 2017, "Uncertainty Shocks in a Model of Effective Demand", *Econometrica*, 85 (3), 937 – 958.

Bayoumi, M. T., et al., 2014, "Monetary Policy in the New Normal", IMF Staff Discussion Note, No. 14/3.

Bech, M. L., Gambacorta, L., and Kharroubi, E., 2012, "Monetary Policy in a Downturn: Are Financial Crises Special?", BIS Working Papers, No. 388.

Beckert, S., 2014, *Empire of Cotton: A Global History*, Knopf.

Bell, D., 1981, *The Crisis in Economic Theory*, Basic Books.

Bernanke, B., Gertler, M., and Gilchrist, S., 1998, "The Financial Accelerator in a Quantitative Business Cycle Framework", NBER Working Paper, No. 6455.

Bernanke, B. S., 2020, "The New Tools of Monetary Policy", *American Economic Review*, 110 (4), 943 – 983.

Bernanke, B. S., and Mishkin, F. S., 1997, "Inflation Targeting: A

New Framework for Monetary Policy?", *Journal of Economic Perspectives*, 11 (2), 97 – 116.

Bernanke, B. S., Gertler, M., and Gilchrist, S., 1999, "The Financial Accelerator in a Quantitative Business Cycle Framework", in Taylor, J. B., and Woodford, M. (eds.), *Handbook of Macroeconomics*, Elsevier Science B. V.

Bhaduri, A., and Marglin, S., 1990, "Unemployment and the Real Wage: The Economic Basis for Contesting Political Ideologies", *Cambridge Journal of Economics*, 14 (4), 375 – 393.

Birdsall, N., and Fukuyama, F., 2011, "The Post-Washington Consensus: Development after the Crisis", *Foreign Affairs*, 90 (2), 45 – 53.

BIS, 2016, *86th Annual Report*, Basel.

Black, C. E., 1967, *The Dynamics of Modernization: A Study in Comparative History*, Harper & Row.

Blanchard, O., Dell'Ariccia, G., and Mauro, P., 2010, "Rethinking Macroeconomic Policy", IMF Staff Position Note, SPN/10/03.

Blanchard, O., Dell'Ariccia, G., and Mauro, P., 2013, "Rethinking Macro Policy II: Getting Granular", IMF Staff Discussion Note, SDN/13/03.

Blanchard, O. J., and Summers, L. H., 2017, "Rethinking Stabilization Policy: Evolution or Revolution?", NBER Working Paper, No. 24179.

Blinder, A. S., Ehrmann, M., Fratzscher, M., de Haan, J., and Jansen, D., 2008, "Central Bank Communication and Monetary Policy: A Survey of Theory and Evidence", *Journal of Economic Literature*, 46 (4), 910 – 945.

Bénétrix, A., and Lane, P. R., 2017, "Financial Cycles and Fiscal

Cycles", in Ódor, L. (ed.), *Rethinking Fiscal Policy after the Crisis*, Cambridge University Press.

Boissay, F., Collard F., and Smets, F., 2016, "Booms and Banking Crises", *Journal of Political Economy*, 124 (2), 489–538.

Bordo, M. D., and Meissner, C. M., 2012, "Does Inequality Lead to a Financial Crisis?", *Journal of International Money and Finance*, 31 (8), 2147–2161.

Borio, C., 2011, "Central Banking Post-crisis: What Compass for Uncharted Waters?", BIS Working Paper, No. 353.

Borio, C., 2014, "The Financial Cycle and Macroeconomics: What have we Learnt?", *Journal of Banking & Finance*, 45, 182–198.

Borio, C., and Drehmann, M., 2009, "Assessing the Risk of Banking Crises—Revisited", BIS Quarterly Review, March.

Borio, C., Disyatat, P., and Juselius, M., 2013, "Rethinking Potential Putput: Embedding Information from the Financial Cycle", BIS Working Papers, No. 404.

Brandt, L., Ma, D., and Rawski, T. G., 2014, "From Divergence to Convergence: Reevaluating the History Behind China's Economic Boom", *Journal of Economic Literature*, 52 (1), 45–123.

Campbell, J. R., Fisher, J. D. M., Justiniano, A., and Melosi, L., 2007, "Forward Guidance and Macroeconomic Outcomes since the Financial Crisis", in Eichenbaum, M., and Parker, J. A. (eds.), *NBER Macroeconomics Annual* 2016, Vol. 31, University of Chicago Press.

Castrén, O., and Kavonius, I. K., 2009, "Balance Sheet Interlinkages and Macro-financial Risk Analysis in the Euro Area", ECB Working Paper, No. 1124.

Chao, K., 1986, *Man and Land in Chinese History: An Economic*

Analysis, Stanford University Press.

Cochrans J., and Hansen, L., 1992, "Asset Pricing Explorations for Macroeconomics", NBER Working Paper, No. 4088.

Cohen-Cole, E., and Martinez-Garcia, E., 2008, "The Balance Sheet Channel", Federal Reserve Bank of Boston Working Paper, No. QAU08 - 7.

Coibion, O., Georgarakos, D., Gorodnichenko, Y., and Weber, M., 2020, "Forward Guidance and Household Expectations", CESifo Working Paper Series, No. 8118.

Cooper, R. W., and Willis, J. L., 2010, "Coordination of Expectations in the Recent Crisis: Private Actions and Policy Responses", *Economic Review*, 95 (Q1), 5 - 39.

Dalio, R., 2018, *Big Debt Crises: Principles for Navigating*, Bridgewater Press.

Dalio, R., 2019, "It's Time to Look more Carefully at 'Monetary Policy 3 (MP3)' and 'Modern Monetary Theory (MMT)'".

Davidson, P., 1972, "Money and the Real World", *The Economic Journal*, 82 (325), 101 - 115.

Davis, J. B., 2004, "Economics as a Colonial Discourse of Modernity", in Charusheela, S., and Zein-Elabdin, E. (eds.), *Postcolonialism Meets Economics*, Routledge.

Drehmann, M., Borio, C., and Tsatsaronis, K., 2012, "Characterising the Financial Cycle: Don't Lose Sight of the Medium Term!", BIS Working Paper, No. 380.

Dudley, W. C., and Hubbard, R. G., 2004, "How Capital Markets Enhance Economic Performance and Facilitate Job Creation", Global Markets Institute, Goldman Sachs.

Eggertsson, G. B., 2008, "Great Expectations and the End of the

Depression", *The American Economic Review*, 98 (4), 1476 – 1516.

Eggertsson, G. B., and Krugman, P., 2012, "Debt, Deleveraging, and the Liquidity Trap: A Fisher-Minsky-Koo Approach", *The Quarterly Journal of Economics*, 127 (3), 1469 – 1513.

Eggertsson, G. B., and Woodford, M., 2003, "The Zero Bound on Interest Rates and Optimal Monetary Policy", *Brookings Papers on Economic Activity*, 1, 139 – 211.

Ehrmann, M., and Fratzscher, M., 2005, "Different Strategies, Same Effectiveness?", ECB Working Paper, No. 488.

Elvin, M., 1973, *The Pattern of the Chinese Past: A Social and Economic Interpretation*, Stanford University Press.

Engen, E. M., Laubach, T., and Reifschneider, D., 2015, "The Macroeconomic Effects of the Federal Reserve's Unconventional Monetary Policies", Finance and Economics Discussion Series 005, Board of Governors of the Federal Reserve System.

Faruqee, H., and Mühleisen, M., 2003, "Population Aging in Japan: Demographic Shock and Fiscal Sustainability", *Japan and the World Economy*, 15 (2), 185 – 210.

Fenger, I., 2000, "Corporate Hedging: The Impact of Financial Derivatives on the Broad Credit Channel of Monetary Policy", BIS Working Paper, No. 94.

Filardo, A., and Hofman, B., 2014, "Forward Guidance at the Zero Bound", BIS Quarterly Review, March.

Fisher, I., 1933, "The Ddebt-deflation Theory of Great Depressions", *Econometrica*, 1 (4), 337 – 357.

Forstater, M., 2006, "Tax-driven Money: Additional Evidence from the History of Thought, Economic History, and Economic Policy", in Setterfield, M. (ed.), *Complexity, Endogenous Money, and*

Exogenous Interest Rates, Edward Elgar Publishing.

Frankel, J., 2010, "Monetary Policy in Emerging Markets", in Friedman, B. M., and Woodford, M. (eds.), *Handbook of Monetary Economics*, Vol. 3, Elsevier.

Friedberg, A. L., and Boustany, C. W., 2020, "Partial Disengagement: A New US Strategy for Economic Competition with China", *The Washington Quarterly*, 43 (1), 23 –40.

Fullbrook, E., 2011, "Toxic Textbooks", INET Blog, Nov. 08.

Galí, J., 2018, "The State of New Keynesian Economics: A Partial Assessment", *Journal of Economic Perspectives*, 32 (3), 87 –112.

Galor, O., 2010, "The 2008 Lawrence R. Klenin Lecture—Comparative Economic Development: Insights from Unified Growth Theory", *International Economic Review*, 51 (1), 1 –44.

Gertler, M., and Gilchrist, S., 2018, "What Happened: Financial Factors in the Great Recession", *Journal of Economic Perspectives*, 32 (3), 3 –30.

Godley, W., and Lavoie, M., 2006, *Monetary Economics: An Integrated Approach to Credit, Money, Income, Production and Wealth*, Springer.

Goodfriend, M., 1985, "Monetary Mystique: Secrecy and Central Banking", Federal Reserve Bank of Richmond, Working Paper 85 –07.

Goodhart, C., 1988, *The Evolution of Central Banks*, The MIT Press.

Goodhart, C. A. E., 1998, "The Two Concepts of Money: Implications for the Analysis of Optimal Currency Areas", *European Journal of Political Economy*, 14 (3), 407 –432.

Gurley, J. G., and Shaw, E. S., 1960, *Money in a Theory of Finance*, Brookings Institution.

Hansen, G. D., and Prescott, E. C., 2002, "Malthus to Solow", *The*

American Economic Review, 92 (4), 1205 – 1217.

Hicks, J. R., 1937, "Mr. Keynes and the 'Classics'; A Suggested Interpretation", *Econometrica*, 5 (2), 147 – 159.

IMF, 2010, "Navigating the Fiscal Challenges Ahead", FMOEA 2010001.

IMF, 2017, "Getting the Policy Mix Right", Global Financial Stability Report.

IMF, 2019, *World Economic Outlook: Global Manufacturing Downturn, Rising Trade Barriers*, IMF Publishing.

IMF, 2021, *World Economic Outlook Update*, Jan.

Jacques, M., 2012, "Why do We Continue to Ignore China's Rise? Arrogance", *The Observer*, March 25.

Jones, C. I., 2009, "The Global Financial Crisis of 2007 – 20??", http://www.steveambler.uqam.ca/3022/articles/jones.2009.pdf.

Jordà, Ò., Schularick, M., and Taglor, A. M., 2011, "When Credit Bites Back: Leverage, Business Cycles, and Crises", Federal Reserve Bank of San Francisco Working Paper Series 2011 – 27.

Jordà, Ò, Schularick, M., and Taylor, A. M., 2016, "The Great Mortgaging", *Economic Policy*, 31 (85), 107 – 152.

Kaplan, G., and Giovanni, L. V., 2018, "Microeconomic Hetero-geneity and Macroeconomic Shocks", *Journal of Economic Perspectives*, 32 (3), 167 – 194.

Keynes, J. M., 1912, "Chen Huan-Chang. The Economic Principles of Confucius and His School", *The Economic Journal*, 22 (88), 584 – 588.

Keynes, J. M., 1937, "Theories of the Rate of Interest", *The Economic Journal*, 47 (186), 241 – 252.

Knapp, G. F., 1924, *The State Theory of Money*, McMaster University

Archive for the History of Economic Thought.

Koo, R. C., 2008, *The Holy Grail of Macroeconomics: Lessons from Japan's Great Recession*, John Wiley & Sons.

Krugman, P., 2009, "How did Economists Get It So Wrong?", *The New York Times*, September 2.

Krugman, P. R., 1994, "The Myth of Asia's Miracle", *Foreign Affairs*, 73 (6), 62 - 78.

Krugman, P. R., Dominquez, K. M., and Rogoff, K., 1998, "It's Baaack: Japan's Slump and the Return of the Liquidity Trap", *Brookings Papers on Economic Activity*, 2, 137 - 205.

Kydland, F. E., and Prescott, E. C., 1977, "Rules Rather than Discretion: The Inconsistency of Optimal Plans", *Journal of Political Economy*, 85 (3), 473 - 491.

Leigh, D., et al., 2012, "Dealing with Household Debt", IMF World Economic Outlook.

Lerner, A. P., 1947, "Money as a Creature of the State", *The American Economic Review*, 37 (2), 312 - 317.

Lucas, R., 1998, "On the Mechanics of Economic Development", *Journal of Monetary Economics*, 22 (1), 3 - 42.

Magill, M., and Quinzii, M., 2014, "Term Structure and Forward Guidance as Instruments of Monetary Policy", *Economic Theory*, 56 (1), 1 - 32.

Mankiw, N. G., 2006, "The Macroeconomist as Scientist and Engineer", *Journal of Economic Perspectives*, 20 (4), 29 - 46.

Mazzucato, M., 2013, *The Entrepreneurial State: Debunking Public vs. Private Sector Myths*, Anthem Press.

Minsky, H. P., 1977, "The Financial Instability Hypothesis: An Interpretation of Keynes and an Alternative to 'Standard' Theory",

Nebraska Journal of Economics and Business, 16 (1), 5 – 16.

Minsky, H. P., 1986, Stabilizing an Unstable Economy, McGraw-Hill Education.

Minsky, H. P., 2016, Can "It" Happen Again?: Essays on Instability and Finance, Routledge.

Mishkin, F. S., 2011, "Monetary Policy Strategy: Lessons from the Crisis", NBER Working Paper, No. 16755.

Mitchell, W. F., 1998, "The Buffer Stock Employment Model and the NAIRU: The Path to Full Employment", Journal of Economic Issues, 32 (2), 547 – 555.

Morris, S., and Shin, H. S., 2002, "Social Value of Public Information", The American Economic Review, 92 (5), 1521 – 1534.

Morris, S., and Shin, H. S., 2008, "Coordinating Expectations in Monetary Policy", in Touffut, J. (ed.), Central Banks as Economic Institutions, Edward Elgar Publishing.

O'Hara, P. A., "The Role of Institutions and the Current Crises of Capitalism: A Reply to Howard Sherman and John Henry", Review of Social Economy, 60 (4), 609 – 618.

Okun, A., 1962, "Potential GNP, Its Measurement and Significance", Cowles Foundation, Yale University.

Olson, M., 2000, Power and Prosperity: Outgrowing Communist and Capitalist Dictatorships, Basic Books.

Ostry, J. D., Ghosh, A. R., Habermeier, K. F., Chamon, M., Qureshi, M., and Reinhardt, D. B. S., 2010., "Capital Inflows: The Role of Controls", IMF Staff Position Note, SPN/10/04.

Palley T., 2019, "Macroeconomics vs Modern Money Theory: Some Unpleasant Keynesian Arithmetic", Post-Keynesian Economics Society Working Paper, No. 1910.

Pang, E., 2000, "The Financial Crisis of 1997—98 and the End of the Asian Developmental State", *Contemporary Southeast Asia*, 22 (3), 570 – 593.

Pasinetti, L. L., 1962, "Rate of Profit and Income Distribution in Relation to the Rate of Economic Growth", *The Review of Economic Studies*, 29 (4), 267 – 279.

Pigou, A. C., 1949, *The Veil of Money*, Macmillan.

Praet, P., 2013, "Forward Guidance and the ECB", Vox, EU. ogr.

Price, R., and Dang, T., 2011, "Adjusting Fiscal Balances for Asset Price Cycles", OECD Economic Department Working Papers, No. 868.

Rajan, R. G., and Zingales, L., 2004, *Saving Capitalism from the Capitalists: Unleashing the Power of Financial Markets to Create Wealth and Spread Opportunity*, Princeton University Press.

Reinhart, C. M., and Rogoff, K. S., 2010, "Growth in a Time of Debt", *American Economic Review*, 100 (2), 573 – 578.

Rey, H., 2015, "Dilemma not Trilemma: The Global Financial Cycle and Monetary Policy Independence", NBER Working Paper, No. 21162.

Rey, H., 2013, "Dilemma not Trilemma: The Global Financial Cycle and Monetary Policy Independence", Paper Presented at the Jackson Hole Symposium.

Robinson, J., 1979, *The Generalization of the General Theory and Other Essays*, Palgrave Macmillan.

Romer, C. D., and Romer, D. H., 2008, "The FOMC versus the Staff: Where can Monetary Policymakers Add Value?", *American Economic Review*, 98 (2), 230 – 235.

Romer, P., 2008, "Fundamentalists versus Realists", Economist's

View, Oct. 7.

Romer, P., 2016, "The Trouble with Macroeconomics", *The American Economist*, 20, 1-20.

Sachs, J. D., 2014, "Sustainable Development Economics", *Project Syndicate*, Nov. 25.

Setterfield, M., 2000, "Expectations, Endogenous Money, and the Business Cycle: An Exercise in Open Systems Modeling", *Journal of Post Keynesian Economics*, 23 (1), 77-105.

Shleifer, A., and Vishny, R. W., 1998, *The Grabbing Hand: Government Pathologies and Their Cures*, Harvard University Press.

Stiglitz, J., 1998, "More Instruments and Broader Goals: Moving towards the Post-Washington Consensus", Wider Annual Lecture, Helsinki.

Stiglitz, J. E., 1999, "Public Policy for a Knowledge Economy", The World Bank.

Stiglitz, J. E., 2014, "Reconstructing Macroeconomic Theory to Manage Economic Policy", NBER Working Paper, No. 20517.

Stiglitz, J. E., 2017, "Where Modern Macroeconomics Went Wrong", NBER Working Paper, No. 23795.

Stuwell, J., 2013, *How Asia Works: Success and Failure in the World's Most Dynamic Region*, Grove Press.

Summers, L. H., 1985, "On Economics and Finance", *The Journal of Finance*, 40 (3), 633-635.

Swanson, E. T., 2017, "Measuring the Effects of Federal Reserve Forward Guidance and Asset Purchases on Financial Markets", NBER Working Paper, No. 23311.

Tcherneva, P. R., 2006, "Chartalism and the Tax-driven Approach to Money", in Arestis, P., and Sawyer, M. (eds.), *A Handbook of*

Alternative Monetary Economics, Edward Elgar Publishing.

Tesfatsion, L., and Judd, K. L., 2006, *Handbook of Computational Economics Agent—Based Computational Economics*, Vol. Ⅱ, North Holland.

Turner, A., 2015, *Between Debt and the Devil: Money, Credit, and Fixing Global Finance*, Princeton University Press.

Turner, A., 2018, "Japan's Successful Economic Model", *Gulf Times*, Sept. 22.

Tymoigne, E., and Wray, L. R., 2013, "Modern Money Theory 101: A Reply to Critics", Levy Economics Instritute, Working Papers Series, No. 778.

U. S. Congress, Office of Technology Assessment, 1994, *Assessing the Potential for Civil-military Integration: Technologies, Processes, and Practices*, Government Printing Office.

Vernengo, M., 2016, "Kicking away the Ladder, Too: Inside Central Banks", *Journal of Economic Issues*, 50 (2), 452 – 460.

Vines, D., and Wills, S., 2018, "The Rebuilding Macroeconomic Theory Project: An Analytical Assessment", *Oxford Review of Economic Policy*, 34 (1 – 2), 1 – 42.

Waters, G., 2009, "Equilibrium and Meltdown", Illinois State University on the Economic Crisis and the State of Macroeconomics.

Wicksell, M., 2014, *Interest and Prices: A Study of the Causes Regulating the Value of Money*, Read & Co. Books.

Woetzel, J., et al., 2019, "China and the World: Inside the Dynamics of a Changing Relationship", McKinsey Global Institute.

Woetzel, J., et al., 2021, "The Rise and Rise of the Global Balance Sheet: How Productively are we Using our Wealth?", McKinsey Global Institute.

Wolf, M., 2019, "States Create Useful Money, But Abuse it", *Financial Times*, June 4.

Woodford, M., 2001, "Imperfect Common Knowledge and the Effects of Monetary Policy", NBER Working Paper, No. 8673.

Woodford, M., 2001, "Monetary Policy in the Information Economy", Proceedings—Economic Policy Symposium—Jackson Hole, Federal Reserve Bank of Kansas City.

Woodford, M., 2003, *Interest and Prices: Foundations of a Theory of Monetary Policy*, Princeton University Press.

Woodford, M., 2005, "Bank Communication and Policy Effectiveness", Proceedings—Economic Pdicy Symposium—Jackson Hole, Federal Reserve Bank of Kansas City.

World Bank, 2021, *Purchasing Power Parities for Policy Making: A Visual Guide to Using Data from the International Comparison Program*, World Bank Group.

Wray, L. R., 1998, *Understanding Modern Money: The Key to Full Employment and Price Stability*, Edward Elgar Publishing.

Wray, L. R., 2012, *Modern Money Theory: A Primer on Macroeconomics for Sovereign Monetary Systems*, Palgrave Macmillan.

Wyplosz, C., 2009, "Macroeconomics After the Crisis: Dealing with the Tobin Curse", Walter Adolf Jöhr Lecture, University of St. Gallen.

Xu, C., 2011, "The Fundamental Institutions of China's Reforms and Development", *Journal of Economic Literature*, 49 (4), 1076–1151.

Zoellick, R. B., 2010, "Democratizing Development Economics", Speech at Georgetown University, September 29.

后　　记

　　中国经济学念兹在兹，无日或忘。记得多年前，中国社会科学出版社赵剑英社长就曾鼓励笔者写这样一本书，但恐力有不逮，一直未敢动笔。期间参与跟中国经济学相关的多项研究，受教于学术大家，获益匪浅，对于中国经济学有了更多系统性的思考。这才又激起笔者跃跃欲试的冲动。一者，从事宏观经济研究多年，对于中国特色宏观调控与新范式宏观经济学有了不少心得；再者，一直关注中国发展模式，主持了中财办重大委托课题"适应我国发展阶段的新发展经济理论"，加深了对于"中国版"发展经济学的认识；还有，参与经济体制与生态文明体制改革第三方评估工作，对于改革的大逻辑也有了切实的感悟。所有这些，构成了本书的基础。不过，交上这份"答卷"，心中仍是忐忑的。这不仅因为中国经济学主题的宏大，还因为实践在发展，中国经验还在不断地丰富、积累和拓展。

　　本书是笔者多年思考的结果，其中也包含了合作者的贡献。感谢赵剑英社长的鼓励和支持，感谢责任编辑王衡的努力帮助。限于水平，本书一定会存在诸多不足，敬请读者批评指正！